反回想 I

磯崎 新

目次

序　私の目撃した戦後の日本美術

戦後五〇年間の日本美術の動向に、私は事件の流れの少し外側にいる建築家として、伴走してきたように感じている。批評するには近すぎるし、代弁し主張するには遠すぎる。ここでは、私が目撃したいくつかの光景をフラッシュバックさせながら、その軌跡をたどってみることにしたい。その光景は相互に無関係で、まったく異なる。だが、そのなかに、ひと筋の流れがみえる。それは、十数世紀にわたって同質性を保持してきたと自認している日本共同体が、西欧の啓蒙的理性の産物たる近代的なるものの、絶え間ない侵入に対抗して、自らのアイデンティティを捜しつづけている姿である。とはいってもそのような確実な像としてのアイデンティティなどは元来存在し得ないものであり、像を提示することをその表現手段とする美術にとって自己矛盾でさえある。それ故にこの確実な像を描きだすことは本来無意味なのだが、それでも一貫性が認められるとするならば、私には捜しかたの固有性であると思える。芸術を生活環境の形成手段、およびその装飾としてのみ編成してきた日本の伝統的な美術にたいして、アイデンティティを探索するといった問題意識をもつことそのものが既に近代的なものの範疇に所属している。その点において、日本の近代美術は世界的な美術の動向との共通性を約一世紀おくれで持ちはじめていて、そこでは近代的なるものは、土着的なるものにたいする侵入者として対立しているのではなく、殆ど充分に根を下してしまっている。そこから戦後の日本美術ははじまったとみるべきだと私は考える。

民族的なるものと近代的なるものの対立およびその調停という問題構制は、一九三〇年代の「日本的なるもの」、一九四〇年代はじめの「近代の超克」論争において、その枠組みは殆ど提示されおわっていた。それを建築の領域に引きつけていうならば、前者は、近代的な空間構成概念による日本の伝統的な建築の再解釈であり、後者は近代建築の原理を用いて日本的様式のデザインをすることで、実現にはいたらなかったとしても、アイディアは既に示されていた。「近代の超克」（一九四二年）は哲学者、批評家、文学者を巻きこんだ一連の論争で、戦後、それは日本の侵略戦争を正当化するイデオロギーを確立するためのものであったという批判を繰返し受けている。にもかかわらず政治状況とのかかわりのなかで、思想的な危機がおとずれる度ごとに、この「近代の超克」論争が想起される。この論争の射程がそれだけ深いものであったことの証明でもある。ここにかかわった多くの哲学者が西田幾多郎の門下生であったことから、これらの言及は西田哲学批判のかたちをとることが多い。とりわけ西田幾多郎が、西欧的思惟の根幹にある「有の存在論」にたいして提示したユニークな視点「無の場所」が注目される。戦後の日本美術のアイデンティティの探索過程でも、作家の意図にかかわらず、同様の視点が深く浸みわたっている。だがそのような予断によって截断するよりも私の目撃した事実を列挙するほうが、その事情をより正確に伝え得るだろう。

1952, Tokyo.　数年前の空襲で全面的に焼け野原になった東京の中心部は木造のバラック小屋で埋められていたが、そのなかにあって鉄筋コンクリート造であるが故に焼け残ったデパートの売場の一隅でひらかれた展覧会で、私は岡本太郎の「森の掟」（一九五〇年）をみて衝撃をうけた。ヒロシマと内海でむかい合う街に一〇代を過ごした私が最初に接した新しい何ものかであった。日本は占領下にあり、ここを基地として朝鮮への攻撃が行われており、その情勢は日本の若者たちを鬱屈させていた。旧い掟にしばられ無力感にとらわれている小動物たち。人間もそのひとつだ。それを暴力的に呑みつくそうとする怪物、といっても実はジッパーのついた財布に過ぎない。ナンセンスな哄笑。これは日本映画のユニークな創作物「ゴジラ」を先取りするものでさえある。岡本太郎は、ここで西欧絵画の伝統のひとつ、アレゴリーを用いている。日本では喩話は多く描かれても、それがアレゴリーとして作動することは殆どないが、この「森の掟」では奇蹟的に芸術を政治化させる可能性があることを感知させた。

合理／非合理、フィギュラティブ／ノン・フィギュラティブ、レアリスム／シュルレアリスム、現実／幻想、と数えあげ得るすべての表現手法上の二分法（ダイコトミー）を統合ではなく、引き裂かれたまま対置するという「対極主義」を、岡本太郎は、この時期自らの方法にしていた。それもまた日本の芸術的美意識のひとつ美醜一致に由来するともいえるが、ここでは西欧の近代絵画にたいして、日本の独自性を主張する意図があった。彼は、一九三〇年代、パリで「アブストラクシオン・クレアシオン」グループに所属しながら、マルセル・モースに民俗学をまなんだが、その経験をつうじて、日本の古層にある「縄文的なるもの」を「弥生的なるもの」との対比のうえで発掘、賞賛した。前者をダイナミックで民衆的、後者をスタティックで貴族的であるとした。それは一種の日本固有の文化のルーツ捜しであったが、その探索方式はニーチェのアポロ的なるものにたいするディオニソス的なるものの賞揚と同型である。だが日本の芸術の全領域にわたり、縄文的なるものを手がかりにした仕事のなかで、リヒャルト・ワーグナーのオペラ程の達成はみられない。強いてあげれば丹下健三の代々木オリンピック・プール（一九六四年）ぐらいである。

1962, Tokyo. 比較的閑静な東京の中心にある住宅地にあった私の自宅で、当時ハプニングと呼ばれはじめていたパフォーマンスを演ずるためのインフォーマルなパーティがひらかれた。宴の最中、突然、土方巽が全裸になって屋根に登り、篠原有司男がそれにつづいた。屋根のうえの二人の裸体が暗闇を背景にして、スポットライトで浮きあがった。私はそのパーティの主宰者として警察署に連行された。当時裁判所では、マルキ・ド・サドの日本訳をめぐって「芸術かワイセツか」という事件が係争中だった。警察側はそこでの論理に依拠したのにたいして、私は「反芸術」を標榜して制作活動をしている彼等の行為を「芸術」の名のもとに擁護するという奇妙な立場にたたされてしまった。「反芸術」でさえ「芸術」の枠組みから逃れることはできない、といずれ宮川淳が「芸術の消滅不可能性の原理」(一九六四年)と呼ばれるロジックを提出するまで、この矛盾は継続する。

土方巽の暗黒舞踏は、そのデビューが三島由紀夫の原作にもとづく「禁色」(一九五七年)であることから推量できるように常に両性具有的であるが、それを雪にとざされた北国の深い闇のなかにうごめいている肉体(立っている死体)として提示する。奇形化するまでに潤った土と一体化して生活してきた日本人の内側に秘めている怨念が溢れているが、それでもその表現はモダン・ダンスの枠組みを保持していた。篠原有司男は、「ネオ・ダダイズム・オルガナイザー」(一九六〇年)と称したダダ的なグループのリーダーであった。彼等は東京の廃品回収所の付近に住い、そこで集めたジャンクを素材に作品を制作していた。グループの命名から知れるように、ニューヨークの動向に敏感で、荒川修作はじめいずれ大部分のメンバーがニューヨークに移住する。暗黒舞踏とネオ・ダダのいずれも、美術が国際化することは自明の理と考えていたし、世界の舞台で評価されることに意識的であったが、彼等の提出したものは日本に土着したものばかりである。一方は闇にとざされた奥にうごめく肉体であり、他方は、近代化のすすむなかで、アジア的特性を示しはじめていた都市東京が排泄するもろい廃品の集積であった。

1970, Osaka.　国家的祭典といわれたＥＸＰＯ'70の中心施設であるお祭り広場（フェスティバルプラザ）の床上三〇メートルの高所にあるキャットウォークから、私は真下で展開されている「具体」グループのパフォーマンスを見守っていた。その十五年前に吉原治良をリーダーとして出発した「具体」は日本ではじめて国際的に認知されたアヴァンギャルド運動として注目されていたし、大阪での世界博であるから、当然ながらそのメインイベントを受け持つことになる。お祭り広場は私もその構想に参画し、具体的な仕掛けの設計もし、技術的プロデューサーであったが、その施設は日本の工業化による経済成長を反映して、巨大で重厚なテクノロジーを表現していた。「具体」グループのパフォーマンスはその出発から一貫して軽妙な大阪的ユーモアに満たされている。それは一回性の上演においてとくに適切だと思えた。一方、会場の外では、文化革命の余波で、この国家的祝祭は批判の標的となっていた。その運動と平行するように、表現手段から、いっさいのイリュージョンを排除する「モノ派」と呼ばれるグループが生まれる。その作家たちの大部分は、吉原治良の戦前からの同僚である斉藤義重の門下生たちである。

「具体」グループと「モノ派」は、世代は異なっていても〝構築性の欠如〟という点において共通している。前者は日本的祝祭の一時的性格を強く反映して、非永続的な要素が用いられたし、後者は木・火・土・金・水といった東洋の五元素といわれる自然のままの素材が未加工のまま用いられる。それぞれ時間的、空間的に自然の生成過程に介入はしているが、これに手を加えて再編成することをむしろ放棄している。この生成を過程として提示することは、EXPO'70の施設デザインを主導した建築家たちの方法、メタボリズム（一九六〇年）とも類似している。それは、都市・建築を絶え間ない変化の過程であるととらえて、施設を取り換え可能な状態にあるようにデザインしておこうとするもので、建築物を耐久消費材としてのみとらえることでもあった。完結した像を描出しないということは、容易に生々流転といった仏教的無常観を想起させるし、そのような短絡を求める説明もされたが、むしろ構築性というすぐれて西欧的な概念が元来、希薄であることに由来すると思われる。それを別の視点からみると、急速に経済的に回復をなした日本が、その生産物を社会的ストックとして充填するのではなく、ひたすら消費材のフローにむけていたことにかかわるだろう。EXPO'70は日本国家がその成果を世界に誇示する意図をもってひらかれた。このときまで日本は、国家としての貌を持ち得ていたのだが、それは絶え間なく変化するものとしてのテクノロジー（ハイとロウの両側から）を介してはじめて描き得るたぐいのものであった。

1978, Paris–New York. 眼鏡をかけカメラを下げた黒ねずみ、という世界中にちらばっていった日本よりのビジネスマンというクリシェとはまったくちがった異形ものの一座とみえる連中が、パリの装飾美術館で〈間〉（MA）という一字だけの展覧会をひらいた。間（MA）は時間（TIME）、空間（SPACE）のいずれにもかかわっており、日本ではその区別をせずに感知していたし、それを芸術表現の極意とする伝統もあった。それを西欧という異文化をもつ世界にむけて紹介する意図で、作曲家武満徹の協力を得て、私が編成した展覧会であった。その参加者は、芦川洋子（舞踏）＋土方巽（振付）、白石加代子（演劇）＋鈴木忠志（演出）、篠山紀信（写真）、三宅一生（ファッション・デザイナー）、四谷シモン（人形）、倉俣史朗（デザイナー）、宮脇愛子（アーティスト）、高松治郎（アーティスト）、小杉武久（音楽）杉浦康平（グラフィック・デザイナー）、田中眠（ダンス）たちで、芸術の諸領域で六〇年代から既に活動を開始していたアーティストであるが、この時はまだ、国際的には殆ど知られてなかった。彼らの仕事は、日本の伝統的な芸術形式とはまったく無縁で、むしろ西欧の近代芸術と同一の基盤から出発している。それでも日本固有の概念である〝間〟の表現という視点に立つと、共通性が浮かびあがる。それを現代芸術の枠組みを借りて、独自の文化的達成とみることも可能であろうと私は考えていた。パリでは日本文化に関する情報が不足していたので、異形のエキゾチズムと受けとられた。ニューヨークでは、エコノミックアニマルたちの背後にある文化の特異性とみられた節がある。

一九七〇年を境にして、日本はその国家としての貌を急速に失いはじめた。その時期に起こった二つの事件、三島由紀夫の割腹自殺と赤軍派の自壊は、右、左の両極のイデオロギーの終末を告げたと受けとられているが、実はその両極の運動を生みだしていた日本という国家が腐蝕したあげくの結末であるとみた方がいい。それをテイクオーバーしたのは経済的活動であった。日本株式会社と蔑称されたりするように、「資本」が「国家」をしのいだのである。結果として、国境のような境界線の意味がかわる。それは、国家間の障壁ではなく、むしろ異文化相互の接触点となる。二点間にあるインビトゥイーン・スペースとしての〝間〟はそのような接触点を指示するメタフォアでもあった。空白であるが故にあらゆるものを吸引する。それ故に空白として放置されておかねばならない。時空間のなかで仮想の絶対者との関係をとり結ぶことを〝間〟の芸術として保持してきた日本では、現代芸術の諸手法でさえ独自の解釈がなされる。絵筆のストロークは武術の呼吸法としての気の感知であるし、コンセプチュアルな提示は禅の公案の問答形式にのっとっている。このような仕事を、西欧の近代的理性の組みたてたロジックによって再編することがこの展覧会の意図であったが、その提示の方式に、あらためて、西田幾多郎の「無の場所」の遠いエコーを見いだすことが可能かもしれない。

1993, Venice. 箱づめにされた着色した砂で描かれた万国旗が、それを貫通しているプラスティック・チューブをたどって増殖し移動する数万匹の蟻の大群によって、徐々に浸蝕されていく。「ザ・ワールド・フラッグ・アント・ファーム」（一九九〇年）。柳幸典によるヴェネツィア・ビエンナーレへのこの招待作品には、どこにも日本的な特性はみあたらない。かかわり合いがあるとすれば日本人によって日本で制作されたことだけだろう。だが国旗の集合体である国連という機構が空洞化していることを、すでにこの貌を失ってしまった日本という国家とのかかわりにおいて、あらためてアレゴリーとして提示している点では、やはり日本からの視点である。一方で日本には、強い反作用力も潜在する。富山県立近代美術館でひとりのアーティストが、昭和天皇の肖像を自らの作品にコラージュした（一九八六年）。それが戦前の不敬罪の存続を信じている右翼の直接的な攻撃に逢い、この公立の美術館は収蔵した作品を売却し、その図録さえ焼却してしまった。

国家の枠組みが崩れ、国連機構が無力化したとしても、確実に日本共同体は存続する。しかも、同質性を保持しようとする反発力も潜在している。戦後の日本美術は、啓蒙的理性のあらたな介入のもとに、その同質性を保持するための根拠を捜しつづけているとも考えられるが、それは自己言及的に「日本的なるもの」を捜すことではなく、その外部（他の文化的共同体）との緊張関係のもとに古い形質を変質させるような手続きをとろうとしてきた。だが、既に境界線を超えて、世界中にその制作と発表の場を移してしまった多くのアーティスト（銘記されるべき戦後に活動をはじめた日本のアーティストはすべてここに含まれている）にとって、この日本共同体の命運は、その境界があいまいになっているため、どうでもいいものになっているが、それでもその思考を日本語というような土着言語を介してつづける限りにおいて、絶えず日本の土着した主題が問題構制として出現することになるだろう。それは、歴史的に日本の文化が、社会的な大動乱を経て、外部より新しい文物を輸入し、それを世紀をかけて和様化するというパターンを、七世紀、十二世紀、十六世紀、十九世紀の内乱を経て行った事実を見ても明らかで、今世紀は、さしずめ和様化過程である。その反復のリズムは短縮されるから、二一世紀は内乱に陥るはずで、そのとき日本の美術もあらためて決定的な変質を迫られることになるだろう。境界線の消滅が、その兆候のひとつであろうと私は思っている。

後記

「戦後日本の前衛美術」といった、ひとつの時代をとりあげることになる展覧会では、まずは、その時代にたいして、独特の読みを強制せざるを得ない。相手が生存し活躍中の作家となれば、当然トラブルが派生する。そんなことを勘案してか、日本の公立美術館では、この種の展覧会が大規模になされることは殆どなかった。横浜美術館で、一九九四年二月からひらかれている前記展覧会は、ニューヨーク在住のアレクサンドラ・モンローをゲスト・キュレーターにむかえている。これの編成がえしたものが、グッゲンハイム美術館ソーホー分館に巡回するわけだが、やはり、日本を外側から観察している、という視点があってはじめて可能だった、というべきだろう。

一九八六年にポンピドゥ・センターで〈前衛芸術の日本〉展がひらかれた。ここでも同様な枠組、つまり、外側からの、というエクスキューズがあった。この場合は一九一〇年から一九七〇年までに期間を限定したうえ、選択の基準が、西欧でのアヴァンギャルド美術の日本への波及におかれていた。そのため、日本の独自性が無視されたという批判が多くなされた。今回のそれは逆に日本独自のアヴァンギャルドという視点を押しだそうとしているとみうけられる。だが、ニューヨーク展では再編成がなされることだし、カタログ等もまったく違ったものが編集されるというので、どんな結末になるか予測できない。

そのカタログの序文にあたるエッセイであるために、私は日本の前衛美術についても、作家たちの背後にある日本そのものについても、予備的な知識のない観客にむけて書くことになる。そのうえ短文である。各行ごとに、補注と参照資料を加える必要もあると考えたりしたけど、それはこんな文章の性格上無理なので、いっさいを後段の諸論文と資料にまかして、私自身は斜視的に目撃者に徹することにした。

実は、ここでもっともいいたかったことは、日本を、アイデンティティを巡るかくれた主題にしつづけている戦後美術にとって、既に一九七〇年を境にして、日本は民族国家としてその貌を喪失しており、それでも日本共同体が存続し、それが逆に強い規制力をもって作動していることである。アヴァンギャルドの運動は、その当初はこの国家像の解体を主要な目標に組みたてられていた。その相手が自壊したときに目標が消える。主題が喪失し、空白が浮かびあがる。そのあげく、もろもろの日本共同体にひそんだ要因がはびこる。これに対処する明確な視点が定まらないままに、アヴァンギャルド芸術が残した手法と形式で、やみくもに対応しつづけざるを得ない。それ故に七〇年代、八〇年代をつうじて、日本の前衛美術は、意識するにせよ、しないにせよ、日本共同体に足をひっぱられている。ポストモダニズム期といわれているこの期間に、批判的な仕事が減少したのはこんな理由だと思われる。

実は、私事にあまりなり過ぎるので、約一〇年ごとの事件の目撃という順序のなかから、[1983, Tsukuba.]という項をはずしてしまった。ここでは私が設計したつくばセンタービル（一九八三年）の中央の石組みのわきに据えられた長沢英俊の「ダフネ」をとりあげようとした。この建物と広場は、国家の貌のポートレイトを描くべく依頼されながら、その貌を見いだすことができないため、描くことができない、という関係を提示しようとして、中央を空洞にして、その周辺をさまざまな引用で埋めることによって、非トポス化しようとするものだった。長沢はこの意図を理解して、水辺に追い詰められて変身したダフネを彫像にした。金色のローブのまとわりついたブロンズの樹である。その足元から水流がはじまり、中央の空洞の穴にすいこまれていく。

後にこの構想は、日本の国家の貌のありかたを批判したとはいえ、中心が空洞であるということは、あらためて、天皇制の構図そのものを表示していると読み得るだろう、と浅田彰から指摘された。おそらくそのとおりだろう。逆にみれば、国家の解体の後に、日本共同体がぽっかりと口を空けて待ちうけていた、ということになろうか。

一九八九年のベルリンの壁の崩壊の後に、民族・国家・都市のあらたな関係が全世界的に再構築されはじめている。この枠組みのなかから、日本共同体が批判の目標にされていくことは明らかで、主題が明瞭になりつつあると私にはみえる。そして美術のなかから、そのような主題をめぐって批判的な作業が生まれはじめてもいる。だが、もうこれを前衛美術と呼ぶ必要はないだろう。アヴァンギャルドは一九六八年で、その運動を停止しており、以後二〇年を宙吊りのまま過ごしたにすぎないのだから。

第一章　メタボリズムとの関係を聞かれるので、その頃を想いだしてみた

私は年齢的には一九六〇年世代だけど、建築家としての思考のしかたは一九六八年に属している、とこれまでに折りにふれて語ってきた。そして、一九六八年から一九八九年の二〇年間、つまり文化革命からベルリンの壁の崩壊した間を歴史の宙吊りと呼ぼうとした。核の崇高の下に二極対立したまま、世界が動かず、そのなかで世界金融資本だけが異様に膨張して、生産より消費へ、実体より記号へ、実像より虚像へと、つまりモダンよりポスト・モダンへとこの世界を変質させた。そのまだ線的な移行とみえた状況が、一気に非線型へ、多様性へ、複雑性へと渦状にねじれる、そんなはじまりが九〇年代にいたって顕著にみえてきた。大げさにいうと、歴史が帰ってきた。気がつくと、もう一〇年近く経ってもいる。いったい、この九〇年代とはどんな時期なんだろう。それをアクチュアル／ヴァーチャルというメディア空間の特性から説明したりする試みもあるが、実はそんな兆候は六〇年代に全部起こっていた。実情が追いつかず、二〇年間宙吊りになっていただけではないか。

こんな事後的な説明をしたくなる程に、昨年（一九九七年）は、六〇年代レトロばかりだった。少なくとも私にとって、私の建築家としての出発、つまり私のはじまりは何だったのか、と問い続けるこ

とになった。九〇年代を六〇年代の反復にすることでやり過ごそうというわけではない。自分の個人的な経験は、自分だけに所属しているし、それを利用するのも忘却するのも自分の勝手だ、と思ってきたのに、三〇年を過ぎるとそういうわけにはいかなくなった。あのときに起こり、あのときに夢中でやっていたのものが、記録されてしまい、自分の外部にでていってしまった。私的所有権が消えてしまった。どうにもならない。それだけでなく、不正確だったり、殆ど誤解されてもいる。そこでレトロとつき合うこともいいだろうと考えるうちに、そんな機会がつくられてしまった。

二つの展覧会企画につき合った。〈日本の夏一九六〇—六四〉（水戸芸術館）と〈磯崎新と新宿ホワイトハウスの仲間たち〉（大分アートプラザ）である。前者は一九六〇年から五年間の日本全国での新しい芸術運動を展望するもので、ここでは私の一九六二年の「孵化過程＝ジョイント・コア・システム」が再演された。後者は一九六二年から六六年にかけて設計・建設された大分県立図書館が保存・転生して、新たにギャラリーとなった。そのオープニングの展覧会で「プロセス・プランニング」論（一九六三年）にはじまる一連の建築的言説が建物の存続問題とかさねて再考されることになった。いずれもが一九六〇年をひとつの区切りとしてはじまった動向で、この際に都市と建築についての私の出発になるようなプロジェクトがあらためて検討材料になっている。あげくに『メタボリズム』（八束はじめ・吉松秀樹／ＩＮＡＸ出版／一九九七年）が出版され、ここでは六〇年代が既に歴史的な記述の対象になっている。

メタボリズム・グループが旗揚げしたのは一九六〇年である。この本は「一九六〇年代日本の建築アヴァンギャルド」という副題がついているが、このグループの一九五〇年代末における成立過程を概括しながら、その命名者であり、実質的なリーダー役の川添登、そしてメンバーであった建築家、菊竹清訓・黒川紀章・大高正人・槇文彦の四人の六〇年代の仕事が細かく紹介されている。そしてその周辺にいた四人の建築家に部分的な参照がなされる。丹下健三、浅田孝、大谷幸夫、磯崎新である。この建築家は、すべて一九五〇年代には丹下健三研究室で一緒に仕事をしていた。そして、一九六〇年前後に各自ばらばらに動きはじめた。黒川紀章・槇文彦はいずれも丹下研究室に在籍していたことがあるので、五〇年代の丹下研究室が、この時期にいったん分解して、その一部がメタボリズム・グループを形成し、残りは個別の活動をはじめた、といいかえてもいい。四〇歳代半ばの丹下健三をのぞくと誰もエスタブリッシュしていたわけではない。たとえば、『再読/日本のモダンアーキテクチャー』(モダニズム・ジャパン研究会編/彰国社/一九九七年)は五〇年代、六〇年代の日本の建築物を二四件選びだし、それぞれに論評を加えることによって、この二〇年間での日本の建築モダニズムを浮かびあがらせようとしているが、メタボリズムおよびその周辺にいた建築家たちの仕事はまったくとりあげられていない。エスタブリッシュしているとは認められなかったためだろう。建築アヴァンギャルドと建築モダニズムのそれぞれの視点の相違というべきか。前者はアンビルトの言説に傾き、後者は実務的なビルトだけを選びだしたのかもしれない。ともあれ、編集意図として、まったく交錯することのない両方の視点が、実は日本の五〇年代から六〇年代という同じ時期をカバーしようとしており、メタボリズムがそのちょうど中間の時点で旗揚げしていることはまぎれもない事実である。これまでのところ、日本の現代建築を論じたものは、おおむねビルトされた建物に即している。つまり建築モダニズムについて語られるが、アンビルトの建築アヴァンギャルドはやり過ごしている。これはメタボリズムについてのまとまった研究がなかったことも理由のひとつではあろう。その欠落を補填するためにも『メタボリズム　一九六〇年代　日本の建築アヴァンギャルド』の出版は大きく評価されていい。

私は日本の近・現代建築を記述するにあたって、建築物と同時に言説に注目すべきであって、この両側からみてはじめてそこで動いているものの全貌がみえてくると考えている。その点からするならば、一九三〇年代および四〇年代において、モダニズムが受容され、その和様化を進行させていく過程は、言説と建築物の両側からかなり詳細な記述がなされはじめている。そのモダニズムは戦前においてはアヴァンギャルドだった。だが、その和様化過程を経た戦後のモダニズムは、『日本のモダンアーキテクチャー』ではもうアヴァンギャルドではなくなったとみられているのかもしれない。そこで、『メタボリズム』があらたにその過激な言説によって、日本の建築アヴァンギャルドとして登場させられる。こんな構図がみえる。おそらく事態はもっとねじれているだろう。メタボリズムのメンバーである大高正人・槇文彦の両氏に直接アヴァンギャルドたろうとしたか、そして自らの仕事がアヴァンギャルドだとみなせるか否かを問えば、おそらく否定的な返事がかえってくるはずである。ではモダニズムなのかといってもおそらく返答に困るに違いない。アヴァンギャルドとモダニズムは日本においてそれぞれ勝手な範疇を組みたててしまったのだからいたしかたない。

アヴァンギャルドたちはまずマニフェストをしている。「分離派」建築会もマニフェストからはじまった。それに続くいくつもの建築運動も、いずれもマニフェストをまず発表している。運動はグループ活動であり、志を同じくするもの、同志がそれを構成する。マニフェストはその志の確認である。これがなければ運動は進まない。同時に建築運動において、それは思想であり方法でなければならない。イデオロギーが明晰にされることが必要で、政治的言説をともなうことはないとしても、広義の言説を組みたてていく。「メタボリズム」もマニフェストをもった。その点においてアヴァンギャルドの伝統をひいている。その後の日本の建築界において、この種のマニフェストはない。つまり「メタボリズム」が最後のアヴァンギャルド運動だった。

広義の近代建築は十八世紀の中期に古典主義の継起的展開が停止したときにはじまった、とみられている。建築の展開を作動させるために十九世紀は歴史的様式を再利用することで新しい企画を組みたてた。これを様式の交代史観が支えた。先頭にたって牽引していく何物かが必要で、芸術家がそれを自認する。政治においても同様で、政治と芸術に同時にアヴァンギャルドが生まれた。二〇世紀になっての建築の運動はこの近代の構造をそっくりひきずっている。近代建築運動はアヴァンギャルドが先導することになっていた。「分離派」以後、四半世紀の日本の近代建築の展開は、その筋書きで説明できる。そして、その末端に位置することになる「メタボリズム」は運動の形式としてはアヴァンギャルドなのだが、何故継続しなかったのか。機関紙は何故一号止まりだったのか。

言行が必ずしも一致していないとはいえ、「メタボリズムの十字架を背負って歩きつづける」と語る菊竹清訓氏をのぞいて、他のメンバーが転向ともみえる言説と作風を展開してエスタブリッシュしていく有様をみると、あのマニフェストはいったい何だったのか。あげくに日本の建築モダニズムにくくりこまれてもまったく違和感のないポジションに移行しているとするならば、六〇年代のいつの時期かに、アヴァンギャルドが骨抜きにされてしまうような地殻変動が起こってしまったのか。それらの疑問は、日本の六〇年代を全体として把握する歴史的な視点がどこにあるのかを問うことと同じだが、新著『メタボリズム』では、資料の発掘に多くのエネルギーが注がれているが、これらの私の疑問に応えはくれない。

ついでながら、私なりのモダニズムの解釈を記しておく。国際建築様式と呼ばれるものは二〇世紀中期にニューヨーク・MoMAを起点にしての動向が成立したと考えられる。三〇年代のはじめの〈近代建築〉展において、ヨーロッパの建築アヴァンギャルドが多様なマニフェストをもって展開した運動を、十九世紀的な様式理解の枠に押しこんで、ひとまとめにしたあげく、マニフェストのかかえこんでいたイデオロギーを脱色し、洗い流して、産業主義に直結したひとつの様式にくくりこんでしまった。それをモダニズムと呼びはじめ、フォルマリズムがいずれ思想的にバックアップする。出自はアヴァンギャルドである。そしてイデオロギーの刺を抜いて政治体制、風土、伝統の相違を超えて全世界への浸透が可能になった。しかも地域性の名のもとに、それぞれの場所の固有性と習合を許容している。日本においては容易に和様化もされる。「日本の建築モダニズム」とも呼ばれておかしくない。このモダニズムの全世界伝播は、古代末期のヘレニズムと同様の特性をしめしている。地中海全域からさらには東方へとひろがったヘレニズムは地中海文明として今日にまで影響しているが、その建築の基本形式は古典主義であり、その緻密な操作によって、洗練されながら、東方的なものと習合して、快楽だけが文明のさまざまなレベルで浮上する。モダニズムも、あいまいな定義と自在な対応によって、全世界に伝播した。このように爆発的に伝播がなされるのは、二〇世紀中期以降のアメリカの政治的・経済的な全世界支配と無縁ではない。それを近代建築運動として、思想的・方法的に推進したのは、まずは戦前のＣＩＡＭである。このヨーロッパを中心とした三〇年代から四〇年代にかけての動きを五〇年代に内部から変革するべくつくられたセクトであるチームＸが、結局のところとどめをさしてしまった。それが六〇年代の初期である。いうならば、ＣＩＡＭという運動集合体を組織することで、近代建築はアヴァンギャルドの体裁を維持していたが、その内部にあらたなセクトが発生すると、これがあらためてアヴァンギャルドが本来もっている特性としての反抗と批判を反復的に開始し、その攻撃目標として既に世界伝播をはじめていた建築モダニズムに焦点をあてる。Ｃ

ＩＡＭの中心メンバーが年齢的に引退しはじめることによって、自壊していく。チームＸは次世代を担うはずだったが、攻撃目標が消えたことによって、みずからの存在理由を失う。「メタボリズム」が旗揚げした時期にチームＸのこのような動向が国際的にあったことを明らかにしておかねばいけない。その旗揚げは、一九六〇年の東京における世界デザイン会議においてであって、ここにはチームＸの主要メンバーが殆ど出席していた。報告は直接的に彼等にむかってなされた。チームＸの東京グループとしての認知を求めている。メタボリズムの建築運動としての出発の動機が、このような国際的な動向への参加だったことが、その運動の限界を予告している。チームＸは間もなく消滅した。その担い手たちは、世界各国で建築モダニズムの建築家としてエスタブリッシュしていく。実務的なビルトの建築に専念する。メタボリズム・グループの建築家たちはもうひとつ下の世代に所属していたのだが、日本の経済成長の波にのり、一九六四年のオリンピック、一九七〇年のＥＸＰＯ'70といった国家的な事業が奇跡的になされていくという時代に遭遇して、チームＸのメンバーの大部分よりもいっそうスピーディーにエスタブリッシュする。アンビルトからビルトへと一気に移行する。だからアンビルトとしてのプロジェクトを組みたてながら、方法を再編していくような期間は残っていない。著作『メタボリズム』はメンバーの四人の建築家たちの六〇年代の仕事を克明に追跡しているが、その質量ともに多産な作品の数は驚くばかりである。すべて彼らの三〇代の仕事である。経過的にＥＸＰＯ'70に流れこむ。メタボリズムをグループ名称ではなく、ひろく六〇年代の日本におけるモダニズム／アヴァンギャルドの仕事の総称とみるならば、さしずめＥＸＰＯ'70はメタボリズムの総決算だったと語ることも可能だろう。多かれ少なかれ、一九六〇年に旗揚げされたメタボリズムは近代建築の初心であるユートピアへと先導するアヴァンギャルドの意図を反復的に保持していたから、ここで提案されるものは、空想の域にとどまらず、必ず実現できると信じようとしていた。だから六〇年代をつうじて、その一〇年間の提案の数々は、一九六〇年のマニフェストが具体的な仕事によって検証されていく期間であるとも考えられ、そのテクノロジーおよび、テクノクラートに直結した方法へ再編されることによって、一九七〇年のＥＸＰＯ'70の会場光景を現出させ得たと総括してもいい。いやビルト／アンビルトの区別などなかった。具体化できない提案は不毛であって、重要なのは、その方法が有効に作用して、新しいデザインが生まれることだから、方法は具体化できるものに限られる。メタボリズムの方法は何よりも実用化へとむけて編成された。その総括をＥＸＰＯ'70にみたのである。

いまアンビルトと呼ばれている空想的な建築ドローイングは、実現不可能であることを目的化して描かれている。いかに機が熟しても、決してこの地上に具体的には出現しない。だからこそ重要視され、賞賛される。このようなイマジナリー・モデルと私が呼ぼうとした発想はメタボリズム・グループのなかにはなかった、とはっきりいっていいだろう。周辺にいた私にも声のかかった〈未来の都市と生活〉展（一九六二年）の準備段階において、私は瀧口修造が責任編集した「現代のイメージ」（『美術手帖』／一九六二年四月号臨時増刊）に与えられた機会に制作した「孵化過程」の廃墟と未来都市イメージの混在状態を描いたモンタージュを出品すべく持参したが、ディレクター役をしていた川添登によって、いったんは展示不許可とされた。おぞましい未来の光景を描いたりしたものを展覧会に含むと、この展覧会そのものが不真面目だと誤解されてしまうという理由だった。廃墟の部分を消して、あらたに描きなおしてこい、ともいわれた。廃墟を描くことこそが私のコンセプトなのだから、描きなおすわけにはいかない。せっかくだが降ろさせてもらいます、といって、私は残りのドローイングも全部ひきあげることにした。この一件は菊竹清訓のとりなしで落着し、私は小さい展示コーナーをもらうことができた。そして、昨年三五年ぶりに水戸芸術館で再演した「孵化過程＝ジョイント・コア・システム」の観客参加パフォーマンスをやることになった。

これは、もう誰も記憶してないような小さいエピソードであるが、メタボリズムのグループとしての組織方針の特徴を示してもいる。まずはバラ色の未来都市（社会）を描くという近代が固執してきたユートピアにむけて、共同歩調をとることを内部的に強制していること。そして、この規律に、違犯するものは排除される。シュルレアリスム・グループの内部で政治化路線をめぐって対立があり、相互に除名がなされているし、コミンテルンを頂点とした共産党の組織が同じような規律を要請していたのは、グループというものが存在しはじめるときに不可避的な構造ともいえる。一九六〇年頃にはこんな組織のイメージが普通でもあったので、私は別に批判したりしているのではない。メタボリズム・グループがあくまで近代のアヴァンギャルド運動の構図をいかに忠実に模倣していたかという証拠と思っているだけである。おそらく、その理由で、六〇年代の中期にはグループの維持が無意味になり、一九六八年の文化革命といったもっと巨大な波のなかにのみこまれる。すると、脱出、転向、エスタブリッシュ、こんな段取りが自然に踏まれていく。

アンビルトとビルトの基本姿勢の対立と私は記したが、これは今日におけるヴァーチャルとアクチュアルの視点の相違と似てなくもない。ともあれ近代にかかわる言説はすべてリアルにむかって組みたてられていた。この際、リアルはアクチュアルと同義であるが、実体として実現することを指してもいる。当然ながらメタボリズムの内部において、実用化できるもの、現実に適用可能なものが評価され、単に空想の域にとどまるもの、非現実的とみえるものは排除されている。私の廃墟と未来の混在などは否定されて当然だったろう。これは案外単純な視点から説明できる。つまり建築的なもしくは都市的な提案は、ひとつの技術体系なのであり、提案とは、技術的新案のことで、それは具体的に用いられてはじめて証明でき、そして評価されると考えられていた。だから、「未来都市は廃墟だ」と記したりしたのは、美術の文脈においてのみ許容されるものであって、これが当時の日本の建築的言説の文脈においては、無視され、拒絶されるであろうことは、充分承知してもいた。グループのメンバーにならなかったのは、建築や都市を美術のコンテクストで思考していたからでもあり、メンバーになる必要も必然性もないだけでなく、仮にメンバーになっても除名されるのがオチだろうという予想もした。とはいっても私が敢えて対立的なグループや運動をつくる考えもなかった。せめて共同研究をやればいい。これは建築家の仕事ではなかったので居心地も悪くはなかった。だから、私は遅延し、脱落していこうとする。そして、情況に徹底して追従しながら底を踏み破ることを考える。あげくに落っこちた地点から別の道筋を捜す。そこを出発点にする。こんな具合に私はメタボリズム・グループのねらったものを分析し、彼らがカバーできなかった思考の領域へむかおうと考えた。六〇年代の終わりから書きはじめた『建築の解体』（一九七五年）はやっと五年後に本のかたちとなったが、私の同世代の建築家たちが、同時多発的に開始した作業のサーベイである。私個人の仕事と思考もここに組みたてた枠組みに所属していると考えている。その特徴をメタボリズムと比較するならば、メタボリズムはあくまで近代建築を展開してきた建築アヴァンギャルドの継続と展開であったのにたいして、『建築の解体』はこの建築アヴァンギャルドの継続的な展開を拒絶し、停止させようとしていることで共通している。ここにみられるのは、五〇年代までに繰り返し語られた弁証法的思考ではなく、ラディカリズムであった。根源的なものにむかって自滅するまで、突き進んでしまう。それ故に一九六八年にあらゆるレベルでの解体現象がみられた。私自身もその時点で解体した。六八年の国際的な文化革命の波にのみこまれたあげく、身動きならぬダブルバインド状態に追いこまれ、心身ともに破局へ到達する。そのような道程はメタボリズムの組みたてていた方法と言説の底を踏み破ったときに、もう選択されていた。それを、メタボリズムの技術論が、すべて予定調和によって組みたてられているのをうさんくさく感じたためだ、などと記したこともあるけど、別ないいかたにすると、不確定性、および決定不可能性こそが言説の根底に据えられるべきなのに、メタボリズム・グループの提案する構想はあまりに辻褄が合いすぎている。整合しすぎている。未知のはずの未来までが透視可能のように語られる。私が生活していた東京という都市は、そのような美意識とは無縁にみえる。それを改造するために提案されるとすれば、不整合を整合へ、無秩序を秩序へと再編するロジックへと到るのは当然の帰結だろう。だが、現実の都市の動きは不連続であり、乱雑であり、偶発的であり、未知の他者の介入にさらされ、予見など不可能なんじゃないか、ザラザラの手ざわりをしている。それをこそ論理化し、提案に組む必要がある。私はメタボリズムの諸氏の言説をフォローし分析しながら、予定調和されている新陳代謝を繰り返していくのではなく、変動の過程そのものを非可逆性として直視すべきだろうと考えはじめる。そして「プロセス・プランニング」というアイディアを思いついた。一九六一年から六二年にかけて、それを都市と建築の両方でプロジェクトに仕立てた。

何故遅れて開始したのか。一九六〇年いっぱいは単純にひとりの聴衆ではあったが、私は東京デザイン会議は完全にパスして、安保闘争のデモとネオ・ダダの深夜の宴と、「東京計画一九六〇」のメディア発表用の資料作成と大分県医師会館（一九六〇年）の現場に追われていて、個人的なプロジェクトをまとめて整理する余裕がなかった。この過密スケジュールのあげくにメニエル氏病症候群の疑いで入院し、六一年の秋にその回復を待っていた。この時にはじめて「プロセス・プランニング」のアイディアに到達した、こんないきさつだった。都市と建築について、「孵化過程＝ジョイント・コア・

システム」と「大分県立図書館第一案」がそれぞれ六二年に制作された。それらは当然ながらメタボリズムの批判として組みたてようとしている。批判であるということは、メタボリズムが眼前にいまも日本の建築界の主流を構成するような強度によって存在していたからである。私のプロセスについての思考はだからメタボリズムがなければなかったといってもいい。

当時私が向かい合った問題構制は不確定性《アンサーテインティ》と決定不可能性《インデサイダビリティ》の二つだった。この両者はいずれも〝不〟がついているから、その部分で通底しているともいえようが、つかみどころがなく、支配的だった唯物弁証法や科学的な三段論法では扱いきれない不安定なものばかりである。その具体的なイメージはジャクソン・ポロックのアクション・ペインティングとジョン・ケージの偶然性の音楽に代表されていよう。五〇年代の中期から六〇年代の初頭にかけて、日本の美術界と音楽界はアンフォルメルとチャンス・オペレーションの二つの衝撃波をうけていた。私の同世代のアーティストたちがその衝撃波をまともに受けて、それぞれの出発をこころみた。さしづめメタボリズムはその建築版、日本ヌーヴェルバーグはその映画版であっただろうが、建築と映画はその主題の変更に成功したが、私のみる限りでは、方法はまだそれ以前の残骸を引きずっていた。それに比較して、アクション・ペインティングとチャンス・オペレーションはその名称から推定できるように、ネーミングが方法そのものを指示している。絵画の描きかた、音楽の作曲の仕方、そのものを変えることだけが目的化されている。元来、方法を変革することが芸術のアヴァンギャルドだった。主題を排除してしまうことはフォルマリズムに通じるから革命後のロシアにおいては社会主義リアリズムから目の敵にされた。六〇年代以後アメリカ美術が世界を席捲していくのは、このフォルマリズムを美的判断の基準に据えたことと無縁でない。

不確定性と決定不可能性をプロジェクトの核に据えようとしたのは、ポロックとケージの仕事をイメージとしてひたすら参照しながら、そして私の現実の都市、とりわけ無気味な胎動をはじめた東京から受け取っている一種の混沌の気分を表現するためだった、といってもいい。〈未来の都市と生活〉展で制作した「孵化過程＝ジョイント・コア・システム」は都市をキャンバスに見立てて、その上に不確定な他者の介入によって発生する都市の生成がアクション・ペインティングでシミュレーションされる。ポロックが自己の意識下の動きに頼ったのにたいして、ここでは他者としての観客の自発的参加を予定した。

それはこの時期にハプニングと呼ばれていたパフォーマンスでもあった。そして結末として、石膏がドリッピングされてキャンバスの全面を埋める。当然のことながら制作された結末はポロック由来のアクション・ペインティングとそう変わらない。私のはじめての都市的建築論として大分県医師会館（一九六〇年）が完成して発表するときにつけた文章「シンボルの再生」（一九六一年）はモンドリアンを否定するためにポロックをかつぎだしている。だからこうして制作されたものはいかにもポロック的でありすぎた。そこで私は失敗作として、数枚の写真を記録として残しただけで廃棄処分にした。

保管する場所がなかったためでもある。いやアーティストになるつもりのない私にとって、この結果はあまりにアーティスティックであり過ぎた。保存する理由もなかった。ところが九〇年代になると六〇年代はレトロになるのか、この写真の需要がでてきた。

それはとりもなおさず「メタボリズム」が歴史的な記述対象となり、そこに参加せず、離脱するようなプロジェクトをつくることによって出発した私の消えてしまっていた仕事を再検討するスタンスが生まれたからに他ならない。

昨年の春、独立したひとつのプロジェクトとして組みたてた「海市」(一九九四年〜)をICCギャラリーにおいて、インターネットを用いて、ウェブ・サイトにおいて立ちあげてみるために、一種のワークショップを構成してみたが、その準備段階で、これまで文章でわずかに記録してあった「孵化過程=ジョイント・コア・システム」をあらためて想いだした。このいきさつはその展覧会のためのカタログ『海市—もうひとつのユートピア』(NTT出版/一九九八年)に収録されている。そして、三五年後の水戸芸術館での再演となった。その期間に、この都市モデルのパフォーマンスは、いくらか説明がつくようになっている。当時は単に都市光景の偶発性を観客参加によって具体化するという程度であったが、それは「都市や建築を最終的には有機体のモデル(単一の制作主体)に回収してしまわざるをえないメタボリズムの限界を示唆するかたちで、計量不可能な他者が自在に出入りすることによって、建築的統制や単一の創作主体による計画性が自然発生的に解体されてしまう」(椹木野衣/『「熱狂と『熱』力学」〈日本の夏一九六〇―六四〉展カタログ／水戸芸術館／一九九七年）と解釈されるようにもなった。クリストファー・アレグザンダーの「都市はツリーではない」（一九六五年）、ジル・ドゥルーズ＋フェリックス・ガタリの「リゾーム」（一九七六年）が、偶発性と非可逆的なプロセスの生みだす形式の原理的な説明を可能にしている。そして、創作主体と他者という、これらの形式が内包している問題が浮上する。複雑性に到達する数々の幾何学がこれを補強して、ひろく九〇年代の問題構制となっている。その萌芽的なプロジェクトとして、「孵化過程＝ジョイント・コア・システム」があらためて想起されるということか。

五〇年代、武谷三男の自然認識の三段階論が注目を集めていた。それは、技術論であると同時に唯物弁証法的な認識論であった。現象論的段階、実体論的段階、本質論的段階と表相から深相にかけて認識が弁証法的に深化していくとされ、この自然現象の科学的認識過程が、技術の展開にも適用できると説かれていた。菊竹清訓の「か、かた、かたち」の三段階論はこれに呼応しており、デザインの認識論であり、これをやはり建築における技術論に適用する、そしてメタボリズムの方法は、そのひとつの事例である、ととらえられていた。この論に最初に接して、私は殆ど圧倒された記憶がある。武谷三男の三段階論を魅力的だと思いながら、私は最後の一点で、どこか違和感をもっていた。その三段階論を一気に日本の古語に変換している。「ことだま」に認識論的概念をふりあてている。「ことだま」は西欧渡来の哲学上の概念よりは、はるかに伝達力がある。飛翔力がある。イメージ／タイプ／シェイプとこれを転換していくと、ルイス・カーンのフォルム／シェイプ論も包含可能である。ルイス・カーンの設定は新プラトン主義的なイデア論の枠組みを出ることはない。それに比較して、武谷三男の技術論は徹底して唯物弁証法たろうとしている。菊竹清訓の三段階デザイン論は、加えて「ことだま」による言語論的な三段論法である。絶妙な構図がここでつくられている。

私が武谷三男の三段階認識論に最後の一点で違和感をもったのは、おそらくエンゲルスの自然弁証法をさらに形式化してしまったスターリニズムの論法にそれは近いと感じただけである。私は当時、これらのマルクス主義者を自称する理論構成よりも、同じようにマルクスを論じていながら、それをもっと雑駁に展開していた毛沢東思想の方に共感をもっていた。毛沢東は口では弁証法をいいながら、無限に矛盾をつくりだしていく永久革命の信者である。弁証法を八方破れにして完結させない。それを暴力的に実践する。そのほうがリアルじゃないかと私は感じたし、非可逆的で偶発性をもつ不確定性《アンサーティンティ》はそのようにしてはじめてとらえ得る。これをつきとめると、実はあの違和感は弁証法的思考そのものにあるのではないか。少なくとも私自身は弁証法的思考なんかやってない。毛沢東が巨大な流れと渦をつくってしまったように、その流れと渦をこそ、つまりプロセスだけを信じればいい。

ジョン・ケージは易経からチャンス・オペレーションを引きだしている。ここには形式化した弁証法の割りこむ余地はない。そこで武谷三段階論を弁証法的な認識論ではなく、方法の単なる段階論にしてしまう。私の「都市のデザインの四段階説」（一九六三年）はこんな具合で、弁証法をひたすら逃れるレベルで組みたてた。「孵化過程＝ジョイント・コア・システム」はそれを他者の介入のもとに可視化する。こんな具合の思考には全面的な予定調和はあり得ない。ケージは「いまやっていることだけを正確に行う。」といっていた。それは来たるべき未来を想像することを断念することである。だから「未来都市は廃墟である」。それしかない。

「プロセス・プランニング」のアイディアは大分県立図書館の設計過程で思いついたのではない。それは既に都市のデザインを構想しているなかで、ひとつのアイディアとして浮かびあがっていた。それを建築デザインに適用してみようと図書館の建築型を分析するなかではっきり意識するようになった。一九六三年の春、前年の秋に組みたてた大分県立図書館の第一案を雑誌に発表するときにそれをまとめた。実施設計が済んで着工の段取りになったとき、「媒体の発見」（一九六五年）という文章にした。このとき「プロセス・プランニング」論を手続きとして整理しながら、その最後に「切断」という行為を附加した。実施設計をやり終えてはじめて「切断」が決定的な行為であり、ここでデザインを私のやりかたで行う際のたったひとつの手法であると確信できたからである。「切断」されたデザインはその切り口が露出するので、偶発的な停止や破壊を想わせる。だからそれが廃墟のようにみえる、とその後になって説明されるようになった。これは元来、未来都市を廃墟と連結するモンタージュをつくるときに、そんな切断面を破壊面として描いていた、その描法をあらためて意識化したものだった。「切断」とは停止である。想像のなかで揺れ動くイメージをフリーズさせることだ。それを死と結びつけて考えてもいた。暴力的な介入でもある。できるだけ唐突な事故のようにみせる。不吉なイメージであったことに間違いない。

「プロセス・プランニング」論は、実はプログラムとしての与件が決まらない条件下で、仮定的に与件を分類し、その空間的特性を分析しながら、予算と規模の決定を待つというすべてが未知数のままデザインだけは進行させねばならないという、ごくありふれた機会に偶然に最初から遭遇していたなかから、殆ど苦しまぎれに生まれてきた、といってもいい。建物は想像のなかでは、有機体のように伸縮している。それをある瞬間にぶった切らねばならない。デザインの決定とはそんなものだと考えた。するとその切断面に伸縮する全過程が露出する。

三五年以上たった現在、この事態を決定不可能性という問題構制に繰りこむことは可能だろうと考える。私自身やっと七〇年代の後期から接するようになったジャック・デリダの六〇年代の著作に、この決定不可能性が問題構制の核心に置かれている。この「切断」という手法がそんな枠組みのなかに繰りこみ得るかどうかなどまったく感知もできないままで当時はいた。ひたすら具体的なデザインとしての手法を捜していたに過ぎない。むしろこのときに抱いた問題意識が、八〇年代のおわりに、ベルナール・チュミ、ピーター・アイゼンマンを介して、ジャック・デリダの思考が《建築》と結びつくことの遠いきっかけをつくっている。ＡＮＹ会議をはじめるときの大きい枠組みともこの決定不可能性はかかわっている。

一九六二年に制作した大分県立図書館の第一案は、ユニットにした部屋の構造に、設備系統を組みこんだプレキャスト・コンクリートを用いている。プレキャスト・コンクリートは、建築を一体化させるのではなく、組みたてにできるという点において、システマティックな取りかえを予想したメタボリズムのコンセプトにはぴったりで、いずれはこれが居住単位を丸ごとつくるカプセルに展開する。六〇年代のメタボリズムのもっとも特徴ある達成とみられよう。黒川紀章のメタボリズムの時期の殆ど独壇場ともなったデザインの領域である。カプセルは六〇年代のアイコンたり得ているともいえるだろう。だから、第一案は、そのデザインの解法において、あくまでメタボリズムに追随している。ちょっとの間を置いて、私はもういちど設計をやりなおした。それは西欧の古典主義的な建築の内部の空間体験をしたこともかかわっているが、プレキャスト・コンクリートのシステムが実情にそぐわず、コストアップするだけであることもかかわっている。同時に、現場打ちコンクリートを新案の工法によって大スパンにすることで、日本でそれまで試みられることの少なかった光線のコントロールされた空間が生まれるのではないか、という予感もあった。大げさにいうと、プレキャスト・コンクリートの工法を棄てることによって、メタボリズムの方法の核心にあるデザインに直結する工業主義へむかわずに、《建築》を、私が空間的に体験できた西欧の古典主義的な建築物の保持するような特性へと近づける。技術の表現ではなく空間の表現を選択した、といってもいい。私は技術的に後退すると考えた。たんなる工業主義的新案を追いかける、いわゆるアヴァンギャルドとは訣別するだろう。むしろ《建築》の本質にある「空間へ」とむかわねばなるまい。そして、この変換を「切断」という概念に仮託した。それがデザインだった。

こういう具合に一九六二年頃の私の思考を整理してみると、私はメタボリズムと明瞭に逢遇している。だけど接触だけで旋回してしまった、というべきだろう。そして、建築と都市の両方にむけたプロジェクトは、メタボリズムの予定調和と技術主義にたいして、偶発性と決定不能性という、いたって概念的な問題構制を組みたてることで、空間的なものの構築へとむかおうとした、と自分自身で整理できるように思う。ごくわずかな違和感へこだわることが、別なディレクションに押しやってしまう。そんな瞬間瞬間の選択だけがある。だが後から振り返ると、それが宿命になってしまっている。

三〇年という間隔は、やっぱりレトロにさせる。いまではその選択がはっきりみえるけど、そのさなかでは一寸先もわからなかった。こんな感想が記せるのも『メタボリズム』が出版されたためである。これが歴史を扱う本だとみるならば、レトロとして歴史との境界にいる私がぼんやりみえはじめたような気分にもなった。

システムが自走した

一〇年ごとに危機に陥り挫折を繰り返してきた、と私は自らの仕事の軌跡を説明することにしてきたが、何故かその危機の時点が、一〇年単位のくくりとしての各年代のはじまりに置かれることになってしまった。

六〇年代、七〇年代のはじまりの頃には肉体的にダウンした。それは精神的な危機でもあった。八〇年代、九〇年代のはじまりには方法的にダウンした。仕事のやりかたが転換した。最近のインタビューで（『GA DOCUMENT EXTRA』05／一九九六年）、そのようにしてくくられた一〇年単位をあらためて説明する必要にせまられ、大ざっぱに次のような展開になったと語った。

六〇年代：システム
七〇年代：メタフォア
八〇年代：ナラティヴ
九〇年代：フォルム

これは、それぞれの時期での私の個人的な関心をそのまま示そうとしたものでもある。たとえば水戸芸術館は、一九九〇年に開館している。それは私にとって一種の移行期の仕事で、ナラティヴからフォルムへと問題を転換させようとしていた頃で、その証拠というわけでもないが、シアター、コンサートホール、ギャラリー等の収容されている低層部と、広場に面したタワーとは明らかにデザインの方法が異なり、分裂し、それがそのまま対立的に併置されている。椹木野衣氏の「『熱』狂と『熱』力学」（〈日本の夏一九六〇—六四〉展カタログ／水戸芸術館／一九九七年）に私のこんな説明が参照されたとは思わないが、そこでとりあげられている「孵化過程＝ジョイント・コア・システム」（この失われてしまった作品は今回の展覧会で再演することになっている）はたしかに私の記憶のなかではシステムだけを提示するものであった。私はそれをひとつの都市の概念的モデルとして考えていた。新宿にたむろしていた数々のアーティストと日常的につき合い、彼らの展覧会やパフォーマンスには必ず行くことにしていたが、あくまで私は建築家・都市デザイナーであることを保持すべく、ひとりの観衆たろうとしていたから、自らアートを作品化するなど考えてもいなかった。だが、いわゆる近代建築の原理は近代芸術の原理に通底していることは直観していたし、その原理から逃れる方途を捜そうともしていたので、新宿にたむろするアーティストたちとの交流は、私の専門的な仕事に影響を与えるだけでなく、彼らとの深夜の議論を介して、相互の刺激が生みだされていくだろうとは感じていた。だが私は建築家なのだから、軽々しく美を語ることはできない、いや、やるまいと考えていた。そんななかからとりだし得るのは科学・技術領域の通俗用語であるシステムだった。システムは美的な用語とは思われていなかった。その後に構造主義として定着した諸概念の総称のようだった。完結、均衡、構成といった近代美術の原理から遠くはなれ、それを自走させると、変動、乱雑、崩壊が容易に発生してしまう。今日ではカオスとして理論化できる諸現象が発生する。だがそんな定義もなく、アナーキーと呼ばれる程度で、むしろそのような変動への傾斜が、知的領域の大部分をしばりつけていた画一的なスターリニズムよりの離脱に必要だと、思われていた。

クリストファー・アレグザンダーを最初に日本に紹介したのは、私の都市デザインの四段階説となった『シティ・インヴィジブル』（一九六二年）の註記においてだっただろうが、このときは都市を記号の波として解読する試みのひとつとして、高速道路上からの視覚の継起的な記述法に関するもので、その表現は、現代音楽のグラフィック・スコアに近いものだった。音楽と移動する視覚を図化する点に共通性を見いだそうとしていた。「都市はツリーではない」「パターン・ランゲージ」といった論文をそれ故に発表されると同時に日本で紹介することにしたのは、システムが方法化されていく、あるいは論理化されていくことへの私の関心に由来しているが、彼がここで取り組もうとしている、作動するシステムを単一主体が操作すると自動的にシステムが閉鎖して、ツリー状に固まってしまう、というアポリアは、自己言及性の問題ともからんで、制度論へと移行せざるを得ないことが、いずれ六〇年代的思考の破産もしくは挫折として示されることにはなるが、すくなくとも五〇年代までの正統的な近代建築の論理には包含されていなかった領域であった。

柄谷行人氏は『隠喩としての建築』において、アレグザンダーのツリー／セミ・ラティス論のパラドクスを形式（フォルム）の問題としてとりだしている。システムもまたフォルムを介して理解され得るという道筋がこのようにしてつけられた。それは、もっと広範囲に私の九〇年代のフォルムへの関心に接続しているし、それが九〇年代を六〇年代へと連結する手がかりにもなるだろう。

ついでながら、一九六〇年頃に、フォルム（形式）とシェイプ（形態）を峻別することを力説していたのはルイス・カーンであった。彼は眼に見える具体的なかたちと、そのかたちを出現させる背後にある眼に見えない法則とを区別し、それをシェイプ／フォルムととらえ、建築の構成原理はフォルムにこそ従うべきであり、シェイプは偶然に発生する、いたって恣意的で流行の趣味に支配されているに過ぎない、としている。おそらく、この論に到達したのは、一般的にフォルムがアリストテレスのいう形相（エイドス）に由来し、そのもののなかに、眼に見える表面のかたちと、眼に見えない隠された原理を同時にもつものとして使用されていることにたいし、それをプラトンのイデア論にもどし、フォルムこそイデアだと主張しようとしたと思われる。「形態は機能に従う《フォーム・フォローズ・ファンクション》」という近代建築の機能主義的原理にたいして、「形式が機能を喚起する《フォーム・エヴォークス・ファンクション》」と反転させようとした、この主張が六〇年代の初頭に建築家たちに衝撃を与えていたことは、私の記憶にも生々しい。一九六〇年に「世界デザイン会議」が東京でひらかれたとき、来日した多数の著名建築家のなかで、後発であるが故に、殆ど新人のようでもあったルイス・カーンは、一躍トップ・スターとなったが、後にも先にも彼の存在を理由づけたのは、この新プラトン主義的な「フォルム」の解釈をしめす、たったひとつのフレーズだった。

ルイス・カーンその人の語り口はまるで予言者のそれだった。それだけに多数を魅了したのだが、ひとつの信念を奉じた、殉教者のような臭いを発散させていたから、あくまで単一者的主体の枠から逃れることはなかった。複数の主体が否応なしに介入しはじめる都市のユルバニズムとはかかわりなく、複数の他者が支配する空間のなかで、不如意のまま孤立する悲劇的な唯一者といった面影がつきまとった。アレグザンダーの批判が有効だったのは、このような閉ざされた系のなかでの限定された透明性にたいしてであった。相容れることのない複数の他者がかかわる都市空間という場が、同時多発的に世界をおおいはじめていた。高度成長を開始した日本の諸都市も例外ではない。東京はオリンピックにむけて大改造中であった。いたるところで工事が進行していたので、常時普請中の都市と呼ばれていた。完成した姿が見えない。変動過程しかない都市。私が新宿にたむろしていたアーティストたちの群と共感していたのは、こんな都市のなかで生きること、そしてその生成していく変動を「かたち」にすることだったのだろう。いいかえると、奇妙な胎動を開始していた東京という都市が生産しているもの、もしくは排泄しているものを用いて、その都市の貌を描くことである。旧来の絵具やキャンバスが用いられない代替に、〈読売アンパン〉をはじめとする同時期の展覧会は、日常雑貨と廃品回収所から見いだされたオブジェ（?）で埋められていた。そして共通していたのは、芸術、展覧会、建築、メディア等が組みたててきた制度が生みだしている価値の基準が崩れていきはじめているし、いきつくところまで崩してしまえ、という認識だった。「孵化過程＝ジョイント・コア・システム」（一九六二年）は、そんな状況にたいしての私のはじめてのプロジェクトであった。

瀧口修造氏がゲスト・エディターとなって発行された『美術手帳』の特別号「現代のイメー

ジ」（一九六二年四月号臨時増刊）は、氏がえらんだ当時まったく無名のアーティストに数頁ずつを与えて、紙質もレイアウトも掲載作品もすべて作家の自由、それを集めてバインドして一冊にするというアイディアにもとづく出版物だった。偶然私もその一隅にえらばれた。それまでマイナーな建築雑誌にプロジェクトを発表したことはあっても、私自身は当時所属していた丹下健三氏のアシスタントと思いそのように振る舞っていたから、瀧口修造氏によってリストアップされてこの特集号「現代のイメージ」に参加したのは、私が自立してはじめてデビューする場が提供されたことでもあった。ギリシャ神殿の廃墟に未来都市構想としての「ジョイント・コア・システム」をコラージュした図はこのときつくられた。いまでは誰も不思議に思わないが、こんな奇妙なコラージュは建築専門のメディアではとうてい扱ってくれなかったし、それくらいのことは知っていたので、そこに持ちこもうとは思わなかった。だがアートの世界は違う。何をやってもいいという無審査、無検閲という条件がついていた。私はおそるおそるこれを発表したというわけだが、建築界からは脱落することを覚悟しておかねばならなかった。事実、そのような代償はかなり長時間にわたり払わされる。雑誌が発行されてしばらく後に、〈未来の都市と生活〉展が企画されたとき、あの廃墟のコラージュは展覧会の主旨である〝すばらしい未来の生活〟とはそぐわないとして、いったん展示を拒絶されもした。

そして「孵化過程＝ジョイント・コア・システム」のパフォーマンスは、初日はまだシステムは作動していない、というドサクサにまぎれてスタートできた。

いまふりかえってみると、たしかに「熱」狂はあった。私は六〇年安保前後のあの「熱」にうかされ、東大キャンパス（「東京計画一九六〇」を制作していた丹下健三研究室）と国会議事堂前（反安保のデモンストレーション）と新宿ホワイトハウス（吉村益信アトリエを根城にしたネオ・ダダイズム・オルガナイザー）の三角点を午前、午後、夜にかけてまわり、その中間地点にあったかたむきかけた木賃アパートの一室で「孵化過程」のドローイングを描いていたので、遂に眠る時間が見つからなくなり、倒れてしまう（私の最初の肉体的危機）という有様で、冷静に自己分析しシステム化してアレグザンダーのように論理化することなど、思いもよらぬことだった。こんな「熱」狂は、自爆もしくは自滅しかない。ラディカリズムが自家中毒的に廻転してしまったあげくに行きつく地点である。おそらくその一〇年後に、日本では三島と赤軍派の両極のラディカリズムの崩壊が伝えられるだろう。六〇年代が大きい挫折をする象徴的事件であるが、その端緒と兆候のすべては「一九六〇―六四」という六〇年代の最初の五年間に発生しており、いったんは結末をむかえている。それ以降は、単純に反復がなされたに過ぎないと私は考えている。

第二章　旧大分県立図書館が転生したので、その頃を想いだしてみた

一九六二年、長期に海外へ行く準備を私はしていた。といっても、もう留学する年齢でもなく、かなり条件のいいフェローシップかなにかを捜さねばならなかった。それまで殆どグループでの一員のような気分でつき合っていた、日本のネオ・ダダのグループのメンバーたちが、前年の荒川修作の渡米を契機に次々に海外をめざした。彼等の周辺にいた工藤哲己はパリへ、そしてこのグループの溜り場となっていた新宿ホワイトハウスの住人吉村益信は、私がその基本設計を手伝ったスタジオハウスを売り払って、やはりニューヨークへ移住することにしていた。ケネディ大統領が平和部隊を創設したので、アメリカの民間財団は研究費などをそちらにとられ、結局私はフェローシップをとることもできず、宙ぶらりんの状態となった。ともあれ一九六二年夏、当時私の住んでいた大和文化村の庭付一軒家で、ハプニングと呼ばれはじめたパフォーマンスをそれぞれの渡航者のために催し、予定通り、逸脱し、土方巽と篠原有司男の全裸の屋根の上の踊りにパトカーが駆けつけ、明朝、責任者の私が菊坂署に連行され始末書をとられるはめになる。のちに、黒田雷児がはじめて福岡市立美術館でこの時期の写真ドキュメント展を企画し、カタログでネオ・ダダの一応の結末がこの夜の事件によってつけ

られたと書いたことで、この一瞬の花火のようなネオ・ダダＪＡＰＡＮの区切りがつく。新宿ホワイトハウスでの旗揚げから、この夏の夜のハプニングまで偶然に私は事件の起こった場所にかかわりをもった。とはいっても、そのなかにはいって作品を発表したりしたわけではない。私はあくまで建築家、そして当時は都市デザイナーを自称したが、アーティストの外側にいるように自分の位置を保持しつづけた。

こんなつき合いのなかから瀧口修造氏の面識を得て、氏がゲストエディターとなった『美術手帖』の特集号「現代のイメージ」（一九六二年四月号臨時増刊）に数頁を割り当てられ、建築関係の雑誌ではとうてい取り上げてくれそうにもないコラージュ「孵化過程」を発表できた。いつの時代でもジャンルごとにそこそこ独自の文脈があり、これをはずすと認知してくれない。私は建築家、都市デザイナーとして自立したいと考えながら、都市計画・建築（設）業といった領域ではアカデミズムもジャーナリズムもいずれもが狭い枠のなかにあって、私の考える仕事などできそうもないと思っていたので、なかばそこから脱落しながら、アートの世界に接近する、とはいってもそのなかに入れない、こんな中間の場所を行き来していた。脱領域、インター・ディシプラナリーなんていうのは後に広がったはやり言葉で、この時代はわけもわからず既成の枠をはみだすこと、既成の概念を崩すこと、そして既成の権力に楯つくこと、こんな側へと成算もなく移動するぐらいのところだった。

彼等の仕事は《反芸術》と呼ばれていた。当時もっとも大型の発表の場であった〈読売アンデパンダン〉展（一九六四年に出品作の過激さをもてあまして閉鎖された）のなかの、とりわけ過激な一群の仕事に、東野芳明が命名したこの呼称は大きい議論を呼んだ。「《反芸術》是か非か」（一九六四年一月）というパネル・ディスカッションに私も都市デザイナーの肩書きで出席したりもしたが、針生一郎が《反芸術》にたいしての宮川淳の論点を「芸術の消滅不可能性の原理」と要約することによって、この数年間での一連の言説の結末が見えてきた。芸術という制度の内部においてはいかなる反論や否定も結局は自己言及に陥り、その枠から逃れ得ない、というパラドックスの指摘でもあった。その翌年、私は〈空間から環境へ〉と題された、美術家、音楽家、デザイナー、建築家を集めた大きい展覧会のコーディネーションと会場設営をやった。パフォーミング・アートを組みこめなかったが、《反芸術》以後の六〇年代中期の新しい世代の動向が透視されはじめた。後に万博アートと呼ばれるようなＥＸＰＯ'70の会場を埋めた特徴的な傾向がここでひとつになって登場した。事態は一気にすべることがある、ということを私はこのとき実感した。もう《反芸術》という形式の破壊作業は終了したのだ。そして、どうなるかわからないが、廃品回収所からジャンクを集めて制作するといったほこりの舞うような作品でなく、工場に発注されて、ピカピカ輝くような作品が大きいスケールで実験できる、そんな期待も生まれはじめた。

旧大分県立図書館は《反芸術》に私自身深くかかわっていた時期（一九六二年）に設計を開始し、《反芸術》でさえ《芸術》という制度をのがれることが不可能であることが自覚された頃に完成した。一九六六年のことである。だが事態はそんなに明瞭に意識して対処できた程にスムーズに移行したわけではない。とりわけ《芸術》と無縁であることを宣言することによって、近代建築は一気に走りはじめており、ハンネス・マイヤーがバウハウスの最後の危機に登場して、政治のラディカリズムに接合することで、その自滅を促進させていったという近代建築理解が、はるか極東にも及んでいた。だから建築をもともと《芸術》と認めなくても平気に建築家を名乗ることが普通であった国で私たちは教育されてもおり、《芸術》と《反芸術》などという言説とはかかわらなくてもよかった。何故かそうはいくまい、と私は考えてもいた。ル・コルビュジエが「アクロポリスが私を反逆者にしたてた」と記してあったのを読んで、はじめて建築家と呼ばれるべき存在が理解できたし、建築家たろうとひそかに決意もした記憶をもっているので、やはり私は《芸術》を、建築を思考するときの核心に据えるべきだと思いつづけ、あげくに《反芸術》へと接近した、と今では説明できるようになった。

この《反芸術》のグループ諸氏が一様に衝撃を受け、それ故に《反芸術》へと突入することになったのは、五〇年代中期にジャクソン・ポロックのアクション・ペインティング、そして六〇年代初期にジョン・ケージのチャンス・オペレーション、これが突発事故のように日本に紹介されたことに由来する。ポロックは自動車事故で没していたが、今井俊満がパリから、ジョルジュ・マチュウとサム・フランシスをつれて帰国して彼等の実演の機会をつくったことによって、アンフォルメル旋風が吹き荒れて、日本に大きい影響を与えた。批評家タピエがプロパガンダをやっていたアンフォルメルは、フランス経由だということに注意しておく必要がある。非形象、とこれを訳すと明らかだが、あくまで表現されたひとつのスタイルの呼称である。これにたいして、アクション・ペインティングは描きかた、を指示するにすぎない。つまり前者は形象のないものを描こうとしているのにたいして、後者は何かを描こうとしているのではなく、描く行為そのものを言っているに過ぎない。

同様の比較を現代音楽についても指摘できる。五〇年代に現代音楽を革新したセリー（数列）の音楽そしてミュージック・コンクレート（具体音の音楽）は音列を数学的なシステムとして構築するものと、楽音でない雑音を素材にする作曲である。この呼称はアンフォルメルに似て、やはり表現されたイメージもしくは作曲されたものの音楽的表現をイメージさせる。これにたいして、チャンス・オペレーションは卜占の偶然性をそのまま用いるという点でアクション・ペインティングに似て作曲の行為だけを言っている。

主題や目的を語らずにその表現行為だけに関心を集中させる。ここでは表現がむかおうとする主題や目的が不在なのだ。アンフォルメルやセリーは、それ自身が主題であり目的だった。ここで決定的な逆転が起こっていることに注意しておくべきだろう。元来技術の世界では、主題があり目的があったときに、はじめて技術的な体系を組みたて得ると考えられていたから、こんな美術や音楽の世界での出来事は、無関係と思われていた。近代建築の国際的な運動の中核にあったＣＩＡＭの内部セクトであるチームＸは「成長と変化」を主題としてとりだしていた。そして、これに呼応して生まれた

「メタボリズム」グループは、都市と建築を新陳代謝するものとして、そのような表現を可能にする技術体系を提案しようとしていた。私は丹下健三を通じて「チームX」を、同僚の建築家たちを通じて「メタボリズム」にかなり接触してもいたが、彼等が選択していた方法は、近代建築のアヴァンギャルドの伝統に基づいて、それぞれ明瞭に主題と目標をつくり、これの表現が可能になる技術・デザインの体系を組みたてていた。このやりかたに従うことに違和感をもった。当時、それを論理的に説明することはまったくできなくて、単に脱落しただけだったが、今となってあらためてこの時点での気分をふりかえってみると、アンフォルメルではなくアクションの、セリーではなくチャンス・オペレーション側に立とうとしていたことはかなりはっきりしており、マチュウではなくポロックを、メシアンではなくケージを好んでいた、そんな嗅覚が作用していた。主題も目標もがここで消去されている。いやそれを消去する作業が《反芸術》の唯一なし得た成果だったろう。五〇年代末から六〇年代初頭にかけてのニューヨーク発の衝撃波は、確実に強い影響を与えた。ネオ・ダダのメンバーの大部分がパリでなくニューヨークを目指したことは、間違いなく衝撃波の発生源へ引き寄せられたためだった。

主題と目標を同時に不在にしたと、今は簡単に整理して記しているが、主題が不在になったことにあらためて主題としてむき合わねばなるまいと記すことができるようになったのは、七〇年代も中期になって、六〇年代の全世界に多発したラディカリズムのサーベイをやった『建築の解体』の末尾においてである。それが意識化できたのは、無意識のままますすめている仕事を自己分析して、「手法」論をまとめる見通しができてからのことであり、さらに目標（テロス）を消去すべきだと、やはり断言できるのは「海市」のドキュメントをつくってみたためでもある。四〇年かかってしまった。今から数えて正確に三五年前に発表した「プロセス・プランニング」論（一九六三年）は、目標が不在でありながら、それでもひとつの決定がなされなければならないという決定不可能性に対処するための方法を記述しようとするものだった。同様の整理をあらためてやってみると、「メタボリズム」グループが提案していたイメージは、アンフォルメルのような生物学的な不定形をつくりだすため、セリーのような新陳代謝システムを技術的に編成しようとしていた、と比喩的にも語り得る。五〇年代にそれぞれの領域でのアヴァンギャルドが歩調をあわせていた。その全体の流れに地すべりが発生しはじめて、遂に目標としてのユートピアまでが死亡宣告される（一九六八年）。その道筋の分かれ目が主題を明らかにし、それを目標として表現の技法を編成するという正統的なアヴァンギャルドの姿勢と、主題も目標も宙吊りにした決定不可能性を承認することによって、これに対処する技法を編成する姿勢、さらにはそれを序列を無視して短絡的に突っ走るラディカリズムで押し切ろうとする、その両者のいずれに従うかによって、大きく分かれていく。ユートピアの保全を期待するか、その殺戮にまわるか、そんな分かれ道をたどることになる。一九六八年の文化（五月）革命で、こんな結末が語られているが、一九六〇年の初期に全領域にその兆候は発生しはじめていた。それを私は目標を宙吊りにして、いま行われている行為だけに賭けるアクション・ペインティングやチャンス・オペレーションにみようとした。そして都市も建築もいっさいが「プロセス」のさなかにあるものとして考察されていいと考えていた。「切断」をデザインの決定の鍵にしたとき、ポロックがドリッピングし、ケージが八卦の賽をふるのと同じだとも思った。絵具がしたたり、偶発的な音列が見えていたのにたいして「切断」された切断面はポッカリ口をあけ、奥に闇がのぞいた。それは未完のままで、崩壊の過程にある一瞬を凝縮させている。結果が違うのはメディウムの相違によるにすぎない。たらし、ふり、きる、こんな行為にかける自らの手先だけを視ている。全体像、完成、調和、均衡、といった近代的主体が美的判断の基準にたてた諸概念が無視されている。そして生成されていく過程に主体が埋没しながら介入している。他者としての時間と格闘しつづけざるを得なくなる。

「プロセス・プランニング」論は、旧大分県立図書館の第一次案（一九六二年）をまとめた後に、これにつけた文章であった。有機体のように伸縮する建物のイメージをひとつの状態に凝固させる。六〇年代の初期において、建築に使用できるデザイン言語は限定されていた。システムを組みたて、それをそのまま視覚言語表現に結びつけるのが主流となりつつあった。それ故に、第一次案はプレキャストによる構造・設備・空間のユニット化にデザインの手がかりを求めていた。そのときまでにポロックの絵画の実物に接していた。ジョン・ケージ本人とも逢い演奏会には残らず出むいた。だが、私は建築らしい建築物を見たことがなかった。こんな方法論を編成しても、それが建築らしい建築物になるのかどうか、まったく不安だった。勿論五〇年代の丹下健三研究室の建物は全部見ていたし、手さぐりで大分県医師会館（一九六〇年）の建物も出来上がっていた。それでも正直なところ、建築がわかっているとは思えなかった。建築物の設計は都市デザインのひとつのエクササイズとしてやっているのだと語ったりした。都市デザイナーがその頃でも私の肩書きだった。

旅に出る機会があった。近代建築の傑作と呼ばれるものは数少なく、私はたちまち西欧の古い建物のとりこになった。教会堂の内部にまず座すことにした。そして、ファサードは後まわしにして、まず建物を内部空間から造っていく理由がわかる気がしはじめた。そして、ある日、啓示としかいいようのない建築空間を体験した。教会堂の闇のなかを、一条の光線が斜めに横切り、重なり合うヴォールトを照らしだしていく光景にひたっているとき、私の全身体感覚が、その闇の空間へと溶解していくのを感じた。性的エクスタシーよりもはるかに強度な全身体の弛緩が起こった。建築空間が実在している。無数の写真をながめ、無数の記述された文字を読んだ。だがここに実在している建築空間はまったく違ったチャンネルを介して身体を犯している。身動きもできない。浮遊感にとらわれている。

もう私は三三歳になっていた。建築家の誰もが、二〇歳までにこんな体験をし、それ故に建築家を志し、そしてこの年頃にはグランド・ツアーによる遍歴の時代を了えて、自らの建築家として職業的な出発をやっている。それまで、私は職業的訓練を受けながら、建築が何ひとつわかっていなかった。そして啓示のような空間体験をしたのが、その訓練とはまったく別種のタイプの建物の内部においてであった。丹下研で何十枚も同一の建物の変化をつけたエレベーション・スタディをやった。そんな風にして設計された建物の内部を訪れもした。そこで見いだしたのは、外部に見せるエレベーションがそのまま内部にもあるような均質性であって、実はその頃はこのような内部と外部の一貫性を実現することこそがデザインの努力目標となっていたのだから当然のことだった。これらの建物はうまくデザインされたと見られていた。ところが、私の全身体を溶解したのは、厳然と外部と区別された内部においてであった。モダニズムの建築が忌避してきた種類のものだった。あの、「プロセス・プランニング」論を記した時点までに制作されていた第一案は、当時の日本の近代建築が指向していたものの先端にあったメタボリズムの視点から見て、まあ比較的にうまくまとめられていたとは言えるだろう。当時アメリカのスーパースター的存在だった、ポール・ルドルフのデザインとの類縁性もあっただろう。ルドルフはその後、ロンシャン礼拝堂に衝撃を受けて、混乱に陥っていく。彼の同時代のアメリカの建築家たちも、似た経緯をたどっている。フィリップ・ジョンソンは建築史家というふれこみを手がかりに、十九世紀的な様式交代史観を反復させる演出を半世紀にわたってやりつづけ、二〇世紀の建築の展開が殆どヴィクトリアンの延長と見えてしまうような事態をおこすのだが、それはさておき一九六〇年という時点において、建築をブルータリズムとして、暴走をはじめた機能主義を統御できるシステムとして開発すること、に関心は集中していた。メタボリズムは有機体細胞の新陳代謝システムを比喩に用いたが、これも幹にたいする枝葉の取り換えがモデルにされた、予定調和の計画だった。これらの思考を導いたのは、文献的な追跡は無理であろうが、五〇年代以降に注目された構造主義と呼ばれた思想とは、いちじるしく類縁性があるように私には思える。だが、これらのシステム論は建築物のスケルトンや殻を組みたてる方法ではあっても、その内部の形にならない、奇妙な空虚の存在についてはカバーできない。完全に解放された可動仕切りをもつ日本の伝統的な建築空間にみられる閾さえも、撤廃された通り抜け自由の透明空間についても、同様に見られつづけてもいた。西欧の近代建築が捜し求めた空間が、偶然に日本建築のなかにすでに造られていた、といったコンプレックスの逆転した居直りの論も多々聞かれた。

闇につつまれた建築的空間のなかでの突然の啓示は、西欧の伝統的な建築の内部においてまず体験された。そのあげく気づいてみると、日本の伝統的な建築の内部にこそ、その不気味な闇は息づいているということがわかってきた。「闇の空間」（一九六四年）という文章を谷崎潤一郎の『陰翳礼賛』を手がかりに記述した。このとき闇にたいして、虚とでも呼ぶべき空間の出現を見こもうとしてもいる。いまでいうヴァーチャル空間である。このとき感知する身体の内部の極に闇が、そしてはてしなく拡張する外部の極にこのヴァーチャル（虚）な空間がひかえているとそれぞれの存在の予感だけを語った。三〇年後、この予感は的中していたと思っている。だがこの関係を論理的に記述するのは私の任ではない。私はその存在を具体的な建物や計画される案のイメージとして示さねばならない。これがいまだに完了していない私のその後の全部の仕事の課題となった。いずれも姿が見えないために、つかみどころがない。逃げていく。

第一案を見直すだけでなく、破棄してもういちど設計をやりなおさねばなるまいと考えたのは、あの空間の啓示を受けたからだった。プレキャスト・コンクリートをやめて、手慣れた打ち放しコンクリートだけにしぼった。その取り扱うスケールを大きくした。大分県医師会館の場合すでに手さぐりでパブリックな建築物の持つべきスケールを丹下健三の説をみならい、都市的スケールと人間的スケールの対比としてはいたが、後にカンピドリオの丘で、これがジャイアント・オーダーと呼ばれるミケランジェロの発明した方式であったことを知ることになった。引用がなされるとき、そんなに明晰に意識されたりはしない。大スパンのため、壁がのさばり、ボックス・フレームが太くなった。こんな構造的な条件をクリアしながら、その構造体としてのスケルトンをそのままデザインの構成要素にするために、不可避となったスケール感の処理にすぎない。これを何とか正当化するべく理屈をつけるとしても、結果は、この内部にどんな空間が生まれるのか、それだけが評価の対象にされる。

実施設計が終わりかけた頃、あらためて旅に出た。二川幸夫と一緒で、世界を一巡りすることになった。東京はその頃、一九六四年秋のオリンピック直前で、その準備でごったがえしていた。常時普請中と呼ばれて、街全体がきしみ声をあげていた。浮かれ加減の東京に耐えられなかったというほうがいい。私たちは世界の都市を調査する、と大げさな目標を挙げた。そんなわけもわけらぬ企画を読売新聞の文化部にいて、戦後の新しい芸術の動向の殆ど全部を演出してきた海藤日出夫がとりあげ、二川幸夫・写真、磯崎新・文で、本紙で連載をやらせてくれた。二川幸夫は既に『日本の民家』でデビューをはたしていたが、私は大新聞に連載で登場するなど、はじめてのことだった。海上や地中や断崖にむらがるスラムが、サン・ジミニアーノやニューヨークのスカイラインと等価であり得ることを何とか説明したいと考えて、いまさら広場なんて、とつぶやき、未来都市は廃墟だと繰り返し、そして「見えない都市」を結論にした。これは旅行の後始末であって、都市に到着しては小型飛行機をチャーターし、場末を歩きながら、せっせとその地にある建築物だけは見逃さないよう、かけずりまわった。その頃の旅行は、小田実の『何でも見てやろう』と『ヨーロッパ一日5ドル』というガイドブックをたよりに実行するというのが普通だった。私たちの旅行もさほど違っていなかった。ただ、ギッド・ブルと呼ばれた美術建築案内書は古ぼけて役立たず、ミシュランも大ざっぱなものしかなく、街についてから、案内書の片すみにある写真を手がかりに、やみくもに穴居住居をさがしたり、ライ病患者がごろ寝する、モスクの広場を駆け抜けるといったやりかたで、行き当たりばったりだった。相手は逃げることのない街だったから、鳥瞰図法的に写真を撮り、そして必ずどの街にもあるスラムにさまよいこむ。この繰り返しだった。街の歴史なんかどうでもよかった。そんな説明は後でつければいい。その街が地図にのらない何かの気分を発散しているのを体験すればそれでよかった。これは二川幸夫が日本中の民家を捜して歩いたやりかたでもあった。それをグローバルなスケールにひろげたに過ぎない。そして帰国後、あらためて実施設計にとりかかった。啓示された空間がたちあらわれるかどうか、出来上がってみないとわからない。まずはN邸（一九六四年）で建築空間とは幾何学的形式をとおしてのみ成立することを実証してみたいと考えたりした。

六〇年代を通じて、都市から建築まで、家具から舞台美術まで、展覧会からコンペのアジテーションまで、そして、いくらか気負った虚構の文章まで、手当たり次第にかかわっていて、この間に書き散らしたエッセイを一冊にまとめるにあたって『空間へ』と題したのは、ル・コルビュジエが『ひとつの建築へ』（邦題『建築をめざして』）とはじめての著作を題したのを知っていたせいでもあるが、私が日本の現代建築にむかって、日本語で記したものでもあるし、ここで貢献できるとすれば、「空間」と呼ばれる概念や、現象している様態についての思考だろう。たとえばプロセスや廃墟や決定の瞬間などについてのほうが扱っている量は多い。だから「時間」をこそタイトルにすべきではないか。だが私には《建築》を「空間」として啓示を受けたという強い想いがあった。何よりもこの種の「空間」をこの国では誰もとりあつかって来なかった。そして、旧大分県立図書館も、そのような「空間」が見えはじめたことを感知できた人々から評価された。「時間」は後にまわそう。そして、この旧大分県立図書館は三〇年という「時間」の流れのなかにほうりだされた。

「時間」は存在している物体を侵蝕する。風化もする。汚染もある。その間に多数の人々が目撃し、内部を通過する。記憶が生まれる。これを解釈するさまざまな視点も発生する。これをひっくるめて歴史だということもあるだろう。旧大分県立図書館がアートプラザに転生し、その開館展〈ネオ・ダダJAPAN一九五八―一九九八〉展が催された。この建物が最初に構想されたときに私がすぐ横にいたこの過激芸術集団は、作品を制作するという旧制度を全面的に否定したために、作品を残さなかった。そして今残るのは偶然に見つかった作品の断片か、記録された写真ぐらいである。そこで大部分存命中のこの芸術家たちへのインタビューのビデオと、本人の生出演するワークショップで展覧会は組まれた。ニューヨークから帰国できなかった二人をのぞき全員がざっと四〇年後に顔をそろえた。私はそれをまるで歴史が歩いているようだった、などと新聞に書いたりしたが、作品も建物も全員が二〇代であったメンバーたちも、一様に「時間」の流れにほうりこまれ、それぞれが六〇年代のはじめの一瞬を記憶のなかで、温存させながら同時に変質もさせてきている。これが四〇年後でなく、ただの十五年後だったら、いずれも生臭く、愛憎入り乱れて、ひと騒ぎぐらいあったかもしれないが、さすが四〇年という「時間」の経過は懐かしさ、のようなものへと記憶の細部を蒸留させてしまう。同じ事態が建物についても起こった。四〇年の「時間」がつけた身体へのしみは非可逆性という生物的特性をのがれることはできないが、建物という物体はこの際、そのしみを洗い流し、耐震強度を増大させるための隠れた補強が行われ、ギャラリーという新しい用途へと転生した。最初からこんなギャラリーにするために予定して設計してあったみたいだ、という賛辞とも皮肉とも聞こえる感想を何人もの人から私はもらった。そう見えるのも三〇年という「時間」が何かを洗い流したおかげですよ、と私は応えたりしたが、転生にあたって私のなしたことは、図書館のためにしつらえてあった家具や調度をいっさい剥ぎ取り、建物をコンクリートの素肌にもどしたにすぎない。すると構築された架構体がそのまま建築的空間の実在であろうと考えた当初の意図があらためて浮き出てきた。図書館という実用性を突き抜けて建築的空間が存在していた、というべきか。それを《建築》だと呼び得るのだろうと私は考えている。

いったんは死にかかり、多くの人々の努力で息をふきかえして転生した。こんなひとつの建物のひとつの生を記録した本が出版された。『建物が残った——近代建築の保存と転生』（岩波書店／一九九八年）。詳細はここに記されている。残った建物と、その記録が同時に歴史の一頁をめくるように見えてしまう。私は奇妙な錯覚にとらわれている。六〇年代が、何故か九〇年代のなかにあるみたいだ。想い出話をするはずが、そうならなくなった理由でもある。「時間」が、その頃に見落としていたものをいくつもあらわにしてしまう、そんなためだろうか。

一九六〇年の刻印

かりに私がひとつの遺伝子によって決定づけられた存在であったとしても、生きてきた場所と時代によって、まったく異なったことをやってしまっただろう。はるかに還暦を過ぎたいま、そんな偶然のような時・空間との遭遇が殆ど決定的だったと想いかえされるのは、物心ついてから、学業をおえて、自分の仕事を開始する十五年間であり、ついでみずからのはじまりを区切る次の一〇年間である。この二五年間は、私にとっても青春だったといまになっては少し恥ずかしげだがいえるとしても、当時は太宰治が青春そのもののような処女作を、あたかも遺書のように「晩年」と題して出版していることを知っていて、太陽族と呼ばれはじめた私の同世代の若者たちが好んだロックン・ロールを避けて、ひたすらジャズに没頭し、シュルレアリストたちの好んだ夜の世界にハマリこんだ。青春期とは老年期に過ぎないと思いこむことは、明るさと未来を拒否することでもあった。

一九五〇年代占領下だった日本は朝鮮戦争で好況に転じ、たちまち高度経済成長が語られ、一億総中産階級化の夢が実現する可能性がみえはじめていた。この陽光のあふれる光景に背をむけて、夜へと視線をむけていたのは、おそらく一九四五年の敗戦当時の日本の諸都市の焼跡がひとつの心理的傷痕になったことに由来すると私はこれまで説明してきたが、十四歳になった私にとって、家族が解体し、頑丈に組みたてられていたように思えた社会も崩壊していた。強固な秩序をもって、少年を身体的にしばりあげ、心地よい鋳型にはめこんできたひとつの歴史がそのときおわった。そしてほうりだされたのは、瓦礫の山、溶解して変形したガラスの塊、ばらばらにほどけた人間関係のさなかであった。それらの傷痕は、一九四五年八月十五日にみた、雲ひとつない澄みきった青空へともどっていく。だが私はその青空の背後に、いやその奥に、深い闇がひかえていると感じていた。大気圏外の宇宙空間を論理的に推定したとは思えない。あの闇は宇宙空間に浸透する闇ではなく、歴史が停止した瞬間に訪れる空白を埋めていた心の内部の闇にちがいない。あげくに、私は五〇年代には陽光のしみとおるような明るさを身体的に感知することがなかった。青空ではなく、その裏にはりついた闇を捜していたためでもある。

一九四五年が十四歳だったことが私の身体に落としている意味は、私固有の歴史的事件との遭遇だったとはいえるが、それが大分という私の生まれ故郷にまだ生活しているときだったことによって、もっと枠組みがしぼられてしまう。そんな地縁が一九六〇年という次の日付けにつながっていく。そのとき私は東京で、既に一〇年間の生活をしてきていた。大学の博士課程を修了した。私はこのときひとつの選択をしていた。教職につかぬこと、博士号をとる準備はしないこと。一〇年前にはもう大分にもどることはあるまいと思いながら上京したのと同じく、アカデミーのなかに勉学の名目でいちおう一〇年わが身を置いたあげく、これと縁を切っていくことが自分を自立させる唯一の道だと考えた。選択しているといえば聞こえもいいが、先行き不明の道を歩む方が、突発的事件をもっぱら期待している私にとって、はるかににつかわしいとどこか思いこんでいる節があり、考えてみれば、その後も一〇年ごとに妙な決定をやりつづける。次の一〇年後には、通常の型の結婚をしてつくる家庭をむしろ解体して、個の単位にもどそうとしており、そのさらに一〇年後には日本という国家と縁を切るべく海外での仕事に専念しようとする。そしてさらに一〇年後、ちょうど還暦をむかえた頃、人間の欲望のいきつく果てとして、地位、名誉、財産、この三つと縁を切る生活はないか、少なくともこの三つの欲望をのぞまぬことを生活のモットーにしようと考える。だが「建築をする」という仕事を持続するには、さまざまな形の力が必要になることがわかっており、これらの三つの欲望を力の誇示と思いあやまる通念と争う必要に迫られる。

建築家として自立して最初の一〇年間に記録されるべき日付けは、一九六八年であり、これは文化革命という旧制度への異議申し立てにおいて象徴されるが、私個人はこの激変する状況のなかにおいて、保持不能とみえるほどの捻れた姿勢をとらされる。職業としてEXPO'70に加担し、同時にこれに反対する勢力に同調するというアクロバットを強いられる。ともあれ、七〇年に万博が開催したときに、この不安定な姿勢は保持できなく、ベッドに倒れこむ。私の青春と呼べるものがあったとするならば、これがその時期おくれのおわりであった。六〇年代の一〇年間が過ぎ去ってみて、私の仕事は未完のままのアイディアが散乱するだけだった。わずかに、大分県立中央図書館が建築物として実現した。

一九四五、一九六〇、一九六八と私はひたすら日付けばかりを追いかけて記しているが、私を宿命づけている遺伝子は、こんな時代と遭遇したが故に、奇妙に捻れてしまったことも事実だろう。もし私が三〇年早くか、三〇年おそくかに生まれていたら、時代との出逢いはまったく違っている。

私がひと世代上ならば、一九一五、一九三〇、一九三八となる。十四歳のときは、第一次大戦の最中であり、二九歳のときは大恐慌の波にのまれ、三七歳にして、第二次大戦の予兆におびえていただろう。

私がひと世代下ならば、十四歳のとき、核の崇高のもたらす二極対立の最終段階で、中国の文革がおわっている。二九歳のとき、バブル経済が崩壊し、今年は三七歳になるはずだが、先行の不透明感で相変わらず不安なままだろう。

だから特定の日付けをもつ時代との出逢いは、決して一般化して語れるたぐいの論にはできないが、それが彼、彼女の一回きりの生を否応なく決定づけてしまうことも事実だろう。そこで、私はこれらの日付けにこだわる。

一九六〇年という日付けは私に決定的な影を落とした。この年まで私は東大の大学院に籍を置いて、丹下健三研究室の設計スタッフとして図面をひいていた。博士コースの期間を延長してもらったが、その最後の年であった。丹下健三研究室では「東京計画一九六〇」として知られる、東京湾上に東京の都市軸を延長するという未来都市の計画を担当していた。交通システム、オフィスや住居の新しいビルディング・タイプの開発など、やるべき仕事は無限にあった。一方で、私の処女作になった大分県医師会館（一九六〇年）が工事中だった。研究室での仕事の時間外に、実施設計を本郷菊坂の木賃アパートの一室でやった。はじめての私自身の仕事なので、誰もみたことのないものをつくろうとした。楕円のチューブを切断したまんま空中にもちあげるというアイディアは、既成の均衡感覚からはいちじるしく逸脱していた。奇妙な姿となって立ちあがる。使うことのできたのはコンクリートという重い素材だった。もろいはずのこの素材は一方でプラスティシティという特性をもっている。それがデザインの手がかりだった。おもてむきでは医師会館が私の処女作となってはいるが、それは私のアトリエを独立してもつ以前の仕事だった。一九六二年頃に大分県立中央図書館の設計の話があった。敷地がこの医師会館にむかいあう位置にあるので、私が設計者に指名されることになったのだろう。この設計の仕事を当てにして、私は独立して事務所をかまえることにした。

実はもっと以前に私はひとつの設計をしたことになっている。新宿の吉村益信のアトリエである。大分県立第一高等学校（上野丘高校）当時は一学年ちがったが、大分のキムラヤのアトリエに通い、「新世紀群」というグループをつくるなど行動を共にしていた。彼からアトリエをつくる相談をうけて、プランをスケッチして渡した。それを下図にして、彼は殆ど自力でこのアトリエをつくってしまった。外壁をモルタルで仕上げねばならず、これを白く塗った。「新宿ホワイトハウス」と呼ばれるようになった由縁である。赤瀬川原平のネオ・ダダ時代を回想した本で、私の処女設計だと記されていて、てっきり忘れていた私は、あっ、そんなこともあった、という具合に記憶をたぐりはじめる有様だった。三間立方のアトリエに、一間幅の台所やトイレがつき、中二階が屋根裏のようなベッドになっていた。スタジオハウスとしてミニマムの空間だった。場所の利便もあって、ここが若いアーティストの溜まり場になった。当時新宿には、私たちのような居場所の定まらない予備軍は、風月堂とピットインぐらいしか行く場所がなかった。

新宿ホワイトハウスは、最重要のスポットになった。大学と私の下宿のある本郷から、私は毎夜のように新宿に通った。当然ながら同様の生活パターンをもつ多くの同年輩のアーティストに出逢う。ネオ・ダダの面々だけでなく、舞踏や音楽、写真、映画などにかかわろうとする連中も一緒だった。彼らと行動を共にするなかで、私は考えはじめた。

〈動転するほどに建築の概念を変えてしまうことはできるだろうか。〉

〈都市のデザインを非秩序とでもいうべき動きのなかに編成できるだろうか。〉

本郷で、私は都市と建築を考えようとしていた。その思考が回転すると感ずるのは、新宿をうろついたなかで感知する形にならない刺激性の力だった。アーティストとつき合っていても、私はアーティストにはならないだろうと予感していた。建築を最終的に職業にする決心をしたのはやっと一〇年後のことだ。だから、やみくもに走ることにしていた。確実なのは、日本の芸術は五〇年代までのようにはなるまい、そんな予感だけであった。〈読売アンデパンダン〉展にこんなアーティストが全国から参加していた。この展覧会は過激化した作品があふれて、一九六四年に壊滅する。ラディカリズムの結末はいきつくところまで行って壊滅する。停止であり、崩壊を最後にむかえる。一九六〇年に新宿で学んだのはこんな原理だったように思える。だから私はやみくもに走りつづけることになってしまった。

本郷と新宿の往復に第三の地点が加わる。永田町の国会議事堂前である。一九六〇年の安保闘争と呼ばれる国民的なスケールでの国会への請願デモは、条約発効の六月十五日へとむけて大きい波となっていった。約一ヶ月間、私は連日この波に参加した。夜になると流れ解散になるが、それからが新宿徘徊の時間になる。本郷での日常の時間も確保されていたので、結局のところ睡眠時間を圧縮するだけであった。長期の睡眠制限は、いまから思えばドラッグと同様の効果をもたらしていた。

日本の芸術が過熱状態にあった一九六〇年から一九六四年の五年間(ネオ・ダダイズム・オルガナイザーの結成と公開の展覧会をした年から、読売アンデパンダン展が廃止を決定するまでの期間に相当する)、私は数多くのアーティストに出逢った。建築と都市というそれまでにえらびとっていた私の職業的な領域で、そんな連中から感じとった熱気を私なりの方法へと変換しようとこころみていた。誰からも認めてくれるはずのない試行であった。

「孵化過程」(一九六二年)に「未来の都市は廃墟である」という言葉を書きつけ、「ジョイント・コア・システム」と呼んだ一連の未来都市のイメージをギリシャの廃墟と重ねあわせた。都市を不意の断絶の相にみることを具体的に描きだそうとした。

大分県立中央図書館(一九六二―六六年)の設計を同じ時期に開始したが、このときに組みたてようとした方法は、成長と変化の過程にある建築物内部の活動を空間的に編成しながら、それを決定的瞬間に《切断》する。切断された断面をそのままみせることが建物のデザインとなる。これを「プロセス・プランニング」論(一九六三年)として発表した。

《廃墟》と《切断》が私の都市と建築にたいしての独自の視点になり得たと考えるようになったのははるかに後のことである。いずれのコンセプトも一九六二年の当時ではまったく評価されようもない。およそ美的なものとは遠く離れており、逸脱と異形に過ぎぬとみられていたからである。勿論、当人は不安のままだった。

大分県立中央図書館の設計をすすめる途中で、私は一九六三年と一九六四年に、欧米の古典となった建築をみる旅にでた。最初の旅行から帰って、それまでまとめてあったプレキャストを用いる案を破棄して、いま建っている案の原案を作成した。そしてもういちど旅にでて、最終案をつくった。その西欧への旅は、物質的存在感と、空間的知覚において、日本の国内で接し得たものと違う何かがあると感じていたことを確認しながら、それを利用可能な技術を用いて実現させるためだった。具体的に指示はできないが、この建物は私が西欧の建築空間の内部を通過する体験をしたことと切り離せないだろう。だが図面や模型だけでは確認できないままであった。肉体に響く手がかりがないからである。

躯体が立ち上がり、内部の足場がはずれたときに、私はそれまでの日本の建築物とはちがう種類の何かが生まれるだろうという実感を得た。それを建築的空間と呼べばいい、と言い切れるようになったのは完成した後である。空間はその中を通過する身体の外部をとりまくと同時に、内部へも浸透する。切断面から建物の内部へ入りこみ、身体はその場を占める空間との応答を開始していく。

ずっと後になってから、私はこの大分県立中央図書館を近代建築を卒業するためのディプロマだと記した。ここには二つの含意がある。勿論ひとつは私自身の学業の修了を認可してもらうための作品だということで、私が学んだすべての建築理論や方法は歴史的にみて、近代建築と呼ばれる原理に基づいたものだけであったし、それを私なりに咀嚼して自分流に解釈できたと考えた。博士論文などまとめたりしないと考えてはいたが、そのかわりにこの建物のデザインと方法と実現した空間とをディプロマとみてもらってもいい、と考えたためである。だがそんな認定制度などないことは知っている。自分で勝手にそのように認定しておけばいい。

もうひとつは六〇年代中期は、国際的に近代建築が引導を渡されていく時期でもあった。日本においてもこの兆候は見えはじめていた。二〇世紀になって、世界的に伝播をはじめたモダニズムが一九三〇年頃に日本に上陸し、独自の展開をしてきたが、それを打ち止めにして行くことを私の出発にすべきであると新宿ホワイトハウス体験から、自動的に結論づけていた。そこで、この大分県立中央図書館の建物を日本におけるモダニズムのおわり、あるいはモダニズムからの離脱の開始とする。それだけの位置におくことはできるだろうと、私は勝手に考えることにした。一九六八年に「アヴァンギャルドは死んだ」と語られはじめるのを私は当然の成り行きと思い、そのように復唱もした。アヴァンギャルドたるべく生まれつかされながら、そんなおくれてきたアヴァンギャルドもしくはマニエリストたらざるを得ない古典主義者の位置に私を置くしかないと、一九六八年に思いはじめた。こんな転換への適応を別に不思議にも思わなかったのは、この建物をやってあったという、私にとってのはじまりのおわりを経験したからに他ならない。

一九九八年に、この大分県立中央図書館は、アートプラザと名称を変えて、新たな出発をすることになる。その際に、新しい耐震工法を加えて補強がなされ、バリヤフリーにするための処置がなされた。この改造にあたって、外郭のデザインはいっさい崩さないよう配慮されたが、内部は「それまで日本には存在しなかったような建築的空間」が出現したあのときの感触をあらためて保持できるような復元がなされている。

オープニング展は、あの頃、「新宿ホワイトハウス」につどった面々の作品で構成される。建築物も、あの時代の気分が刻印されている。中央のホールは六〇年ホールと名づけられ、一九六〇を想起できる作品がその後も展示されることになるだろう。そのとき新宿をフラストレーションをかかえこんでうろついていた面々の隠された意志が、ひとつの空間として、記録されている。

第三章　「闇の空間」の頃を想いだしてみた

この本を私が宣伝する理由はない。何しろ朝日新聞に全面広告がうってある。広告すると売れ行きが伸びるということは、広告会社の陰謀ではないかと考えたりするが、『日本のこころ』（講談社／二〇〇〇年）という企画。最初に百人の日本人がリストアップされており、いずれ百人の執筆者がその各人について論じるとのこと。私には谷崎潤一郎が割り当てられていた。ＴＶにでないのと同様に、こんな舞台は遠慮することにしていたのだが、谷崎については書きたいことが残っていた。そこでプリンシプルを曲げた。

『陰翳礼讃』のことを考えている。「闇」が西欧と日本とで基本的に異質なのだということを、「闇の空間」を書いてから四〇年後にもういちどはっきりさせておく、こんな理由だ。あのとき西欧の光と闇の対位法にたいして、日本の絶対的な闇に消えていく闇の一元論を対置しようとしていた。空間を科学論として記述するのではなく、現象学的に記述しておこうと考えたわけだが、正直のところ現象学の知識は私にはまったくなかった。そして、四〇年過ぎてみたときに、「ラ・トゥーレット」と「わらんじや」のそれぞれの闇は、影《シャドウ》と蔭り《シェイド》の違いだと気づく。もっとも初歩的な作図法で陰翳をつけるときに、誰もがまず教えられたことがここにある。つまり、円筒が床に落とす影《シャドウ》および物体の裏側に生ずる蔭《シェイド》りは、前者がより黒く、後者は少し薄めに描くと立体感が生ずる、そのときの濃淡の違いだ。いまではコンピュータ画面上で自動的に影が落とせる。自分で墨を塗ることもないから、こんな原理は学ぶ必要もないだろう。だが作図法を学ばねばならなかった私たちの時代には、影と蔭りは違うものだった。その究極が闇だ。

こんな妙に微細な差異に気づいたのは、谷崎潤一郎の『陰翳礼讃』が"In Praise of Shadow"と訳されていると知ってからだ。陰翳は蔭《シェイド》りのはず。谷崎のテクストでは注意深く影《シャドウ》と対比されているのに気づくだろう。いまでは西欧知識人たちの間で、日本を理解しているよ、という連中は誰もが谷崎を引用する。建築家たちの日本理解の必読文献にこれはなっている。英・独・仏・伊・西で出版されていることを私は知っている。もっと他にもあるだろう。だが、どれも影と訳されている。英・仏どちらかが下敷きにされたに違いない。ということは、この西欧知識人たちはついに陰翳を感知してないともいえるではないか。彼等は陰翳の不思議さを遂に感知することはあるまい、と谷崎はすでに見抜くようにテクストに記してもいる。実のところ、西欧化してしまった現代の日本も同様な状態になってしまった。

ひとつの言語を用いてさえ、その用法に混乱と誤解がおこるのに、両言語にまたがっていると、事件の連続だ。感知する空間も、実はそれぞれの言語を介しているとすれば、同じ闇でも違う闇なのだ。

私は、たとえば「ラ・トゥーレット」のクリプトの闇はその対極に光があると考える。その光に、超越性を与えることが可能になる。それ故、光は神のメタフォアたり得る。光も闇もが聖なる空間に引きこまれている。ところが谷崎の描写する闇は、俗なる空間の奥に見いだされるたぐいのものだ。島原の角屋で「天井から落ちかかりそうな、高い濃い、唯一と色の闇が垂れていて、覚束ない蠟燭の灯がその厚みを穿つことが出来ずに黒い壁に行き当たったように撥ね返されている」有様を見て、谷崎はそれを「灯に照らされた闇」という。この俗なる闇にはせいぜい蠟燭の灯が行き当たるだけで、超越的な神が光となって差しこむことはない。谷崎はこの闇のなかに、神に替わって女人を棲息させる。聖性と俗性、神と女人、超越と現身、たったひとつの闇の背後にこれだけの差異がひかえている。その中間にあらわれる影が妙なはたらきをしているのではないか。

何故闇だったのか。あの頃はその理由を考える余裕はなかった。闇は古来さまざまに語られてきた。どんな風にせよ、世界を理解するための鍵として使われ、重要なメタフォアだった。その頃、近代建築、あるいは現代都市についてひとつの言説を組みたてるとき、何故か「空間」を手がかりにすべきだろうという想いこみがあった。私の生まれた一九三〇年頃に発表された数々のテクストに、いま私たちが当然のこととして用いている「空間」という言葉は殆どあらわれない。いいかえると、「空間」を核にする言説がなかったともいえる。ギーディオンの『空間・時間・建築』は戦前やった講義録をとりまとめた本だ。日本にその原書がはいってきたのは五〇年代初期。私は卒論を書く参考に、そのシカゴ派の展開と、ロックフェラーセンターの視覚分析の箇所だけを読んだ。その他、ヨーロッパにおける近代建築については、資料がもうあった。CIAMの書記をやったのだから、その内幕はたしかに充分に心得ていた。政治的にも社会的にもマイナーでしかなかったCIAMを中心として近代建築運動を二〇世紀建築の正史にする意図があった。そして、「空間」という基体概念が、言説の核をなしていた。五〇年代に建築のみならず近代美術運動についての情報が数多くはいってくるなかで、ミラノにルーチョ・フォンタナを中心とする空間派と呼ばれたグループがあった。立体派と未来派はいずれも平面上に「時間」を導入する試みであったと説明されていた。「時間」もまたひとつの基体概念である。「時間」と「空間」が四次元空間として連結される「時・空間」が二〇世紀初頭のポピュラー・サイエンスのトピックスで、ギーディオンはこれにのっかり建築の言説を再編した。ともあれ二〇世紀のちょうど中期に出版された『空間・時間・建築』の全世界の建築に与えた影響はかなりのものだった。四次元空間論は私の記憶では田舎の高校生のときに既に常識だと思っていたから、それを建築的言説の核に据えたとすればもう疑うこともできなかった。後年、といっても五〇年代の後半、『近代芸術』という瀧口修造が戦前に書いた本からいっこうにベーシックな知識は広がっていなかったとしても、氏のグループに接近して、とりわけマルセル・デュシャンを学んだ。徐々に理解できたのはデュシャンもまた四次元空間論に深くとらわれていて、その作品の殆どすべてに「時・空」

の理論が下敷きにされている。ここにはピカソのような大げさな解体の身振りはないが、科学的なよそおいをもってダイアグラムが概念の視覚化として方法的に対置されていた。やはり、「時間」と「空間」が基体概念として下敷きにされていたのだ。二〇世紀の中期に、建築的言説を組みたてようとするならば、このギリシャ以来の二つの基体概念は避けて通れない。建築界の早とちりをふくめてはっきりするのは、もう「様式」なんかいらない。「時間」と「空間」がみえさえすればそれが近代建築、近代芸術の認定基準になる。パラダイムが「様式」から「空間」へ移ったといえば聞こえがいい。そんな転換はいつの時代でも結構すばやいことがあの時期のことをみるとよくわかる。後に、『間』についての展覧会を編成した。それは日本に古来浸透しているこの言葉について語ることであったが、実は西欧の思考のすべてが与えられている「時間」・「空間」という基体概念をその未分化状態を示すことによって脱構築することだった。ちょっとやそこらで解体することは無理だとしても、その四半世紀後には、この世界は「時間」でも「空間」でも分節できない、違った状態にたちいたってしまった。それはライヴそのものだから言葉で説明することさえもままならないが、はっきりしているのは、「時間」や「空間」なんかおそらく使用できない、ということだろう。

「闇」に行き当たったとき、影《シャドウ》と蔭り《シェイド》の相異をいうはるか以前に、はたして、いまここで私の身体が感知しているこの不可視のものは《建築》的体験なのか否か、と自問せざるを得なかった。《建築》

に所属するものであるならば建築的言説が組みたてられるだろう。だが、近代建築にかかわる限りにおいては、すくなくとも、「空間」的体験として記述されねばなるまい。ここで私たちの知っていた「空間」はギーディオンのロックフェラーセンターの記述に見えるように、もっぱら視覚的なものに過ぎない。すなわち立体派が対象をいったん解体し、視点の移動という「時間」的要因を含ませながら再構成した画面と同様な視覚的経緯が、メトロポリスのスケールに拡張された都市街区のなかに発見できるということに過ぎない。視覚的な再構成である限りにおいて、視る立体の外側にある。だが、「闇」は見えない。見えないものの再構成など、できるわけがないではないか。

近代的な空間という概念が仮にあるとするならば、それは科学的な特性によって構成されていて、意図的な操作対象になっていなければならぬ、時間がまぎれこんでいる。多次元の方程式を組むことができる。同時に徹底して均質化させられ、無限大にまで連続している。無限小にも分解可能である。どうも空間について論じるのは時間に比較すると面白くはないらしい。時間は絶対時間のみならず、それぞれの文明が異なった時間概念を用いてきたので、多様な論に編成できる。だが、絶対空間はとらえにくく、せいぜい均質空間といった単純に超越的なイメージに圧倒されて、操作が容易ではない。だから、ミースのように神学的にとらえ得たら、そこで決まる。変えようがない。そして、空隙《ヴォイド》にとらわれ虚空《ヴァッキューム》へと流れるが、これはいわゆる近代的空間とはかかわりない。

不可視であり操作対象ともなり得ないのに、身体的な知覚はある。少なくともこれを建築的知覚であると感じている。『闇の空間』という語義矛盾を犯すことによって、「闇」という神学的・美学的・文化人類学的な含意をもつ言葉を、「空間」という近代科学論的・建築学的言葉へ短絡させてしまう。相互にとりとめなく広がる含意が背後にあることを承知し、論理的には連結不能なものを重ねてしまう。

カッシラーを参照したりしながら、私は「都市デザインの方法」（一九六三年）で、実体・機能・構造・象徴の四段階説を書いたりしていたし、「いま、ここ」といった存在論的用法が流行しはじめていることもいくらか感知はしていても、現象学を体系的に学んだ記憶はないし、フッサールやメルロー・ポンティといった人の著作の日本語訳もない頃だ。そのとき建築家アルド・ファン・アイクがマルチン・ブーバーを引用しながら、「時間」・「空間」の替わりに「機会《オケイジョン》」と「場所《プレイス》」を使おうと提案していることをどこかの建築雑誌で眼にした。ギーディオンたちCIAMの主流派にたいしてのチームX側からの批判の一部であった。私はこれをニュー・ブルータリズム（姿を変えたノイエザッハリッヒカイト）の理論的構築の一部と理解していた。

何のことはない。一九二〇年代では、十八世紀に西欧の形而上学を近代的に編成したカントを批判しながら、現象学・人間学・解釈学が広義の存在論として組みたてられていった。建築的言説がその企図を借用し反復しているのだ。三〇年程の時間的なズレがある。第二次世界大戦という大迂回があったので、このズレは仕方ないとしても、カント的な「時間」「空間」が建築界に浸透するのに二世紀を要していたことはあらためて注目していいだろう。だから「闇の空間」とは転倒した用法であった。「闇」は現象学的に解釈され得るだろう。だが身体的知覚を近代的空間論では説明できない。現象学とはまさにその身体的知覚を問題にするために案出されたとみてもいい。私の知覚した「闇」はそんなものだった。近代的な空間しか語らなかったル・コルビュジエの設計した「ラ・トゥーレット」のクリプトにはそんな「闇」が充満していた。そして私の育った日本の大きい屋根の民家の奥、京都の町屋の重層する部屋にも「闇」があった。由来がちがうし、当然異質でもあるが、いずれも「闇」は「闇」だ。このように理解すると、かつて読んであった九鬼周造も、中井正一もみんなこの関係にこだわっていたことがわかってきた。そんな人たちの仕事を三〇年後に私は《建築》的言説に応用しようとしていたのだが、時代は短絡ばやりの頃、私は長い論理的文章を書くのは苦手であり、そんなことをやってる暇もおしいと思っていたので、あらためて「闇」と「空間」を短絡する。「孵化過程」が詩のパロディであったとすれば、「闇の空間」は思索的エッセイのパロディ。もうマニフェストは時代錯誤と思っていたから、エッセイしかあり得なかった。

他に「空間」を扱ったエッセイはないにもかかわらず、私の最初の著作を『空間へ』と題したのは、多くの人が指摘するように、ル・コルビュジエの『建築をめざして』（鹿島出版会／一九六七年）、これを直訳すると「ひとつの建築へ」となるので、建築を空間に代置したパロディだろうという人もいるが、実はもうちょっと戦略的で、常に世界的な建築的言説からおくれてきた近代日本にあって、一九七〇年になってさえ、建築的言説のなかで、空間を基軸にしたものが見当たらない。そこで、羊頭狗肉、なかには近代的空間を批判する文章しかないのに、れいれいしく「空間」を大文字で印刷する。近代建築の広告をうとうとしていたのだと、むしろ受けとってもらいたい。そこを突き抜け得たら、後は何でもありだろう。「闇」のなかにひそむ、そしてよぎっていく「影」もとりだせる。アナクロニックなものを反転すれば、すくなくともシンクロニックにはなり得る。

「影」を広辞苑でひいてみる。「闇」にとらわれつづけていた頃に、影向図という形式の絵画があることを知った。影が向かうとは神仏の来臨をいう。その〈かげ〉。

(1)日・月・灯火などの光。
(2)光によって、その物のほかにできる、その物の姿。
・水や鏡の面などにうつる物の形や色
・物体が光を遮ったためにできる暗い部分
・あるものに離れずつきまとうもの、やせ細ったもの、薄くぼんやり見えるもの
・ほのかに現れた好ましくない兆候
(3)物の姿、形、おもかげ、原物に似せて作ったもの、模造品。
(4)物の後の、暗いまたは隠れた所。人目に隠れた暗い面。かげり。

影《シャドウ》と呼べる用法は極く一部に過ぎない。逆にそれは光そのものであるが、くっきりはしていないらしい。気配のようなものか。おそらく〈かげ〉はイマージュ自体を指す言葉だった。それを暗いぼんやりした像として認知していたらしいことが、広辞苑が列挙しているさまざまな用法からうかがえる。影《シャドウ》は決して間違いではないとしても、派生した意味のほんの一部に過ぎない。陰翳《シェイド》としての用法の方が数が多い。

影向図の影は、影《シャドウ》ではない用法に基づいている。おそらくそれが本来的だった。神の姿を描くこと。いずこの文明においてもそれは最初に直面したアポリアだっただろう。エジプト・ギリシャは神の姿をそのまま描いてしまった。自然界の驚異を代理する動物像と人間界の権力を代理する王という人像。いったん描くこと、あるいは掘りだすことが決まれば、あとは無際限のコピーがなされ、自動的に生成する。だが神に姿を与えるのは暴挙としかいえない。もともと不可視のはずだが、来臨を論理的にも感覚的にも感知するとすれば、可視化できると考えても無理はない。いいかえると不可能性の図像である。だから多くの文明が原初にもった神には具体的な像がない。旧約の神は単なる記号である。新約の神々は神の代理をした人間の物語だから、人間の姿をしている。当然ながらこの手法はギリシャから学んだものだろう。仏教においても、その始源では仏の姿は描かれてない。そして、仏教の図像は、アレグザンダー大王がヘレニズムを持ちこんだ地域のひとつ、ガンダハラで発生したとされる。写実的芸術のギリシャ起源説もそれを根拠づける。ガンダハラで、仏の姿をギリシャ彫像に似せてつくってしまった。こんな暴挙が、美術史を組みたてている。イスラムにおいては具象的な図像はいまだに禁止されている。仏教がヘレニズムに屈服したことを知っている。旧約に語られる兄弟、アブラハムとアブラヒムがユダヤ人とアラブ人の祖であることは明らかで、同祖なのだ。そして新約にいたって、ヘレニズムに侵犯されたことをアラブ人たちはにがにがしく感じているだろう。バーミヤンをはじめ、シルクロード上に点在する仏教遺跡に後世になって侵入したイスラム教徒は、仏たちの顔をけずりとってしまった。塗りつぶしてもいる。異教徒たちが異貌の神に支配されたことをこんな身振りで拒絶した。

日本の〈カミ〉は絶対的でなく、宇宙に遍在する生気のようなものに名づけられた名称であるから、エジプトやギリシャのように自然現象を擬人化してもよかっただろう。その記述される行動はいたって人間くさい。たとえばイセに祭られたアマテラスはしょちゅう腹を空かしている。御饌《みけ》殿が外宮につくられているが、これは食堂である。内宮の〈カミ〉がこのままでは腹が空いてしかたがないので、食物を持っている外宮の〈カミ〉を呼んでくれといったことが、外宮がつくられた由来とされる。だから食べている。だが、貌は見えない。貌を見ること、貌を描くことは禁止されたままである。そこで影。最初に記述された文書である『古事記』では、霊（ひ）と呼ばれた。これは宇宙の生成をつかさどる生命力のようなものと解釈されている。その霊（ひ）を〈カミ〉と呼んだとすれば、これは当て字だっただろう。神という文字になったとたんに、無関係の含意がどっとくっついてくる。デウスを天主と呼びこれも神といったために、霊（ひ）のはたらきがかすんでしまった。附加された含意をはぎとっていくこと、これが国学であり、折口信夫をはじめとする古代学の目標であったといわれるが、そこに飛び交っている「日本」イデオロギーはさし当たり私の関心外で、霊（ひ）が神域や神社がつくられるもっと以前に、この自然界に充満し、そのはたらきを分節しながら儀式化したときのイマージュとして行動パターンが浮かびあがれば、それでいい。つまり鎌倉時代という中世にさしかかり、神仏習合の図式化が完了したあげくの頃、画工たちに、姿のみえない〈カミ〉を描きだせという難問が発せられ、これに応えた結果、影向図という形式が産まれた。このことに私は関心をもっている。影向図は神仏の来臨を描くものと定義される。像の系譜がある仏にたいして論理的に習合させられてはいるとしても、日本の〈カミ〉には姿がないはず。当然ながら、体系化された図像があるわけはない。不可視の〈カミ〉を可視化する。その難問を解くのに画工は「影」を導入した。そこには姿はあるが、さだかではない。存在の気配というべきか。

だから、この影は影《シャドウ》とはいえない。むしろ月影（月明かりのこと）や面影（人の像のこと）に用いられるぼんやりした光線や像なのだ。〈カミ〉の存在の気配を影と呼んでいたのだろう。影向図には相変わらず〈カミ〉の姿はない。その影が何物かにのり移った瞬間を描いている。春日明神の影向図では、神鏡を背にした鹿が描かれる。春日若宮の場合、童児の姿をしている。だがいずれも侵し難い気品に満ちている。この気品が全体にみなぎる瞬間を感知せよ、といっているかのようだ。宿り、のり移り、憑依するからには、この〈カミ〉はたち去らねばならぬ。消え行くことを予想している。そのときは、日常のままの童児であり鹿なのだろう。画工たちは気品を形式化することで応えた。

たったひとつ奇妙に違った絵柄のものがある。「僧形八幡神影向図」（仁和寺蔵）と呼ばれる軸で、伝承では和気清麻呂が宇佐八幡宮の神託を得る有様の絵といわれている。右下に貴族が平伏している。左中にきびしい顔つきの僧形のうしろ姿の人物がその貌をこちら側に向けている。寝殿造りのような建物の縁側のシーンである。注目すべきは中央の上部空中に、影のようなものがぼんやり浮かんでいる。僧形の人物にこの影が合体しようとしている。その寸前が描かれている。よく見ないとこの影はわからない。壁の染みか、画面の汚れか区別がつかない。だが、これが影向図と記されている限りにおいて、主役はこの影であって、僧形の人物でも和気清麻呂と名指しされる人物でもないことが明瞭になる。可視と不可視の中間、その概念が影として表現されているというわけだ。

〈間〉展がニューヨークに巡回することになって、あらたにカタログを編纂することになり、その挿図のひとつに、私はこの「僧形八幡神影向図」を送った。このカタログのレイアウトはある程度日本で作業され、フィニッシュはすべてニューヨークでなされた。出来あがって驚いたのはこれを正方形の枠に押しこむため、上部三分一程がトリミングされてしまったことだ。人影が半分にカットされている。本当に影の染みとかしかみえない。可視と不可視のあわい、つまり、現実界と想像界が二分されてはいるが、その間に交通があり、交通は影の姿をとってなされている。こんな単純な構図があるはずなのに、その合い間が気づかれてない。これが〈間〉展のカタログだから弱ってしまう。主催者の発行するカタログが間抜けになってしまった。

現実界と想像界、それは二つの世界で、背中合わせになっている。アルベルティは、絵画はその合い間に発生すると考えた。ナルキッソスが、人物の姿を水面にうつった影で見いだす物語がその絵画論の比喩に用いられている。プラトンの『国家論』で詩人追放の下りがあるが、そこに、「洞窟の比喩」と呼ばれる影の構図が描かれている。研究者のなかにはこの洞窟のなかでの影絵の記述方法がその後の西欧の全形而上学を貫く基本問題としての実像と虚像の分裂、いまの関心事からすれば、アクチュアルとヴァーチャルの像の分裂を予告しているとする人もある。それはどっちにせよ、影がゆらめいてうつろっていることから起こっている。現実と想像と二分されているその中間に何もないとしてしまう二項対立の思考法の限界がここに見える。「間」はそんな具合でまことにいい加減な定義をしにくい領域だといえるが、私たちの思考法には影の存在、影向図がある。こんな手がかりを得さえすれば「間」もうかばれる。

四〇年前に「闇」をとりあげてみた。まだその細かい部分の分析ができていなかった。あのとき、もうひとつの領域「虚」がとりだされた。これが当時の私なりのせい一杯の現実界と想像界を理解する手がかりだった。その二〇年後に「間」を展覧会として組みたてた〈間—二〇年後の帰還〉展／二〇〇〇年一〇月三日〜十一月二六日／東京藝術大学大学美術館）。あいかわらず「闇」が主役であるが、「影」もここで登場した。「間」が二つに分割された世界の中間項であり、ここでの主役が「影」であろうと予測したことに注目してほしい。これはあのとき単なる思いつきのように見えていたし、深く突きとめる手段もなかった。だから、いまだに『広辞苑』を引用して正統化をはからねばならない。そういえば〈間〉展のとき「間」の定義に『岩波古語辞典』をつかった。後になって、ここでの説明は、間よりの派生語である時間・空間を使って本来の間を説明するトートロジーになっており、意味をなしてないことに思いあたったりしたが、もう手遅れだった。今回の引用もその轍を踏みそうな気がしているが、用法は広く、まあいいだろう。さらに二〇年後、つまり現在となって、「闇」より「影」にいたり、あげくにどうなるか。「陰翳」が「間」によって補強されている。この「間」を身近に解釈すると「うつ」になるに違いない。これをメインテーマに捉えようとしたのが、「間―二〇年後の帰還」展である。その「うつ」は「海《うみ》」でもあろうとみるのは、「ゆにわ」と「しま」という二つの庭園の原型よりの連想である。その海に島が浮かぶ。絵画や庭園の原風景である。その海は現実界・想像界のそれぞれであり、それらの「間」に影のような交通の役割をしているのが、意識界ではないか。それも海のひとつだろうと考えてみた。

二〇〇〇年度の第七回ヴェネツィア・ビエンナーレ建築展で、アルスナーレの廃墟の一室を与えられたので、私は「憑依都市《トランセンデンタル・シティ》」と題する展示をした。オープニングに、ヨガの行者の空中浮揚《デグラヴィテーション》の実演をやったので、これはもっぱら行者展示であって、いたって眉唾ものだと疑いの眼でみられている。誰も本気に受けとっていない。日本館のコミッショナーとして、アーティストのひとりに招いたできやよいが、現実界と想像界を往還しながらも、そこに行けばなま身の本人がちゃんと存在していたように、私のセクションに登場したはるばるスロバニアからやってきてくれた行者たちも現実界と想像界を意識の海を介して往還しているのだ。彼らもなま身の肉体を持っており、個々の意識が垂直に共同化した宇宙意識へむかって下降すると、その肉体が重力に抗して、空中に浮游する。とはいっても一瞬のことで、すぐに地上に落下する。それにしても明らかに肉体を浮游させるエネルギーは、放射されている。できやよいは、二つの世界の往還をイマージュに定着している。行者たちはそれぞれの意識を交通させている。影向図が描こうとした「影」と同じではないか。影も往還している。

アルスナーレでの展示で、三種の大海《オーシャン》を示そうとした。現実の世界はダイマクシオン・マップとして、この世界をとりだしている。ここには水がある。もうひとつは想像界、ウェッブ・サイトにたちあげようとした「海市」で、それは南支那海上に仮定されているが、その海は情報の網目。いま産まれてしまったテクノロジーがつくりだした海である。そして宇宙的意識の海。超越的世界と呼んでいいし、しばしば比喩として用いられる生命の海だといっていい。霊（ひ）はここに集合的に生棲している。磐座や榊や松や翁に宿っている霊（ひ）はこの世界からやってきている。日本の古い事例をとりだせばそれだけの説明はできる。だが、これが現在どうなっているのか誰も伝えてくれない。浅田彰から「ちょっと危うい気がする」（坂本龍一＋浅田彰／「往復eメール」『Inter Comunication 34』／NTT出版／二〇〇〇年）とたしなめられていはいるが、霊（ひ）がこの世界に存在するとみるならば、どこにあるか捜してみなければならないだろう。なんだか妙に臭う「日本」の蓋を開けちゃったのかもしれない。四〇年後にそんな（地獄の）蓋にたどりついたのだから、私を導いた影の奴、ずいぶんのろのろしていたな、と思ったりしている。

「アーキグラム」への手紙

六〇年代なかば、混沌と膨張の極東都市に住む私は、ロンドンから押しよせた波に大きく翻弄された。もちろんいい意味だ。この波は知らず知らずのうちに私を陶酔へ誘った。ハロルド・ピンターの演劇、ビートルズやピンク・フロイド、カーナビー・ストリートのミニスカート。そして「アーキグラム」というアングラ雑誌は、とんでもない破壊力をもっていた。

過去の芸術運動の例にもれず、この動きにも、体制の手法や目的にたいする呪詛が読める。が、どこにもマニフェストらしきものはない。この点が前とまったく違う。たしかに、静的なマニフェストをいかに工夫したところで、情報操作にたけた体制には無意味だ。巧みな体制は偽装をほどこし、生活のすき間にひそみ、味方のようにすら振る舞う。いかに過激なマニフェストも、直接攻撃を試みるのではもろい。旧式の武器や戦略はごみ箱行き。入り組んだ刺激をじんわりと感覚に与えることこそ有効なのだ。

現代。情報に特権的地位を認める時代。アーキグラムは、変革のための現代的スタイルを、はじめて生みだした。マニフェストをいじることなど、それに比べればどうでもよい。そして、プロジェクトを文字通り雨あられと世界中に降らせ、一〇年以上、影響力を保ちつづけるのは大変なことだ。彼らの努力は想像に難くない。

ところで、この一〇年に登場した、近代建築の解体を試みる作品は多い。では、その多くの作品のなかで、なぜとくにアーキグラムに注目するのか。それは作品の背後にある、カウンター・カルチャーという特質にある。アーキグラムの守備範囲は建築から、グラフィックや立体造形、そして新技術の提案まで広い。だが、建築という内的世界で類型化した論理にからめとられることは決してない。アーキグラムは、あらゆる価値を転倒させるなかで、新しい価値構造やシンタックスを確立し、サブカルチャーの可能性を示したのである。日本のメタボリズムに欠けていたのが、まさにこのカウンター・カルチャーという質である。この要素が欠けるとどうなるか。急速に拡大する都市経済の管理、という問題提起に容易に利用され、つまるところ、政府の低劣な政策資料に堕すのである。

アーキグラムが建築界ばかりでなく、多方面で再評価されているのは、目の前であらゆる既成の価値が瓦解しかけている現状と無関係ではない。アーキグラムの業績は、こうした社会変革の過程をはっきりと示したことにある。最後になるが、一〇年余のアーキグラムの足跡を記す本書の刊行にあたって私が願うのは、さらに活発な議論がなされることにより、刺激的なカウンター・カルチャーの分子が世界中に飛散し、解体過程が一層破壊的かつ普遍的になることなのである。

（浜田邦裕氏による英文和訳）

第四章　「造反有理」の頃を想いだしてみた

近頃はゴウマンカマシテヨカデスカというようだが、四〇年前はハッタリカマシタルゾだった。早々とゴウマンは死語になりつつあるからハッタリも死語になっていい。「小住宅設計バンザイ」という妙な文章の筆者八田利也がハッタリヤと読んでも読まれなくともどうでもいいが、読みかえすのが気はずかしくて、どんな本に収録されたのか、絶版になっているのかよくおぼえていない。あの論文の行方は忘れてしまったけど、タイトルの命名はかなり的を得ていたようだったと、今になって想いかえす。

共同討論のあげくに、川上秀光が調査し、伊藤ていじが文章を起こし、磯崎新がキャッチフレーズをつける。三人の匿名執筆者がいたことが、アカデミズムからはみでる狼藉を働かせ得た。二名だと事件となったときに相手のせいにすると角が立つ。三名ならばタライ廻しに責任回避すれば、いつしか責任の所在は不明になろう。そこで、ハッタリもカマせ得るじゃないか。誰にむかって、と言われると、これは相手が限られていた。まずは小住宅作家たち。それは表層部であって、背後にうねりのようになりはじめた日本政府の住宅政策をみていた。バンザイは両義的に用いていた。ブラボーとお手上げ。五〇年代の末期には両方の含意をもつことができた。

五〇年代、建築家は小住宅の設計でデビューした。池辺陽（実験住宅）、清家清（森博士邸）、丹下健三（自邸）、篠原一男（久我山の家）、菊竹清訓（スカイハウス）、林昌二も小住宅作家だった。いずれ大型プロジェクトをかかえることになるこれらの建築家の名前が、小住宅設計に結びつけられて論じられていたことに注目してもらえないと、バンザイの意味が通じない。彼らにとってはブラボーだった。だが、と八田利也は考えていたのだ。小住宅設計という領域自体が閉塞するだろう。実はこれらの建築家の名前があげられるのは、それぞれデザインがユニークだったからなのに、大方の関心は平面構成の新案に集中している。コア・システムとかオープン・プランといった間取りである。四〇年代から五〇年代にかけて、住宅の近代化が探索された過程にあって、伝統的な開放性をもった住宅間取りのなかに、西山夘三が「これからのすまい」で大キャンペーンをはった食寝分離という命題があり、これを都市内で（やっと郊外が注目されはじめた頃だったが）、いかに実現できるのかに関心が集まっていた。個室群型の住居が理想型だった。これを加速したのは、吉武泰水研究室が組みたてつつあった建築における計画論で、住宅公団の大量に反復建設される集合住宅の研究から生まれたｎＬＤＫと要約された間取りシステムだった。

ここで名前をあげた建築家たちのデザインしたのは規模としては小住宅であったが、間取りが議論の的になる小住宅とはカテゴリーが違っていたにもかかわらず、その区別を誰も明瞭にしていなかった。

そこで大量の小住宅作家たちが、ｎＬＤＫのバリエーションをつくった。これらの建築家のデビューのやりかたを模倣しようとしたのである。八田利也は彼らにもバンザイを送ったが、実はお手上げバンザイだったのだ。今でも、毎号ちょっと目先のかわった建物が次々に雑誌に載せられるのと同じく、当時は小住宅が載っていた。いずれ住宅専門の雑誌に分離されてしまうけど、発表もごっちゃだった。続々と発表される小住宅の平面型を採集して整理すると、何のことはない、すべてｎＬＤＫじゃないか。歴史家ならば、ここで日本の都市型小住宅の型が成立したと一章をもうけてもいい。文化住宅型とか、中廊下型とかがちゃんと住宅史にのっている。まあ、社会現象としてはそれくらいの注目を得ていいだろうが、これが建築家の出発を左右する程の重要課題にはなり得まい。新奇性をこそ評価基準にするならば、小住宅という領域はもう行き詰まりだよ。若干は、強迫のスタイルでもあった。

五〇年代の中期に、その後の長期にわたる住宅政策の基本になる作業をやっていた連中にとって、ｎＬＤＫは日本の住居を近代化する手段とされていた。遡行すれば西山・吉武理論に到達すると私は考えているが、実は小住宅設計はバンザイされても、国の住宅政策はかたくなに思える程、この理論によって推進された。公営住宅の平面型をみるとよくわかる。五〇年間、別の型が発明されることもなく同型のまま、建設戸数だけが政策課題になってきた。

言いかたを変えると、ｎＬＤＫはマイホームと呼ばれた庭付き一戸建て小住宅の獲得目標であって、ここに居住するのは、核家族と呼ばれる若いカップルで、子供はまだ幼い。そして自立した個室がいずれ必要とされる。そこで複数（n）のベッドルームを用意するというわけだ。もうひとつ注目しておくべきは、殆どが地方からの大都市への転入者か、大都市間で親から独立していく若い世代のカップルであったので、まず庭のつくれる土地が供給されねばならない。それに住宅建設のための資金手当てが必要となる。政府の施策をバックアップして住宅ローンが組まれる。つまり長期の借金である。それを保証するのが、彼らの所属する企業であったことに注目せねばなるまい。終身雇用制であるから、企業の保証も自明の理となる。庭付き一戸建て住宅を獲得すること、それが日本の都市生活者の基本的な目標となったのである。獲得すること自体が彼らの生活を支える欲望となった。nLDKは疑うべくもない購買品目となる。物神化されている。

五〇年代中期に住宅政策の策定をしていた担当者たちが、五〇年後にnLDKが物神化する程に都市生活者層に浸透するなど考えていただろうか。その政策を批判してもっと大量に住宅を建設せよと要求していた野党の政治家たちは、要求が実現することが政府与党の権力をより強化することを了解していただろうか。それを知っていたというならば、国会の与野党の論戦は単なる八百長に過ぎなかったことになる。知らなかったというならば、うまい具合に政策のバックアップに利用されていたことになる。どっちにしても時間つぶしに過ぎなかった。問題は流浪の身である都市生活者が核家族を構築するために庭付き一戸建て住宅を所有したいとする欲望があり、これを政策にとりこむことに成功した、それだけのことだ。nLDKは、小住宅作家のデビュー目標なんかをはるかに超えて、社会的に物神化した欲望になったのである。

社会状況は、二転三転しているから、いまは誰もバンザイなどいうまい。当時、都市は郊外へ拡張することによって、庭付き一戸建て住宅用地を無際限に供給できると考えられていた。企業が終身雇用を自明の理としていただけでなく、右肩あがりに成長するとされたので、ローンの保証も可能とされた。社会的に信用が成立していた。税制さえ、これを保証していた。建築家は快適なすまいを提供する啓発された使者だった。この前提が約半世紀の間に次々に崩壊していく。この巨大なメカニズムが作動するかぎり、旧来の芸術家としての建築家の退場は早々に強制されるだろうと八田利也は言ったに過ぎない。核家族幻想は拡大した。それこそが理想像になりつつあった。

五〇年代末期のことだから、いまの人々は戦場に召集されて、家族が強制的に分離されていった四〇年代初頭の頃とごっちゃにみえるだろうが、そのなかを生きていると、他に選択肢はもうない、とみんな思っていることを前提にして考えてほしい。

土地供給システムが行き詰まるのが一〇年後のことだ。田中角栄首相の政策は、土地の錬金術と呼ばれたりしたが、不足してしまった用地は、あらたにつくりだすことしかない。そのため日本全土を開発しようと言ったに過ぎない。終身雇用制に疑問がなげかけられ、右肩あがりが右肩さがりに転換したのはさらにその二〇年後のバブル崩壊以来のことだ。当然ながらローンのシステムが変更されるだろう。銀行や大企業の信用度も下落した。そして、気がついてみると、日本の経済成長を下から支えていた核家族が消滅しつつあるのだ。仕方ないのでカップルをやっている。それが理想像だなんて誰も思っていない。

反回想していると、何十年も前の事情を説明せねばならず、書き手は退屈だ。だがこの説明がないと何を言おうとしているのか伝わらない。いやどうせ昔話だから伝わらないのが当然だといっても、ハッタリヤの由来を時たま問われると、ついついこみいった事情にふみこんだりする。正面からとりあげてもまったく効果ないだけでなく、つまらない犬の遠吠えだろう。死語になりつつあるゴウマンを真似ても効果はうすい。脇道に入らざるを得なくなる。

八田利也の時代では、核家族幻想が行きわたり、それこそが未来の家族像と宣伝されていたことはまず前提にしておいてほしい。その三〇年あまり後、私は岐阜県の北方町で県営住宅の建て替え事業をするにあたり、これを女性の建築家、造園家だけの手でデザインすることを提案して、梶原拓知事の賛同を得た。海外からも参加してもらうことになり、エリザベス・ディラー（ニューヨーク）、クリスティーン・ホーリィ（ロンドン）、マーサ・シュワルツ（ボストン）、妹島和世（日本）、高橋晶子（日本）に仕事の依頼をした。建築的デザインについては彼女たちが自由に発想すればいい。その前提となる日本の公共住宅の状況については、悲惨な実例が無数にあるのでみればわかるだろう。後はここに住む人々、大げさに言うと日本の家族像を理解してもらわねばならない。とりわけ公営住宅はあの核家族像に基づくｎＬＤＫのプランによってつくられてきた。私のひそかな意図は、公営住宅建設にあたり、五〇年前に採用され、これを推進してきた住都公団が解体に追い込まれるような事態に陥りながらも、まだ変わることのない公営住宅法やそれによって細部までを決められている建設システムに根本的な変化を要請することにあるのだが、これらの法に基づく建設を推進してきたのは、戦後の日本社会の近代化を全面的に推進してきたファロス中心主義とでもいうべき男性原理である。政策的に決定された建設戸数を割り算で全国にばらまき、これに補助金をつける。国家予算決定前後に霞ヶ関附近で知事や市長に列をつくらせ右往左往させる。まるで釣り堀でフナに撒き餌をしている有様だ。そうやって決まった公営住宅予算は、最小限住宅をいまだに信奉するｎＬＤＫ型支持者で画一的に流れ作業に移される。地方自治体の官僚も実は苦労している。たしかに昔は黒澤明の「生きる」の主人公のような役人もいた。公共の公園や住宅を建設することが美談であった。いま、誰がｎＬＤＫ建設に生きがいを感じているだろうか。ファロス中心主義がインポテンツになっている、といえば聞こえはいいが、それでも公営住宅はたっている。

私のたてた戦略は、こんな歴史的ないきさつにいっさい関係ない建築家の手によって設計をすることだった。そして前記の四人の建築家、一人の造園家をえらんだ。建物の条件は実例をみてもらえばわかるだろう。建て替え前の団地には、あの庭付き一戸建てに手が及ばなかった階層の家族が公共的な救済を理由にして住んでいたが、四〇年前の核家族は老齢化し、解体されていた。いまだに使用されているｎＬＤＫの同型のプランに当時理想としていた若い核家族の姿はない。分散している。離散しているのだろう。建て替え直前の状態であったためでもあり、寝たきり老人ばかりが残されていた。

海外から参加した建築家たちに、日本の家族像を説明しようとしても私には無理と思われたので、「東京物語」（小津安二郎）、「家族ゲーム」（森田芳光）の二本のビデオを推薦する。ひとつは伝統的な家族の解体の物語。もうひとつは現代的な家族の解体の物語。大都市に移住した子供の世代が核家族をつくりはじめる。メトロポリスに流民として転入した世代は核家族を形成することにより、はじめて都市に住みこむことが可能になる。彼らは自動的に庭付き一戸建てを希望している。ｎＬＤＫによって小住宅作家たちが腕をふるう際の主クライアント層だった。「家族ゲーム」はあの小津安二郎の描いた息子たちの世代の次の世代、つまりその息子が核家族を組みたててはみたが、家族は内部から腐蝕をはじめている。受験勉強させられている息子は部屋の一隅をさらにカーテンで仕切っている。食卓を置く充分な余地がなく、横一直線に並んで食事がはじまる。そして夫婦間での秘密の会話は家庭内ではやる場所がなく、小型の自家用車の内部でやっとこなすことができる。空間が欠如している。

メトロポリスに住みこんではみても、極小の空間さえ獲得することが不能になりはじめている。空間の欠如が、家族の絆を崩壊させていく。そこにいる二世代はひとつの家族に所属しているとしても、所属を所属たらしめるような場が獲得できない。ひとつの核家族としてｎＬＤＫで住みはじめたとしても、家族が年齢的に成長してきたときに、規模の狭小さが全体の構造を崩してしまうのだ。だから家族とはゲームを介してしかつながらない。ゲームとして、そこに所属しているし、楽しんでもみるが、リアルな、永続的で構築的な家族像なんか、とっくに消えてしまった。映画「家族ゲーム」は「東京物語」のように、どんな説明よりも的確に家族の崩壊を描きだしている。その後にはトレンディ・ドラマの郊外住居があらわれるしか道は残っていないが、ここにはもう映画さえない。北野武の映画があるではないかと言われても、家族の姿はない。私は、彼はB級映画のすべてを知り尽くして泣けるほどうまくつくる才能をもっていると評価している一人だが、ミラン・クンデラが小説という領域の解体を知りながら、小説をあらためて書いているように、またはゴダールが映画史を書きかえているぐらいに、映画を解体してくれるのを待っている。もう日本の家族像なんか行方不明になってしまった。そのなかにおいて、公共住宅の設計をせねばならない。いったい誰が住むのだろう。家族なんてあるのか。来年、北方集合住宅は全戸が完成する。一部できあがったときに、家族について誰も語らなかった。完成しても同様だろう。核家族が消滅したことは、nLDKが無意味になることでもあったはず。少なくとも彼女たちは、nLDKがひとつの時代の歴史的な所産に過ぎなくて、その時代はとっくに去っていることを具体的に説明してくれている。四〇年たってハッタリカマス相手もいないいじゃないか。国から地方行政体の担当者も、そんなことは全員知り尽くしている。自ら業務として遂行していることが無意味になったことも知っている。だが、公営住宅法は存続し、毎年建設住宅戸数の目標値が定められている。霞ヶ関に組長が隊列を組んで並ぶだろう。

『空間へ』の新版がでたとき、二五年後の「まえがき」を書いた。そこで六〇年代に書いたすべての文章が収録されているなかで、大部分がその後に常識のようになり、はじめて語られたのがこのときであったことさえ忘れられている。消費されてしまった。だが意図的に、最初と最後に置いた「都市破壊業K. K.」と「きみの母を犯し父を刺せ」だけは、この消費に耐えてきた。あまりに過激にみえるタイトルに食傷して、誰も読んでくれなかったためだ。読んでも真面目に受けとってくれなかった。それ故に生きのびている、と私なりの観察を記した。

「都市破壊業K. K.」は、八田利也の後に本名で書いたはじめての文章だった。匿名の気分がつながっていたが、不幸（?）な発表プロセスにのせられ、誰も読まなかったから、この本がまとまった一〇年後にはじめて大きい活字になった。このいきさつは最初の註に記してある。私のはじめて活字になった文章は発禁になったので、この程度の処置では驚かなかった。発禁の文章は、野村悦子さんがみつけて、いま大分のアートプラザに一部が拡大コピーされて展示されている。このいきさつ、私はまったく関知してない。十八歳のときの文章など、とっくに忘れていたのだが、ひともんちゃくあって「建物が残った」場所だから、こんな妙な資料まであらわれてくる。

実は「きみの母を犯し父を刺せ」をあらためて反回想するために、八田利也からはじめて「家族ゲーム」にまで廻り道してしまった。タイトルは最後につけた。この文章の中味は「造反有理」の六八年を経過した私の家族論のつもりだった。小住宅コンペの募集要項に書いた宣伝文句だったのだが、タイトルにひっかかって誰も中味を読んでないことがわかった。かなり正面から日本の住宅建設のおかれた状況を分析し、おそらく無批判に核家族こそが理想像と思いこんだ小住宅作家予備軍にむけて、みずからの身体感覚がその核家族化へと慣れ親しみつつあること、そのことに注視するようにうながしたつもりだった。核家族という単位は保護膜として働く。故郷を失った流民が、メトロポリスの内部に求めた唯ひとつのよりどころに見えていた。マイホームをこの文章で繰り返し批判しようとしたのは、そんな理由でもあったのだ。「造反有理」のあの時代、私は絶えず歩き廻っていた。主に都市の内部だった。保護されているべき安全地帯なんかみつからなかった。にもかかわらず家族を外界から保護するために、小住宅は設計されるという大義名分がまかりとおる。そして疲労が蓄積すると、ふっと保護膜がほしくなる。私が提供できるのはせいぜいフラー・ドームだ。アリゾナの砂漠にドロップアウトのコミュニティができているのも情報で知っていた。「ホール・アース・カタログ」をさっそく手にいれた。セルフメイドの理論も組みたてられていたのだが、そのいき先は、日本ではどこにあるのだろう。南島と呼ばれている沖縄県の無人島に人が集まりつつあるとも聞いた。消えたアトリエのスタッフの行き先がそこだったと後にわかる。赤軍派の山中の根拠地もヒッピーの集落も、メトロポリスから遠く離れていく点では同じだった。

メトロポリスのなかに、土地を求めて自邸をつくることは放棄しよう。土地にしばられ、ローンに追いかけられ、nLDKで囲われてしまう、こんな事態をつくりだしている歴代政府の住宅政策を批判している当人が、自邸をつくるべく努力して何の役にたつだろう。自縄自縛じゃないか。欲望を丸ごと露わにしてみせるのが、日本では受けはじめていた。家がほしい。三種の神器がほしい。金がほしい。男がほしい。女がほしい。あげくに地位も名誉もほしい。そのほしいという欲望に商品をあてがうのがすぐれた企業経営の戦略となった。「造反有理」のあの時期が急停止すると、一挙に欲望の時代がおとずれる。それを商品に仕立てる技が競われた。住宅も商品になった。土地付きというからには地面に接していなければならないが、これも不可能となり、ついにペーパー上の権利だけとなる。それも所有しているという欲望になる。疑似的な幻想がリアルと思えるようになる。わが友篠山紀信が大量に生産した激写のオナペットたちも、疑似的幻想を補填するためだった。地上からリアルが消える。その現象が七〇年を境にして明瞭にみえはじめた。このなかで、私が唯一なした決定は、いっさいの土地所有者にならぬこと。いつか全部の土地が公共化されたとき、ざまあみろと笑ってやりたい。そういう幼稚な決定をしながら、「街へ！」のかけ声にのって歩き廻っていたのだ。建築家でありながら、何とまあ非建築的な決定をしたものか、と今でも思う。反建築的と言ってほしいよと言っていた。だから「反建築的ノート」などを記したりする。回想を反回想と読んだりする。やっぱり六〇年代の悪いクセが抜けていない。

世間では反建築家とは呼ばない。建築家として、表舞台に呼びだされる。ちょうど小住宅を購入したばかりの吉本隆明と対談させられたとき（「都市は変えられるか」『吉本隆明対談集』／筑摩書房）、粗悪品を売りつけられたとばかりに怒る相手に、脳天気な楽観論を未来学ブームにのっかって語っている建築家たちの一員とみなされ、彼らの代弁をさせられながら、それでも粗悪品は政策のひずみの結果の構造的な産物だと説明せねばならず、業界と制度というもうひとつのやっかいな仕組みとむかい合わされてしまう。吉本隆明はさすがにそんな構図を頭では理解しても、気分的にはおさまらない。その気分こそがマイホーム志望者の基本的欲望を支えているのだと言っても、もう説明にはほど遠い。この対談の内容は文体もふくめて、二、三年前の「きみの母を犯し父を刺せ」にあったし、私はそれを繰り返したに過ぎない。つまりこの文章はわたしの本音をしゃべっている。「都市破壊業K・K・」もやはり本音だった。どちらも自虐的だ。都市を破壊せよというのはみずからの職業を破壊することだ。そして、マザーファッカーたれというのはみずからの出自を閉ざせということだ。いずれも自己にむかっての不可能な要請であった。そんな限界へ自己を追いこむことによってしか翔ぶことができない。翔ばねばならないのに行き先は不明だ。自滅しか残された道はなかった。『空間へ』の新版に「根源へと遡行する思考」とサブタイトルをつけた。二五年過ぎると、みえなかった部分がみえる。自虐的と思ったのは、過激《ラディカル》という思考形式の極く普通に行きつく先に過ぎない。そこで自滅してしまうという結論となる。区切ればいい。地獄に落ちればいい。そして回復を待つのだ。二五年前の当人にそんな冷静な判断ができるはずはない。身体が摩滅したようにダウンした。そこから起きあがっての対談だった。

最近になって土居義岳が、あのときの母親は「日本」であり、父親は《建築》だったのではないかと指摘し、わたしは脱帽したと他のところで記した。あまりにでき過ぎている。母親は私の身体をなまあたたかくつつみこんでのみこもうとする保護膜の代名だったし、父親は政治的な権力中心、当時の言いかたを繰り返せばエスタブリッシュメントだと思っていたというわけだ。理想の核家族がたんなる家族ゲームでしかなくなるだけの時間が経っているあいだに、私は確実にからみ合わねばならぬ主題を捜してていた。そして、数年のうちにそれが大文字、もしくはカッコが付いた物語であると感じはじめた。レオタールが、これらを「大きい物語」と呼び、それが作動しなくなったポストモダンという世界の到来を予告している頃、実は私は逆に大文字の建築をつきとめることが必要だと思った。西欧中心主義が自己批判のように提示している「大きい物語」の終焉は、東洋の辺境にあっては、あらためてその所在を確認し、これを違う視点で解剖することこそがポストモダンなのだと考えた。コロニアリズムが近代化であった国、アメリカや日本も含めての非西欧文明国においては、大文字の正体をつきとめることによって、ポストコロニアルな状況に進み得ると私はみていた。だから《建築》と「日本」を絶えず浮上させつづけた。その作業は来年ぐらいには始末できる見込みが立ちはじめた。この二つの大文字の概念を二〇年かかって問題構制し、そのあと一〇年かかってやっと作用限界と射程距離を測定できると思いはじめたところだったのに、突然これを六〇年代の末にまで引きもどされて、無意識のレベルにおいて、母親的なものと、父親的なものに結びつけられてしまう。この短絡のやりかたこそが、六〇年代に私が全身体的にまきこまれていた、根源的思考《ラディカリズム》だったとみれば、返す言葉もない。

四〇年前に私の生まれ故郷につくった建物が取り壊されることになり、その保存と転生のために呼びかえされる機会が増えている。人並みに、私は故郷喪失者であり、流浪の民となり、非場所としてのメトロポリスには、定住を予定するいっさいの関係を絶ちきるために、土地所有も、自邸も、さまざまなポジションも所有せず、つまりメトロポリスへの欲望を断って、外部へむかってさらなる流浪をつづける。そのとき故郷の事件が断たれていた関係の回復を要請する。それは父親的なるもの（建物）と母親的なもの（故郷という土地）が呼ぶ声なのだと解してみると、私はあらためて別の位相で、これら大文字たちと立ち会わねばならなくなっているらしい。おもてむきは、私が建築家として出発した一九六〇年代の初期に設計した隣り合わせの二つの建物の保存についての政治的な問題化だった。使用期間が限界に達して、改変して保存するか、取り壊すかの二者択一を迫られた。大分県医師会館は今年姿を消した。旧大分県立図書館は昨年、アートプラザとして転生した。前者については全世界から何百通もの保存要望書がとどいて、これが眼の前にあるアートプラザに展示されたらしい。残った建物については、一冊のドキュメントが発行されている（『建物が残った――近代建築の保存と転生』／岩波書店／一九九八年）。

廃墟と廃品回収所とセルフビルトのキャンプに蜂の巣城、そして学園占拠のバリケード。「造反有理」の看板のもとに、連続した光景になっていた。この建物がたちあがってすぐに、世界は反構築の乱雑な偶発的な事件の場へと転換した。そのとき、新品同様であった建物でさえ壊したっていいじゃないか、と誰もが語った。「プロセス・プランニング」論という自壊することを承認しているかの如き理論に基づいているし、廃墟や消滅を語る奴のつくった建物なんか保存する意味もあるまい、といった単純な悪意による誤読が、この建物の保存運動の過程でまかりとおっていたのは、幾分かはあの街頭での乱闘や放水銃の記憶が呼び起こされていたのかもしれない。建物は私の手から離れてしまっているはずだった。その建物から呼びかえされる。しかも母親的なものと父親的なものの両者が背後にひかえている。この両者にこそ「造反」したはずだった。それがすべての配慮を超えて「有理」と思っていた。一九六八年に自滅したあらゆる事態が、一九八九年に回復しはじめた。それが私なりの歴史への基本的視点となっている。そこで、あのとき未決だったいろんな問題が浮上してきた。あの頃頑張った連中は、みわたすと苦労の跡を顔にきざんで、大人っぽくなった。語りたくないのだろうか。語ると馬鹿にされると思っているかもしれない。ハッタリヤなんてやったことが私にはそうだった。忘れていたようにみえて、尾を引いている。

「造反有理」も尾を引くだろう。有理じゃなくて無理を承知で語る。そんな造語をひとつつくらねばなるまい。

政治的であること

いま水戸芸術館で開かれている〈ジュゼッペ・テラーニ ファシズムを超えた建築〉展のカタログ『ジュゼッペ・テラーニ―時代《ファシズム》を駆けぬけた建築』（ＩＮＡＸ出版／一九九八年）に、私は彼の仕事の私的な読解をこころみたが、その文章の末尾に次のように記した。

――そこには、一九三〇年代の政治主義が読み違え、一九五〇年代の戦後民主主義が拒絶し、一九七〇年代のフォルマリズムが読み落としてきた《建築》の力を発揮している深層部がある。それもまた、一九九〇年代にあらためて跋扈している世界資本主義が素通りしてしまう気配があるが、そのなかで、私はその《建築》の力のよって来たる根源を再度確認しておきたいと考える。

つまり、ジュゼッペ・テラーニの仕事については定説となっている読みかたはなかった。どんな建築家の作品についても同様だが、とりわけテラーニのそれについての振幅は激しい。彼のもっともすぐれた達成として、誰もが最初にあげるカサ・デル・ファッショ（一九三六年）は、イタリアのファシスト党のコモ支部の建物という政治目的をもって建設された。七年後にムッソリーニ失脚、同年に建築家も没した。戦後になって、しばらくの間、この建物は一転して、カサ・デル・ポポロ（人民の家）と呼ばれていた。ファシズムが解体され、それを成就した人民が、この建物をみずからのものであることを宣言したわけだろう。建物は改変されてはいない。だがこのネーミングは右から左の極へと揺れている。ファッショという政治的命名にたいして、ポポロというのは、やはり政治的な応答である。便宜的な命名でもあっただろう。そのためファシスト・テラーニという評価になる。いきおい、彼の仕事のすべてが否定される。そして、歴史のおぞましい霧のなかに消されていた。

ブルーノ・ゼヴィが再評価の契機を雑誌『アルキテットゥーラ』の特集によってつくろうとしたのが一九六八年、ちょうど文化革命の時期と重なっている。もっとも激しい政治の季節だった。私は偶然にミラノにトリエンナーレの会場の私のコーナーを設営するために滞在していたので、あのときの光景をよく記憶しているが、突然の会場占拠に誰もがとまどいつづけているさなかに、私はゼヴィとわずかに言葉をかわす機会があった。ここで発生した政治的事件にたいして、唯一適確な判断を下していたのが彼が新聞にのせた批評だったように思う。それは産業社会が自らの産出物にかたちを与えて商品とするために案出したデザインが、いまやエスタブリッシュメントの所有となった。それを否定するためにトリエンナーレやビエンナーレの会場が占拠されている。これは産業社会の構造そのものにむけられた行動と解すべきであり、とすれば、占拠しているデザイナーや建築家たちは、みずからの出自である産業社会を否定せざるを得なくなる。これに如何に対処できるのか。占拠者は占拠者自身をその出自に遡行して否定せざるを得なくなろう。字句はどうなっていたか、もはや原文のありかもわからないが、少なくとも私はこのように解釈した。政治のなかにデザインが《デザイン》としてほうり込まれている。そんな事態を読みとる、その読みかたを私は教えられたように思った。だから、この時期にジュゼッペ・テラーニをあらためて発掘することは、いたって政治的な意図に基づいていたと言うべきで、どうしても左右両極の間に位置づけることだけで判断されていた評価を、あたかも憑き物が落ちるように洗い落とすことを可能にした。

六〇年代をつうじて、私が「建築の解体」と呼んだうねりは、ユートピアへとアヴァンギャルドが先導する、という仕組みをもった近代が生みだした直線的な時間軸の示す構図を、破産させる過程であった。その時間軸とは絶対化されたものではなく、むしろ未来の一点に目標（テロス）を設定することによって、虚構化された時間をつくり、これに前進するという方向性をもつベクトルを重ねあわせることによって生みだす運動であった。それを破産させたのは、ラディカリズムという事態をその根源へと遡行させる運動であって、あげくには勝手に自滅し、断絶を意図的につくりだす。一九六八年、ユートピアの死が語られ、近代の運動を停止させたのはこんな運動だった。根源への遡行とは、たとえばデザインという既に職業化され、社会的な制度ともなっている概念を、その出自へ攻撃を加えるという、自己言及の過程を経ながら自滅していくものだ。だから解体させるというのは、近代建築が解体していくのを安全地帯から眺めるといった気楽な事件ではなく、デザイナーや建築家が自らの方法や職業的な制度までも放棄せざるを得なくなるような極限状況を体験することでもあった。少なくとも私が「建築の解体」で扱ったのはそのような事例である。それをくぐりぬけた者だけが、七〇年代の独自の思考をはじめることを可能にした。

ジュゼッペ・テラーニの解読も、そんな時代の拘束下にあった。ゼヴィは一九八〇年に、「テラーニがインターナショナルな注目を再び集めることになったのだが、ブームをつくるには至らなかった。ちょうど六〇年代末頃は、上流社会向けにせよ大衆向けにせよ、ネオ・リーベルティからヴァナキュラーの復活に至るまでの様々な再解釈というマニエリスムが席捲していた時代でもある。このように拡散する関心の中では、テラーニは特定の位置を確保することもなく、すぐに古文書扱いされてしまった」(B.ゼヴィ編・鵜沢隆訳/『ジュゼッペ・テラーニ』/鹿島出版会/p.12)と書いている。ここでゼヴィが非難している状況は、文化革命の挫折のあとに訪れた一種の空白期で、このとき時間軸上のベクトルの方向が逆転され、近代建築の排除していた歴史上の諸事例を参照・引用する方式が一気に流入しはじめた。そして解禁された歴史的建築をマニエリスムが先例を再解釈するのと同じやりかたで伝染病のように広がった。私はいわゆるポスト・モダニズムが、この一九六八年から一九八九年のベルリンの壁崩壊までの二〇年間、核の崇高の下での二極対立による歴史の宙吊りの期間にあらわれた現象であるとみる。それをゼヴィはマニエリスムと呼ぶが、単なるアール・デコや土着の建物の復権ではなく、たとえばコーリン・ロウがジェームス・スターリングを今日のマニエリストと呼ぶような時間的序列を無視した包括的な視点も入れていいだろう。だがこんな状況が与えた効果は、近代の前進運動が必要とした、前後・左右といった配置を解体したことである。政治的前衛・後衛という区別、さらに政治的右翼・左翼という基準さえ実は解体していった。こんな序列や区別が生みだす価値が消えたといってもいいだろう。一九六八年がすぐれて政治的な時代であったというのはこのような価値基準が廃止されたことで、ひとつの悪魔祓いがなされたためである。さしあたりテラーニの仕事をファシストという色眼鏡で見ることがなくなった。

一九七〇年代の初頭の空白期を経験した人が少なくなったので、いくらか説明を加えねばなるまい。それが時代にかかわるとしても私と同世代のものたちが全員感知していたとは思えない。鈍感というわけでもないだろうが、あの宙吊りの期間がはじまることへの一種の不安感をもったかどうか、それを自らの方法へ繰りこみ得たかどうか、単純にそんな違いに過ぎないが私にとっては、この悪魔祓いは心身ともに痛みをもってふりかかった。それだけにかなり根底部分からの転換が起こることになった。その当時、御多分にもれず私もマニエリスムへ注目した。「マニエリスムの相の下に」(『都市住宅』/鹿島出版会/一九七二年一月〜七六年一月)という連載をはじめたし、この時代をモダニズムの後にくるものとしての分析を、十六世紀の芸術家たちのおくれてきたことに由来する気分にひき当てようとした。普通マニエリスム期のはじまりとして歴史の区切に置かれている一五二七年のサッコ・デ・ローマを、一九六八年の文化革命と等置するようなエッセイを書いたりもした。そして「手法」論を私の建築家として自立する証拠として提出したが、このとき通念となったマニエリスム理解を超えるべく、これをフォルマリズムとして編成しようとした記憶もある。少しばかりの私の悪癖が作用して、その命名をマニエラにひっかけており、そのために「手法」論とはマニエリスムの方法に依拠した、偏奇趣好だろうという誤解に永くみまわれる。コーリン・ロウが曖昧性というマニエリスムのなかに見いだした独特の空間構成の方式を分析するにあたって、フォルマリズムによってその視点を整序できたのと同じく、私自身もまた「手法」をむしろフォルマリズムの別称にしたいと考えてもいた。

そこでコーリン・ロウの方法を学んで、さらに独自な展開を考えていたピーター・アイゼンマンが、一九七一年にジュリアーニ・フリジェーリオ集合住宅（一九三九—四〇年）に言語論的分析を加えたことの時代的・系譜的位置づけが見えてこよう。アイゼンマンはこのときノーム・チョムスキーの生成変形文法を援用しているが、これはコーリン・ロウがル・コルビュジエのガルシュの家（一九二七年）を曖昧性の概念の実現とみて、抽出した下敷き線と、そのズレの生む見かけの深度について分析したものに従っている。テラーニが追試するようにしてもっと意識化して操作していたことの発見であり、フォルマリズムによる読解の絶好の範例ともなり得るものでもあった。同時に彼がテラーニ分析に適用した方法はアイゼンマン自身の一連の初期住宅のデザインの方法そのままでもあった。見かけのうえでは完全な連続性をもっている。同じ建築家の仕事といえる程に接近している。違う点があるとするならば、テラーニはそのズレを引きおこす表相部の操作をル・コルビュジエがまだ意識化もしてなかった一九二〇年代のデザインのなかから意図的に抽出して、これを一〇年後に集合住宅に適用した。アイゼンマンはその三〇年後にあらためてテラーニのその操作方法だけを、具体的に住宅の設計に適用する。いや、その方法を原寸大の空間として図示するために住宅を計画したといっていい。読解の連鎖がある。これを貫通しているのがコーリン・ロウの読みとりかたを支えるフォルマリズムである。

私は一九七一年にやはりコモを訪れた。テラーニの仕事に関心をもったためである。そのいきさつについてはカタログ本『ジュゼッペ・テラーニ―時代《ファシズム》を駆けぬけた建築』に書いたのでここでは繰り返さない。だが、アイゼンマンとはまったく異なる読解をした。その読解が私の「手法」論の一部を組みたてた。私が興味をもったのは、テラーニの集合住宅の作品ではなくむしろ立方体のフレームで構成されているカサ・デル・ファッショ（一九三六年）であり、ジュリアーニ・フリジェーリオ集合住宅の前に制作した「ダンテウム」（一九三八年）であった。

「根元へと遡行する思考」という副題を『空間へ』の新版が昨年出たときにつけた。六〇年代において私の書いたもの、設計したものをまとめたこの著書に、その意図をあらためて簡略化して言うとこうなるだろう。つまりラディカリズムの私なりの受けとめかたでもある。そのような遡行を意図的に押し進めていた先達のひとりはアドルフ・ロースであった。かれは「引き剥ぎ」によって、建築物を裸にしていった。裸の単なる箱に還元したところから、彼の建築家の独自な方法であるラウム・プランを展開した。それは、箱という枠組みのなかでの部屋の立体的な組み合わせである。限られた枠に押しこもうとする無理が、独特の迷路的なめくるめく空間を生んだ。ラーキン・ビル（一九〇四年）を事例としてあげ、そのような箱を最初に壊したのは俺だ、とF・L・ライトは言っている。箱を消去したのは俺だ、とル・コルビュジエも言うだろう。ドミノ・システム（一九一四年）で輪郭がなくなったのだと。この論法に従うなら、やっぱり箱だと言ったのはミースということになろう。彼は枠組みに還元されたとしても、ここに被膜が貼られることを避け難い条件として承認していた。一方、ル・コルビュジエは被膜を操作可能な要因として、建築家の楽しみのために残している。アイゼンマンによるテラーニの読解はその非決定部分のマニピュレーションに注目し、これをデ・スティル風に拡張することであった。

カサ・デル・ファッショは純粋な立方体が四つ集合している。それをファサードでは壁と積層される枠組みで分割する。平面的には吹き抜けの虚と目的的な実がヴォリュームとして対比されている。その分割は古典主義の建物の展開過程で方式化された比例に基づきながら、既に完全に割り切れない部分を残存させ調整を行うズレの手法が萌芽的にみえている。私の個人的な関心は、立方体のような純粋幾何学形態が殆ど露出していることであった。伝統的な建築物の構成に、純粋幾何学を下敷きに用いるのは、建造物の歴史がはじまって以来、東西を問わず普通に行われてきた。古典主義の展開過程でその下敷き線が意図的に明らかになる。今世紀初頭以来、建築物の形態分析にこれは利用されてもいる。黄金比への言及が一般化されたのもそうだし、とりわけワーブルグ学派のウィトコウワーによる十五世紀建築の分析においては、幾何学に基づく音楽的比例を逆投影している。この手法はアルベルティの古典解釈の神髄でもあった。だからウィトコウワーに学んだコーリン・ロウが、ル・コルビュジエが自らの作品で示唆し、テラーニがこれに従っていた、そんな下敷き線に注目したのは当然だっただろう。

そんな純粋幾何学形態の露出はロースのやった「引き剥ぎ」の継続であって、古典主義が均衡をつくりだすために用いてきた産物であるはずである。表相部のズレによるマニピュレーションはアドルフ・ロースが犯罪と呼んだ装飾と同列の役割をしているに過ぎないのではないか。むしろ裸にされた枠組みそのものに注目すべきであろう。すると、一切合切単なる枠組みだけに還元することが可能になる。

グンナー・アスプルンドの森の葬祭場（一九四〇年）が同時に私の参照対象だった。それは立方体の枠組みだけで成立している。古典主義の建物だったら列柱にしただろう。だがここでは柱と梁と呼べはしても、殆ど同格の骨組みに還元されている。これが単なる思いつきのデザインでないことは、アスプルンドがストックホルムに設計した図書館（一九二五年）を見ると明らかになる。立方体と円筒によるソリッドな立体として構築されていた。その継続作業として到達した還元の極点であった。

そこで私は、正方形と円形、その立体化したものとしての立方体と円筒、それだけで建物をつくろうと考えた。群馬県立近代美術館（一九七四年）、北九州市立図書館（一九七五年）などとして実現した。それぞれが、立方体のフレーム、半円筒のヴォールトとして具体化された。

このとき、私は現在に至るまでつづく逆説的な難問を背負いこむことになる。この物体は立方体や円筒という幾何学的な形態をしている。一方で、それは美術館や博物館、図書館として使用されている。社会的には建築的制度をクリアしているので、建築物と呼ばれ認定されている。いったいこれは幾何学的物体なのか、建築物なのか。ポスト・モダニズムの時代では、これを二重コードと呼んだ。両方に読めるので、これは時代的趣好に適合しているといわれた。だが、この読解では、私が背負いこんだ難問は解けてない。何がこの幾何学的物体を建築物と呼ばせるのか、単にその時代の制度が容認しただけではすまされない。むしろ《建築》というふうにしか呼べないメタ概念があるために、これらの建築物を単純な彫刻ではなくならせている。その《建築》とは何か、七〇年代のおわり頃、私はそんな袋小路に追いこまれる。それもまたテラーニの仕事にであったことに由来する。

とりあえず、私はこの幾何学的形態を建築物だ、と呼ぶことにした。建築を建物と区別するのは、これに附加されている装飾に由来すると理解されていた十九世紀から、「引き剥ぎ」のあげくの箱、そして箱が下敷きにしていた枠組みへと、裸から肉も削り落とされ、スケルトンだけにされる。この還元過程の極限にアスプルンドとテラーニがいる。その身体を比喩的に用いれば、スケルトンと呼べるだろうと考えたのは、むしろ六〇年代の初期、旧大分県立図書館を設計したときだった。「プロセス・プランニング」論を書いた後に実施設計をやり、ここで手がかりにし得るのは、構造・設備を空間の単位として再編されたスケルトンだと私は記した（「媒体の発見」／一九六五年）。この図書館の建物は想像上で伸縮する決定不可能状態にある有機体を「切断」するというひとつの論法をそのまま実体化したものであった。すなわち建築にかかわるひとつの言説を、そのままデザインとみなす。与えられた予算や部屋数を決定不可能な状態に宙吊りにしておいて、《建築》にかかわるひとつの言説を介してこれを裁断する。与えられたプログラムに合わせるように部屋等を編成するという近代建築が教えてきた通常の設計方法が逆転されている。

こんな経験をもっているので、私は立方体フレームというひとつの概念に充当された形態を無根拠であるが故に敢えて建築物であると認定することにした。概念を指示すること、それ自体を《建築》と呼ぼうとしたと言うべきか。

この論理上の短絡は、六〇年代のラディカリズムの経験から確信のようになっていはいたが、無根拠であることに変わりはない。だからここには選択しかない。私はそれが政治的な行為だと考えた。一連の「手法」論のなかに、この視点は曖昧なかたちで語られている。つまり、手法に固執することがもっとも政治的なのだと。恐らく政治的という言いかたを反語的に用いていたのだが、それ故に誤解をこうむっただろう。テラーニについても旧制度下における政治的なもののしがらみが、一九六八年に悪魔祓いのように洗い流されたと私は記したが、そのあげくに政治的なものは反語的に、かえって根強く出現する。ここでは、前後左右という古い政治的な分節が崩れている。そして、概念の発生する根源へむけて短絡していくこと、実はそれこそもっとも政治的だったのである。通念からすれば政治的とは呼び得まい。状況は二極対立が宙吊りにしてしまっている。つまり政治的状況はこの時期から凍結されてしまい動かない。こんなときに政治的であるとは何よりもまず使い古された言葉を無視することであった。「政治を語らないことが、もっとも政治的な行為だ」と私はこの時期繰り返して語った。そして通俗的なレベルで政治的でしかない都市から撤退することしかあるまいと考えた。

純粋立方体にまで還元されたカサ・デル・ファッショもまた政治的な裁断をこうむっている。《建築》として絶賛される程の達成をなしえているこの建物を、イタリアが誇るべき公認の建築的様式と認定するか否かについての論争が、正統未来派の残党であるサルトリスによって記録されている（前出のカタログに再録）。純粋に面と線に分解した要素を用いて再構成する手法は二〇年代に近代建築のいくつものセクトが殆ど共通のデザイン手法として追求したものだった。アスプルンドもテラーニもヨーロッパの周縁にいて、独自に同様な構成に到達していたのだから他国にそれに類似した仕事が実現するのは当然のことだ。そのような事例を示されると、カサ・デル・ファッショはまったくオリジナルとはいえない。他国に類似の例がある限り、その模倣とみられる。故にイタリア・ファシスト党が公認するモデルたるべきではない、という批判がそれである。

それにたいして、サルトリスは、壁とフレームの組み合わせた構成を卒業制作で既にテラーニは用いており、これは「自らを剽窃した」に過ぎない、と反論した。それで決着がついたのかどうか。それ以上の結末を私は知らないが、イタリア人であるテラーニがローマ時代に先例のある形式を用いてまったく独創的に制作したが故に、これはイタリア・ファシスト党として賞賛されるべきモデルたり得ているという論法がここにある。国家的英雄、あるいは国家的象徴を根拠づけること、つまり政治的な要請に基づく評価である。

この論争のきっかけに一九三七年のパリ万国博という諸国家が建築デザインを誇示しながら競った会場があった。ファシスト党の建築的イデオローグであったM・ピアチェンティーニがカサ・デル・ファッショを垂直にしたようなイタリア館を建てた。そのデザインを正当化するには、カサ・デル・ファッショに何としても高い評価を与えねばならなかった。ちなみに、このときドイツ館はアルベルト・シュペアー、それに対抗したソ連館はソヴィエト・パレスの設計者、ボリス・イオファンの設計だった。これらに、ゲルニカを収めたJ・L・セルト設計のスペイン館、日本的なものと近代建築の最初の結合を例示した坂倉準三の日本館を加えると、三〇年代末期の国際的な状況が著しく政治的になってきたことが理解できよう。しかもそれはニューヨーク近代美術館の〈近代建築〉展（一九三二年）から五年しか経っていないときのことである。産業主義と近代建築の表相的様式を連結して、戦後にモダニズムの世界制覇を理論化したこの「国際様式」は数年以内に理論的破産をすると考えられていた。この展覧会をキュレートしたフィリップ・ジョンソンはアメリカのファシスト運動へ加担し、通信員としてヒットラーのポーランド進攻に従軍していた。いまだにドイツに残留していたミース・ファン・デル・ローエの動向に注目していたと考えられるが、ミースのラディカリズムは当時のハイデッガーの立場に類似して、ナチズムとは両義的な関係をとり結んでいた。いったん握られた権力は、通俗的な趣好と妥協せねばならない。いったん権力が奪取され、それを維持する必要が生まれた瞬間に、にごりはじめる。いや、透明な通俗性へとむかうと言うべきか。ナチズムの場合は血と土、とりわけ暗い壁と重い屋根の要請であり、イタリア・ファシズムにおいてはゼヴィが前出書（p.28）で要約しているような鈍重なモニュメンタリティである。ミースがはじきだされて、むしろ失敗したはずのニューヨーク近代美術館がデマゴギーとして組みたてていた「国際様式」の回復に貢献する。だがテラーニには国内的に亡命する手段しか残されていなかった。戦場に送られ、先達であったA・サンテリアと同様な体験を経たあげく、深い心的傷痕を負う。早すぎた死の直前には既に正気を失っていたと伝説的に語られる。彼の死の一〇年程前には、ロシア構成主義のやはり純粋形態を達成したI・レオニドフが転向を強いられ、辺境へと追いこまれている。そして土着の様式との折衷を痛ましい程の有様で開始していた。

一九四〇年を前後して全世界で同時多発的に発生した近代主義の挫折と転向のなかで、テラーニの仕事は唯一の例外として実現した。その説明がつかないこともない。未来派の一群がファシスト党の文化政策を組みたてていた。同郷の先達サンテリアはその建築領域の唯一のきわだったメンバーであり、テラーニはコモ湖畔の戦没者慰霊碑（一九三三年）をF・T・マリネッティの指示の下に完成していたし、さらにはサンテリア幼稚園（一九三七年）のデザインをする。未来派の直系であることが、その仕事から証明もできる。芸術の前衛と政治の前衛の二律背反が二〇年代から三〇年代にかけてのモダニズムがかかえていた問題構制であったが、その実践的な統合を果敢に押しすすめたのがマリネッティたちの未来派とファシズムの結合であったことは知られている（その戦後版がドゴール派となったアンドレ・マルローである。ル・コルビュジエをフランスの国家的英雄に仕立てたのも彼であった）。こうしてテラーニはファシストとしての政治的立場については、過不足なく、充分な資格があった。

イタリアは、芸術と政治の前衛における二律背反にとって、未来派が政権の中枢に接近することによって、他国とはいくらか違う道を歩んでいた。スターリニズム、ナチズム、それにニューディールまでがポピュリズムの有効性を認めることによって、芸術の前衛を抑圧する。そして国家的、民族主義的という政治的な要請が支配的となる。これが一九三七年パリ万国博の会場が政治的プロパガンダの飛び交う場になった背後の状況である。お国柄といえばやさしく聞こえるが、ここで競われるのは、自国の建築的なデザインの独自性である。シュペアー、イオファン、ピアチェンティーニ、セルト、サカクラ、左／右、クラシシズム／モダニズム、のイデオロギー上の区別さえもが国際舞台においては他との差異の表出に利用される。それは、国内的には民族的統合の手段に転じた。

三〇年代末の文化において政治的状況は、具体的な建築物の評価に政治的な判断を持ちこむこと、あるいは逆転して建築物に政治的な表象をともなって強力な発言をすることが求められているが、この有様は今日の世界資本の流動が生みだす商業主義的なデザインの流行とまったく似通っている。近代主義はあの時期合理主義、効率主義を主張することによって政治的な抑圧へ対抗していた。ファシズム、ナチズムが崩壊することによって、政治的なものの優位が失われると事態は反転する。近代主義がなしていた主張こそが、戦後の民主主義を代理表象するとされた。この合理主義、効率主義が世界資本の過剰流動現象のなかにあって、あらためて市場開発に有効なポピュリズムが抽出され、数年ごとの表相的なデザインの流行現象となってあらわれる。三〇年代ではそれが、近代主義と民族主義、ラショナリズムとロマン主義といった簡単な問題設定に要約されていたし、抑圧と被抑圧の関係も明瞭だった。だが、九〇年代にそのような整理の容易な透明性はない。むしろ、常時すべりつづけていくようなゆらめきのなかにある。開発や建設に投資される資本が国家的枠組みを越え、その存在形式が電子化されているためで、瞬時的変動さえ発生する。このような流動のなかにあって建築のデザインは、短期的な収支決算の判断のもとに決められるので、流行スタイルの消費がスピードアップさせられる。

三〇年代において反民族主義的なものへの抑圧が政治的になされたことに比較すると、九〇年代は、商業主義による消費のスピードアップという簡明な要請が、すべての建築デザインを抑圧している。消費スピードが政治的な役割をしていると言うべきだろう。メディアのネットワークという聞きなれた呼称が、実はもっとも政治的な作動をつづけている。

私は政治的であることを回避しない。それよりも政治的であることが抑圧するものの所在を確認しておくことこそが重要だと考える。私はいまジュゼッペ・テラーニの仕事に注目している。それは彼が一九三〇年代の政治の季節のさなかに、政治的としか呼び得ない主題を全面的に引き受け、これに建築的な応答をなしつづけたからである。彼はプロパガンダとして建築物、展覧会、記念碑が使用されることを拒絶したりしない。目標のあるプログラムを承認して、はじめて設計の仕事をすることができるのだから、それが社会的に存在するのは当然のことである。もちろん政治的であるのだから、その政治がひっくりかえれば政治的に抑圧されるのは当然である。しかしそうしたおぞましい部分が悪魔祓いされるのに三〇年を要している。七〇年代に復権したが、それはファシズムという政治的であった部分を無視することによる反語的な復権である。正統的ファシストから排除され、悲劇的な死を遂げたという諸事実がいくらかその復権を容易にしたが、私は数々の政治的なおもわくを超えるような《建築》の力を彼のデザインがもち合わせていたことが、そのような再評価を可能にした原動力と考える。アイゼンマンのマニエリスティックなマニピュレーション、私の立方体フレームというコンセプチュアルな還元も、テラーニの生産物に《建築》としての力、特にその形式化に並々ならぬ達成がなされていたことによってはじめて可能になった。

三〇年代の民族主義とファシズムに引き当てられる読解によって評価され、五〇年代の反ファシズムの視点からしても人民（ポポロ）の家と読み替えられることにより、建築物として賞賛されていたし、七〇年代では言語論的操作や概念的建築の範例とされ、さらに九〇年代の今日ではファシズムを超えているとして再度注目されている。この理由を、私は《建築》の力によると記すことから、この稿をはじめた。では《建築》の力とは何か。何が力を保持し、維持させるのか。私はそれをテラーニが政治的／反政治的、民族的／国際的、近代主義的／古典主義的といった、今世紀全般をつうじて建築的言説を形成させていた二項対立の構図を最初から崩していたことが生みだしていると考える。

テラーニはファシストであり、明らかに愛国者であり、しかも古典主義者であった。同時にコミュニストの巣窟と呼ばれた近代主義者による国際的建築家の会議ＣＩＡＭが、アテネ憲章を制作する船旅にも参加している。これを両義的と言うのはやさしい。イノセントなのかもしれない。そのような政治的行動よりも、私は彼の建築の仕事が、はじまりから殆ど分裂したように二つの極の間をゆれ動いていることに注目したい。ノヴェチェンティスモとラショナリスモである。前者は近代的な古典修正主義ともいうべき性格をそなえている。古典主義の構成要素を分解し、自由な操作を加えて、華やかな構成に到達して一世を風靡した。ピカソの古典主義、初期アールデコと呼応している。テラーニのいくつかの戦没者慰霊碑はサンテリアのデザインに基づくコモの塔でさえ、ノヴェチェンティスモと呼んでさしつかえない。三〇年代後期になってリットリオ宮計画案の初期に出現する巨大な壁に至るまで、古典主義的な言語に基づいていると見ておかしくない。一方で、彼は「グルッポ7」の創設（一九二六年）に参加するが、このグループがイタリアにおいて最初の合理主義建築を導入したと説明されている。近代建築が開発した視覚言語が見かけのデザインを支配する。初期の構成主義的なコモのノヴォコムン（一九二八年）、サンテリア幼稚園（一九三七年）や一連の集合住宅の仕事がこの系譜である。

私はこの二つの系譜のなかにあって、カサ・デル・ファッショ（一九三六年）とダンテウム（一九三八年）は、見かけは前者を近代主義的合理主義、後者をノヴェチェンティスモ経由の古典主義と呼んでおかしくはないが、両者ともそのいずれにも所属しない。いや両方の系譜に包含される両義的性格を備えており、そのような不徹底、いうならば内部的な汚染が、逆にこの建物のデザインに《建築》としての力を附与している。さらに時代とともに変動するまなざしを浴びることによる消耗を回避できていると私は考える。

カサ・デル・ファッショの立方体フレームへの還元は、近代主義的言語へ到達しているかに見えるが、実は古典主義の原理が裸の状態へと抽出されたに過ぎない。ガラスブロックが多用されていても、これはアールデコ期のなごりであって、他に国際様式が求めた工業的生産物は用いられていない。伝統的な大理石貼りである。

勿論ダンテウムの壁は、厳密に古典主義の構成過程にある比例を保持している。その内部の構成はスパイラル運動を惹起する黄金比に基づいている。そして、神曲の構成の数的解釈に従うところなど、ウィトルウィウス以来の音楽的階梯と空間的秩序の関係をおもわせる。だがそれは、自由なファサードのレッスンから発見したズレの手法を導入することではじめて成立している。全体の構成をズレというゆらぎの系列として読むことも可能である。

両作品とも、その形式性において両義的なのだ。古典主義であると同時に近代主義でもある。実体的であると同時に虚体的でもある。政治的でもあるし、非政治的でもある。ここで特徴的なのは、ひとつの様式へ徹底されるような透明感を意図的に排除し、むしろ最初から汚染された形式として産出されていることだ。シュペアー、ピアチェンティーニ、イオファンたちがそれぞれの国家的イデオロギーを代理表象できたのは、彼らが異なった様式を採用していても、細部まで、様式的に透明たり得るという一点において共通しているからである。ファシズムは貫徹性を要求する。古典主義も近代主義も同様に、細部に至るまでの様式的な貫徹性が見られるとき、その支配的な権力と合体可能になる。殆ど偶然ともいえるし、テラーニの引き裂かれたような個性にもよるが、彼が生みだした建築的形式は建築的空間を精密に構成していても、透明な構図を組みたてていない。最初から汚染された形式だったたのである。ジャック・デリダはプラトンの著作からパルマコン（薬、毒物）という極端に両義的な言葉をさがし当てて、その運動にエクリチュールを充当した。その論法を利用するならば、テラーニの産出した建築的形式は、決してファシズムという内部に回収されることのない、パルマコンに基づくエクリチュールだったのである。つまりこの建築的形式は最初から政治的に汚染されていたので、その後のいかなる政治的な回収作業にも、頑固に残ることになってしまったのだ。

第五章　万博の前夜、文化革命の頃を想いだしてみた

すべて、国家的プロジェクトと名づけられるものは、政治力学のさなかにある。事態がうごく契機が政治的な決定に基づくためだ。そんな力学のもとで、勿論専門の業界や学会のなかで、トピックスがえらばれ、パラダイムが再編され、すべりはじめる。それは論理的に追跡できるようで、そうともいえない。とりわけパラダイムというクーンが科学革命の説明に用いた言葉が妙に説得力をもちはじめた。共通のテーマ、共通の基準、そして共通の目標が組みたてられる。おかしいね、と思いながら、それにのりきれないと、反時代的という誉め言葉をもらって、棚上げされる。こんな妙なうごきがときに急流になったり、流れの向きを変えたりする。ＥＸＰＯ'70は六〇年代の中期に、イベントというでっちあげの目標＝テロスをつくりあげることで流れを生みだす、こんな仕掛けであった。

当事者は、何もわかっていない。そんな虚構の目標＝テロスが浮かびあがったときに、賛同するか反発するかのいずれかで、多くの場合参加か反対のどちらかの選択を迫られる。何故選択が迫られるのか、理由は問われない。そして、奇妙なパラダイムが幻影のように生まれてくる。こんなシフトが、実際に六〇年代の中期に起こった。

一昨年（一九九七年）、私は水戸芸術館で〈日本の夏一九六〇—一九六四　こうなったらやけくそだ！〉という展覧会を企画・監修した。それは六〇年安保と時を同じくして、日本各地に自発的に生まれた過激な前衛芸術運動をあらためてふりかえってみて、その歴史的な位置づけを捜す試みだった。その内容は、同館発行のカタログ『日本の夏一九六〇—六四』（水戸芸術館／一九九七年）に記録されている。その企画にあたって私は一九六四年という年にこだわった。この東京オリンピックの成功によって沸きあがった年に、多くのものがおわった、と私が感じつづけてきたためである。前衛的美術運動もおわった。そんなおわりを特定できるのは、はるかに時が過ぎ去ったためで、事後的に言っているに過ぎないが、それでもいくつかの区切りの事実を指摘する必要もあろう。あのネオ・ダダ・九州派をふくめた過激な作家たちが、最後に発表の場にしていた〈読売アンパン〉が、提出物があまりに過激で都美術館では展示不能と判断され、アンデパンダン展そのものが廃止されたのがこの年である。その前提のように、「反芸術」と称されたこのアンパンを舞台に台頭した作家たちの動向をめぐって、「《反芸術》是か否か」というシンポジウムがひらかれ、私はまだ都市デザイナーという肩書きになっていたが、そのパネルのひとりにもなった。そこで議論された、これまでの「芸術」の枠をはみだしてしまう作品群、ゴミの山だったり、廃品だったり、腐っていくものだったり、凶器をふりまわしたり、性器の大うつしであったりしたものについて、それを「反」でくくって対抗概念にしてしまう、そんな批評的枠組みが予測されたりしたが、東野芳明対宮川淳の論争において針生一郎が「芸術の消滅不可能性の原理」と宮川淳の説を要約したことで理解できるように、「反」をいくら説えたところで、それが「芸術」の制度内での対抗概念であるかぎりにおいて、やはりその枠からのがれることができない。つまり、「芸術」という制度がその成立基盤から疑われるべきなのに、その制度を棚上げした対抗概念は結局「芸術」という枠組みに吸収されることになる。これは「芸術」という概念における自己言及性のパラドクスとして、ポストモダニズムの時代の主要な批判的枠組みを先駆的に示すものであったが、そこまでのパースペクティヴをパラダイムとして組みたてるほどの余裕はなく、むしろ作家たちの方法が過激化してしまう。それがアンパンの廃止として、眼にみえた制度の自爆のあげく、作家の方法も自滅させられる。そんな事態が一九六四年に発生した。ほこりが舞い、腐臭が立ちこめるような作品は行き場がなくなった。廃品回収所からとりだされてきた作品素材は、もう一度ゴミ捨て場へ返却された。

過激化した作家たちは殆ど日本を去った。昨年、私の設計した旧大分県立図書館（一九六六年）が「アートプラザ」（一九九七年）に転生した際に、一九六〇年、一年たらずの活動のあげく解散してしまった「ネオ・ダダイズム・オルガナイザー」（『ネオ・ダダJAPAN一九五八—一九九八』／大分アートプラザ）の全メンバーの展覧会が開催された。彼らの根拠地ホワイトハウスの基本設計に手を貸したこともあって、私もその一員に加えられているが、総勢十六名のうち、三人が故人となり、七名がいまだに海外にいる。残りの六名が何とか日本に居をかまえているが、全員は殆ど精神的亡命者である。新宿にあった根拠地ホワイトハウスも一九六二年には売り払われていた。メンバーの殆ど全員が地方から東京へ上京したものばかり。新宿という土地は、彼らにとって、非場所でしかない。仮泊する土地であったし、取り扱った作品の素材はすべてこの大都市の排泄物ばかり。エフェメラであった。何よりもこの大都市はオリンピックに向けて常時普請中で、ほこりが舞いつづけたが、彼らの作品にもまたほこりや悪臭が立ちこめていた。オリンピックがはじまると共にその工事現場は整頓され、片づけられていた。作品からもほこりや嗅いが消えた。誰が演出したのだろうか。勿論作家たちにも、私にもわからない。戦場はヴェトナムへと移転していた。朝鮮半島よりは少しばかり遠かった。

「反芸術」の作家たちがニューヨーク、パリ、ミラノに移住したときにおそらく最初に感知したのは、あの常時普請中の都市の光景は戦後再建事業として完了しており、破壊をまぬがれたニューヨークでは既に五〇年代の繁栄がおわって、ヴェトナム戦の不吉な予兆が、ケネディ暗殺などとしてみえはじめていたことだった。いずれ、腐蝕と崩壊として六〇年代のアメリカ社会を襲う変動のはじまりではあったが、アートの世界では、うすっぺらできらきら輝く、つまり記号化した表現をのみ取り扱うポップ・アートやプライマリー・ストラクチュア、さらにはテクノロジー・アートといった、非実体的なイメージの操作に変化が移行していた。

〈色彩と空間〉展（一九六五年、南画廊）、〈空間から環境へ〉展（一九六五年、エンバイラメントの会）の二つの展覧会に私はかかわった。前者には建築物の模型、後者は会場構成をやることになったから、私はこの年に起こった方向の転換に、かなり深くかかわっていたといわざるを得ない。前者は彫刻の素材を非物質化することに主眼があった。素材感を塗装で消してしまう。立体的な記号に構成要素を還元する。二〇年代のデ・スティールや構成主義の反復だったが、異なっていたのはスケーリング。スケールをひろげることで、観客との関係を崩していく。つまり、作品を安全圏に置くことから生まれた閾の区切りが廃棄される。「見るものと作品との間の静止した調和的関係がこわれ、旧套的な《空間》から、見るものと作品のすべてをふくんだ動的な混沌とした《環境》へと場の概念を変える」とこの会は主旨を説明している。エンバイラメントの会というように、環境概念を登場させたのは、作品（物体）と視線（観客）の間につくられた不可侵の閾となる柵がとりはらわれ、額縁が消え、観客の身体へ直接的に作用する、こんな状況をつくりあげることだった。いまではインスタレーション・ワークが普通になっている。それに先陣をつけた二〇年代モダニズムでの芸術概念の生活への溶解が、ここでは何故か芸術の枠のなかで反復されようとしていた。クレメント・グリーンバーグが作品としての物体を、二次元的平面と三次元的立体に還元するモダニズムの視点を打ちだしたのに、もうひとつの次元として観客との関係を附加する意図があったといってもいい。そのようなニューヨーク経由のモダニズムがあらためて導入されることで、ほこりが舞うような「反芸術」が収束させられる。パラダイム・シフトしたのである。非物質化、そして関係性がイメージとして語られはじめる。肉体の反乱などと直接的な表現がなされていたパフォーマンスも、身体性の表現といったややスマートな言い方に置換される。空間という静的な三次元性を、環境という動的な多次元性へ持ちこむためであった。〈日本の夏一九六〇―六四〉を区切ったのはこんな理由である。そして、一九六五年にはじまったエンバイラメンタルなものへの動きは、大量の観客の動員が見こまれたEXPO'70のパビリオンのコンセプトへと連なっていく。ちょうど今日、誰もがインターネットとヴァーチャル・リアリティを語る。決定的なものなのかどうか、誰も言わないが、何だか語ることによって安全圏へ移行できるような幻想が生まれる。実は一度ならず二度も三度も疑われてしかるべきなのに、移行の神話は急浮上するのだ。

アートの世界にそんな幻想へのシフトが発生したことは、社会的なトピックスとして次のパラダイムへと移行神話が生まれたことが前提にもなっている。六〇年代中期、マクルーハン・ブームがあった。近代が電線や鉄道線路にみられる線的《リニア》な伝達・交通システムで展開したのにたいして、今日のメディア・テクノロジーが瞬時の全面的な伝達に基づく非線型の不連続な出来事の連鎖となるだろうと予測したこの言説は、今日では冷静に評価されるようになったが、そのときのブームは「尻をマクルーハン」といったギャグが流れる程浸透する有様だった。これもまた、万博へと大衆が動員される予備的な現象だった。

パラダイム・シフトにむけての大衆的熱狂をいまその三〇年後に事後的に語っている。事後的であり、祝祭が終わったポスト・フェステウムの時期さえもはるかの昔に過ぎているので、私はそのなかにいたときにわからなかった地すべりの状態をおぼろげながら説明できそうな気分になる。とするならば、さらに三〇年を遡った一九三〇年代中期の悪名高い「国民精神総動員運動」とこれを比較するべきだろう。このいずれ「大政翼賛会」に再編されていく「日本精神」を高揚させることによって、日本の国民を来るべき戦争へむけて身構えさせる精神的改造運動を見ると、これが必ずしも成功しなかった理由もはっきりする。何しろ世界的な経済恐慌のあげくに国際的に孤立した日本の国民を精神主義によって結束させる、という仕掛けづくりは、経済条件がそれを充分に支えきれなかった。一方三〇年後には、精神主義的イデオロギーなど消え失せている。単純に欲望の原理に従っているに過ぎない。高い所得がより快楽を生むことを可能にすると信じられた。強制ではなく、自発的にうごく。

精神主義的動員の失敗の三〇年後に快楽原理を挙げた自由経済活動の成功へ、この「日本精神」から「快楽的祝祭」へと三〇年後に転換したことはあらためて三〇年という奇妙な時間差をともなって隣国中国において発生する。「文化革命」から「改革開放」へ、つまり毛沢東から鄧小平へ。ここでは政治的な決定がはっきりと積み重ねられている。そこでとられている政策は、三〇年代の「国民精神総動員」と六〇年代の経済復興を祝祭化させたEXPO'70と何とよく似ていることか。三〇年の時間差は偶然に「文化革命」と「EXPO'70」を同時代の現象とした。当然ながら交錯し、影響が生まれる。外部にある政治諸力として対立していただけではなく、私の内部に影を落としてもいた。EXPO'70の中心施設、その祝祭の表象を一手に引き受けている「お祭り広場」の計画に参加し、建築的コンセプトを提案し、その一部の設計を担当していた私が、この祝祭の場面を想起するときにモデルにしたいと思っていたのは、天安門広場を埋めた百万人の紅衛兵の行進と、月へ人類を送り届けることになるアポロ計画を組みたてた壮大なシステムである。月面着陸船のモデルが公開されたと聞いて、そのモックアップを見たい一心でヒューストンにまで足を運んだりした。一九六九年の月面着陸の一年程前のことだった。残念ながら中国への渡航はむずかしい。フランスのマオイストたちの情報をたよりにする有様だった。天安門広場とアポロ計画、それはいずれも巨大技術の産物である。私の関心は、紅衛兵たちの背後に土法と呼ばれる奇妙な技術革新が行われていたことにもかかわる。ソ連援助がストップして、近代的な大工場での粗鋼生産量が不足した中国が伝統的な技法で農村に無数のケルンをつくり、日本でその三〇年前にやったように、家庭内にあるナベ・カマを含めた鉄製品をケルンに投げこむ。女の髪が生産される粗鋼の質を上げるという噂が広まると、われがちに髪が切られる。だが悲しいことに生産された粗鋼の九五パーセントは使い物にならない粗悪品だった。あげくに農村では近代化の要請が優先し、あやまった手段にエネルギーがつかいはたされ、農業生産がおろそかにされてしまう。何千万人かの餓死者が出たと噂もされた。だが、起死回生の文化革命、報道される天安門広場の赤旗の波は、毛沢東語録の精神主義が、アポロ計画を制覇するに違いないともみられていた。土法にたいする宇宙開発システム。二つの大国が逆ベクトルのようにうごく、スラストのはたらくその中間地点に日本はあった。私は理由なしに、その逆ベクトルの両方に関心を持っていたというわけだ。職業的にはアポロ計画の開発したシステムを、そして一方では学生の頃以来の毛沢東思想を。前者は技術革新、後者は社会革新。まだそれぞれにフロンティアがあるだろうと期待していた。

革命に成功しながら、その革命政権に追放される。トロツキー、チェ・ゲバラ、そして毛沢東。追放されたのはトロツキーだけだが、ゲバラは意図的に分かれていく。毛沢東の文化革命はそして最後に誤りをおかしたと語られる。この三者を私は好きだった。悲劇的な結末をむかえたためではない。彼らが、いずれも永久革命の信奉者だったことによる。彼らは事態を流動化させて、既成権力を倒すことに能力を発揮した。そして獲得した新しい権力にたいして、更なる革命を要請して、孤立していく。権力は獲得したがいったん立ち止まらざるを得ない。革命政権を保持する必要に迫られる。これは本来アポリアなのだ。保守せねばならない。建設とはそんなものだ。それ以上変わらないものを構築する。革命を構築することは可能だと語られたし、そのように実行もされたが、結局のところ失敗せざるを得ない。永久革命論にとらわれるかぎりにおいて、破壊を続ける。ラディカリズムの宿命でもあるのだが、わかっていても立ち止まるわけにいかない。私はその永久革命論者の信条にひかれつづけた。とはいってもわが身を革命に投じる条件はとっくに消えていた。それを芸術の領域で可能にできるか。建築という後衛でしかありえないジャンルにおいて、前衛がはたして成立することがあるのだろうか。六〇年代に交わされた数々の言説は共通してそんなアポリアを抱えこんでいる。過激になり、自滅したときにやっとその過激さが証明できるに過ぎない。革命の起きた後は保守派しか存在しないのだ。しかも建設を任務とする《建築》の領域では、決定的な論理的矛盾に陥ることも知らねばなるまい。中国において爆発的に広がった文化革命に、私はその発端のアナーキーな気分にあふれた事件の連鎖に注目しつづけた。紅衛兵が毛沢東語録を片手でかかげて行進する。なんの理屈もここにはない。六〇年の反安保国会請願デモと、重なっていた。《反芸術》のダダ的行為も同じだった。それをひたすら燃焼だけがあっていっていいのか。実は六〇年代の肉体はそんな混沌のさなかに投げだされたものだった。

今年、中国は建国五〇周年をむかえる。建国十周年の年、つまりちょうど四〇年前のことだが、数合わせの好きな国柄のためだろうか、北京に十大建築という巨大プロジェクトが企画され、実現した。中国の現代史を見ると、この十大建築の建設された年、経済政策が破綻し、土法採用の失敗も重なって、多数の餓死者がみられる程の危機に陥る。だが十大建築は実施され今日でも眼を見はる程のスケールで完成した。『続日本書紀』などに、奈良時代の創建時の東大寺の建設に動員された労働者が、賃金もない強制労働のあげく、行き倒れとなり故郷へ帰還できなかったことなどが記されているのを見て、千三百年前の日本建国から半世紀もたたぬ頃だったし、国家を挙げての建設だから、当然のことだろうとあまり気にもとめなかった記憶があるけれど、同様の事態が、現代隣国で進行していたという事実を知って、いささか愕然とする。国家的な意志の表象をになうべき建築物は建設を開始したその国家の存亡をかけられている。記念碑としての建築物が建設されていくこと自体が重要なのだ。こんな問題構制は日本や諸外国で一九三〇年代に行き当たっていた。第二次大戦の結末で国家の意思を表象する建築的デザインといった言説は影をひそめただけでなく、悪として一方的に批判されていた。だが三〇年後、いや何千年かの昔からの国家建設の法則が大規模に踏襲されていた。こうして建設された天安門広場は、そのだだっ広さにおいて世界に比較するものがない。ワシントンD・Cのモールはもっと広大であり、建物のスケールもデカイが、池や公園にしているので、百万人が整列するといったイベントはできない。六〇年代を描く映画で、そのデモンストレーションのスケールの大きさを示すため、前面の池に飛びこむシーンが演出される。もう殆どクリシェになったこのシーンは安定した広場の面に群衆がオーバーフローしていることを言いたいわけだ。文革の頃の毛沢東の閲兵では当然ながら、まだ毛沢東廟はできてない。今よりもっと広かったはずだ。私が初めてここを訪れたのは、この毛沢東廟が開かれた数ヶ月後だった。廟はもう広場の中央に置かれていた。私は直観的にこれはいけない、と思った。デザインも中途半端だが、何しろあの広場をせばめてしまった。六〇年安保の成立前夜、抗議のデモ隊に参加していた私は、十日前に起こった正門での衝突が今度は国会議事堂の内部で起こるに違いないと思いながら段状ピラミッドを見上げながら夜明けを迎えた。結局何も起こらなかった。あの時と同様の幻想が廟の前の数時間待ちといわれていた長い参拝者の列を見ながらふっとよぎる。廟は破壊され炎上するのではないか。阿房宮は炎上した。尊敬していた毛沢東の遺骸をこんなチャチな場所に押しこめていいのか。

　レーニン廟は思ったより低い。小さい。だいいち赤の広場はたいした大きさではないから当然で、かつてメーデーの際、広場いっぱいの長さにみえるミサイルをかつぎ出すニュースをみたりしたが、実はあの広場のサイズが小さいので、逆にミサイルが大きくみえたに過ぎないことがわかる。ロックフェラー・センターにつづく五番街のパレードも同様だ。この天安門だけは違っていていいのに、どうして廟をつくってせまくしてしまうのだろう。レーニン廟もいまでは取り壊しが噂されている。レーニン以外の連中の遺骸は持ち去られた。後はいつまでレーニンがここに置かれるかだろうが、どこかで必ずワックス・ミュージアムがつくられるだろう。そのときは寝てる必要もない。リシツキーのデザインした傾斜のついた演説台のうえから半身をのりだした姿がいい。とすれば毛沢東は天安門の壇上にでっぷりとした巨体を建てることになるか。『毛沢東の私生活』によると、歯を殆ど磨かずにチェーンスモーカーだったというから、お歯黒のようで虫歯だらけでなければなるまい。ロダンがバルザック像を依頼され、数々の試行をしながら悩んだあげく、腹のたるんだ老体にガウンをひっかけたグロテスクな姿に仕立てて、依頼者の文芸家協会から受けとりを拒否される。勿論今日ではロダンの最大傑作のひとつになり、予定の場所に建立もされたが、あの不細工にみえる像は当初はスキャンダラスだった。毛沢東にはあのバルザック像の気分がいちばん似合う。何しろ文化革命当時に描かれた無数の毛沢東像は、美化され過ぎている。まるでハリウッドのポスターだ。せめてアンディ・ウォーホルの色面をズラしたシルクスクリーンぐらいにしてほしい。そんな像は、死後二〇年たっていまやっと中国では描かれはじめている。遠くなったためだろう。昨年の上海近代美術館の双年展が水墨画に焦点をあてていた。ここに登場した毛沢東はバルザック像ほどのグロテスクには到達してないが、少なくとも文革期の毛沢東グッズよりは人間くさい。

この毛沢東が延安の洞穴のなかで著した幾冊かの書物、その抜粋は殆ど林彪が毛沢東語録に収録しているが、これはスターリンの論文を読むようで味気ない。近頃は生の講話がその当時の記録を手がかりにして復元されている。延安時代のものはさすがにみつからないが、それでも改講前のものがあったりする。とりわけ路線闘争といわれた派閥の敵を蹴落とすための会議での発言は迫力がある。百戦錬磨でドスがきいている。理論的説明なんかではない。攻撃を集中して相手を倒さねばならない。論理的には支離滅裂だが、政治的には正確に打撃を与えている。シェークスピアの歴史劇、リチャード三世、ヘンリ四世、それにリア王なんかをみているのと変わらない。この攻撃し、事態を流動化させるやりかたは、彼が永久革命の信奉者であった唯一の証拠だろう。その後に公表された毛沢東著の論文は、幾度も改稿され、もう殆ど他人の文章だ。それだけ抽象化し、一般化しないと当面の政治的役割が果たせないとみられ、骨抜きになる。情念の部分が消し飛ばされている。その消えた情念を毛沢東本人の書や詩で推定することが多くなされてはいるが、その両方とも言っちゃ悪いが二流のものだ。

私はある場所で、明治以来歴代の日本の総理大臣が中国文化圏である証拠として書を揮毫する、その大量の額や屏風をみせられたことがある。明治期は風格を保持しているのに、戦後の歴代の日本の総理大臣の書は、無惨きわまりなく、三流どころか五流でしかない。もうやめてくれ、といいたくなる。それに比較したら、さすがは毛沢東。とはいってもあの宋朝体は私の好みではない。ねじれた内奥の弱さがにじみでている。いや、だからこそ彼は人間的なんだと呼ぶこともできる。スターリンは太い赤鉛筆でタイプされたスタッフの原稿を添削していたという。片っぱしから不許可のサインをしている。イオファンの設計中のソビエト・パレスがまださほど高いシルエットになっていないときに、これを塔状にのばし、その頂部にレーニン像を置け、という指示を太い赤鉛筆でごしごしとマークした痕跡が記録の公開によっていま明らかにされている。毛沢東の晩年はおそらく鬱屈させられていた。だから宋朝体でメモや詩を残すしかなかったのだろう。文化革命を発進させ、それに踊る周辺の小権力者たちをうさん臭く感じて、すぐに引きもどそうとしながら失敗し、あげくに不細工な廟に収められる。リア王だった。幸いにコーデリアたる鄧小平は生きのびた。劇中のフランス軍のように国際金融資本がイギリスならぬ中国海岸に上陸する。リア王の最終シーン、悲劇の大団円が、喜劇のように乱立した上海や深圳のスカイスクレーパーを想わせる。

いや、私の関心は十大建築がこの永久革命信奉者毛沢東の指導が顕在であったときに、どうして実現できたのか、というたって初歩的な疑問を抱きそれを説明できる歴史的な事実を聞きだすことにあった。永久革命は終わりのない生成である。革命が継続することだけが重要で、それが成就したらただちに興味を失い、あらためて壊しはじめねばならない。さらなる革命へとむかわねばならない。この永久革命の論理は、結局のところ建国、建設というひとつの像へむかって、これを塗り固めていく構築の論理と対立する。構築という形式を姿にしてみせるのが、十大建築にみられるモニュメンタルな建物の建設であったとすると、この生成し破壊を続けようと語る指導者の論理と決定的に矛盾するのではないのか。三年程前にこの十大建築についてのシンポジウムが人民大会堂の中で開かれたのに私が参加したいと思ったのは、この建物の設計者たちに直接会って話が聞けることだった。私はあらためて、「矛盾論」「実践論」「文芸講話」「湖南報告」などを読みなおして、毛沢東の思想のなかに構築への志向がどのようにひそんでいるか、そして建築的表象へとこれを展開する意志があるのかどうかを確かめようとしたが、少なくとも構築性の片鱗もないことを確認した。やっぱり永久革命を志向するエンドレス生成論者だった。その彼の指導のもとに、モニュメントを建設する。これは「矛盾論」の矛盾とはちがう決定的なスレ違いなのではないか。農村と穴居住居の記憶はあっただろうが、大都市、そして国家の構築とは無縁のはず。そこでこの大記念営造物の担当者たちにぶしつけな質問をした。あなた方は毛沢東からどんな指示を得たのですか。このとき私はスターリンがレーニン像を太い赤鉛筆で指示したように、これらの指導者は必ず具体的な指示をしていたはずだと予測していたのだが、答えは簡単明瞭だった。周恩来とは深夜にいたるまで幾度も議論はしましたよ。だが毛沢東は一度もあらわれなかった。

周恩来や鄧小平は上海からパリへと亡命している。レーニンがチューリッヒにダダが発生する頃に亡命していたのと同様に、彼らは大都市を知っている。おそらく建築的表象についてもその政治的な意味を充分に理解していただろう。十大建築や改革開放政策はそんな都市生活の体験に基づいて発想されたに相違ない。勿論、長征に従軍し、延安での穴居生活もしていた。だがその前に、大都市にも住んだ。それ故に記念碑や廟がたどる運命についても理解していただろう。彼らは二人ともみずからの骨を灰にして全土にまき散らすことを遺言にしている。みずからの遺骸をモニュメントにすることを拒否したのだ。それに比較して永久革命論者毛沢東は、その遺骸はいまだに天安門広場の中央の廟のなかで見世物にされている。モニュメントにされている。都市的なモニュメントを構築した二人はみずからの姿を消そうとする。一方で、都市的モニュメントの構築と無縁であった残りの一人は、みずからの遺骸をモニュメントに仕立てられてしまった。それを「矛盾論」で説明できるとは思わない。「矛盾論」ではまた新しい矛盾が出現することが予測されているだけだ。

ストロークの影

五〇年前、上野丘で吉村益信は私の一級下にいた。私のその時の印象は、求道者の益っさん、だった。その頃、何を求めて修業しているのかわからなかった。少なくとも当時の若者に共通したモダンな雰囲気を求める気配はなかった。禅坊主になるのかな、と私は思ったりした程だ。何しろ一人黙々と校庭の掃除をする。これは容易にできる話ではない。この求道者がある日突然、油絵を描きはじめた。それも絵具箱をかついで別府から由布山の麓、城島高原にまで駆け足で昇り、絵具をキャンバスに叩きつけるように描く。ストロークが明瞭で、描写が写生をとおりこしている。おわると、絵具箱とキャンバスをかついで、ふたたび駆け足で下山する。たしかに絵を描いている。だがその絵は、城島高原へ肉体訓練に行くその一部として腕をふりまわす結果に生まれた絵具の痕跡としかいえないが、描かれたものは理屈を超えて力強かった。求道者たらんとすれば、武術でも、禅修行でもいい。戦争中に小学生を過ごした私たちの世代には、愛国的な奉仕として、強制的に修行を行うことが教育の中核に置かれていた。戦後になって、私たちはこのような強制にいっせいに反発した。私は決して肉体を用いる修行には加わらないことにした。肉体訓練と称して、寒中上半身裸でしかも裸足でランニングをしたりするのが普通であり、平気でもあった。いま考えればこのときのトレーニングはかなり効果を発揮し、その後五〇年間を生き延びさせてくれているのだが、軍国教育だったので、私はおことわりした。益っさんはそれをやりつづけた。殆どアナクロニズムだ、と私は思ったが、力強いストロークの絵具の痕跡に私は感心した。フォービズムというのがあることは知っていた。日本でそれをやると文人画みたいになる。当時の洋画の大家はみんな日本的フォーブだったが、益っさんのストロークは違う。駆け足で息せき切って走り、つまり無我の境地になったあげくに、景色をみているのではなく景色の只中で、パレットナイフでストロークする。城島高原の景色であるが、景色は描かれてない。痕跡だけだ。私はモダニズムの知的構成の側に関心があり、当時は建築をやるとは気がついていなかったが、少なくとも、こんな戦争中の軍国教育の尾を引いた求道者アナクロニズムはおことわりし、肉体をつかう修業なんかやりたくないと思っていたわけだから、益っさんのストロークは感心しても同調することはなかった。

だが、何故求道者の如き修業を自らに課そうとしたのか。それが益っさんという存在の不思議だった。肉体訓練を通じて自らをきたえる。肉体を頑健にするならば、たくさんのスポーツがある。体格のすぐれた吉村兄弟のうち私の同級生の慶元はもっぱらラグビーだった。これはわかる。スポーツだ。当然肉体はきたえられる。益っさんは絵具箱をかついで駆け足で登山する。スポーツのように記録や勝敗はない。ルールもない。勝手に自分で自分に何かを求めるだけだ。自己言及的行為だったといまならいうだろう。としても通常の型をはずれたこの行為を自らに課そうとするには、内側に何らかの慾動がなければならぬ。それを起動させたのは何か。勿論高校生の時期にわかるわけはない。益っさんも自覚しなかっただろう。何かがひそんでいた。益っさんはその何ものかの存在を無意識のうちに感知して、それとわたり合うために、パレットナイフを握り、ストロークを続けたのだろう。何ものか。私はいまでも名指すことができないが、これが暗い、無気味な物体であったに違いあるまいと私は今にして思う。異物である。それが益っさんの肉体の内部にひそんでいる。ほっておくと、立ちあがり、妄想としてひろがり、外にでて自らの肉体をあらためて取り囲む。じわりじわりと迫ってきて、今度は自らの肉体を押しつぶすだろう。防御せねばならない。ストローク。振り払っているのだ。叩き切っているのだ。無目的な行為である。おそらくこれが芸術になるなんて誰も教えなかっただろう。

吉村益信の五〇年間にわたる仕事をみていると、すべてがあの最初のストロークに還っていく、と私には見える。そのとき、まだ作品は何もつくられていない。世界は空白のままだ。敵も見えない。目的物もない。だが、駆け抜けながら宙を切る。切り続ける。酔いつぶれる。大地へむかって倒れこむ。その連続した行為の背後にあの異物としての無気味な物体が、五〇年たってもまだわだかまり続けている。これが益っさんが創りつづけていることの秘密だ。

「サダダの塔」という名をつけた仕事があった。ネオ・ダダの頃だ。サドとダダをつないでいる。ダダはひたすら過激であったグループの共有した名称。それにサディストたることを偏執狂的に言明する。日夜の酒宴のあげにく新宿ホワイトハウス・吉村アトリエに残された大量の安ウィスキーの空き瓶を、屏風状にしたパネルに垂直にのりづけする。そしてハンマーを手にしてストローク。空き瓶の頭部を叩き割る。一瞬にして酒場の乱闘の武器が生まれる。槍襖ならぬ割れ瓶襖。この屏風、迷路状に立てられ、観客を狭い通路に追いこむ。サディスティックな強迫ホラーだ。絵筆やパレットナイフがハンマーになっているに過ぎない。ここでもストローク！

同じ頃、ネオ・ダダのパフォーマンスでは、トタン板を張ったパネルが舞台に持ちこまれる。マサカリを持った益っさんがその表面にまず硫酸をぶっかける。鉄板の表面がジュッ！という音をたてて腐蝕する。異様な臭いとともに、化学反応を起こした硫酸の煙があがる。そうだ、益っさんの実家は九州一の大薬局だった。薬品の並ぶ棚を私はみたことを想いだす。これも危険と隣り合わせ。スキンヘッドに海水パンツ姿で硝煙（？）の立ちこめるトタン板のキャンバスにマサカリで立ち向かう。あらためて硫酸の飛沫がとぶ。スキンヘッドにふりかかる。めった打ちのストローク！　またしてストロークだ。サダダの割れ瓶迷路がアルマンやブルース・ナウマンとするならば、これはさしづめフォンタナだが、彼らの仕事と異なるのは、真のダダらしく、危険と隣り合わせで、鑑賞するための安全地帯がない。遠く離れては感知できない。益っさんひとりが危険を創りだし、自らその真只中にいて危険をおかしている。マサカリによるストロークはトタン板の表面にめった切りの痕跡を残してはいるが、ここでは筆やナイフに替わって、スキンヘッドの裸身がストロークする。ストローク、ストローク！

ストロークは痕跡を残すこともあるが、宙に消えることもある。割れ瓶サダダも、硫酸・マサカリのトタン板も、姿を消してしまったことだろう。反芸術として廃棄処分されたことだろう。痕跡として記録写真はあるかもしれない。だが商品価値をもつ芸術作品とは、当時は作者たる益っさんも、観客の一員だった私も考えなかったから、廃棄され消滅することが常に前提だった。ネオ・ダダにとって、作品概念はなかった。いや作品概念を壊すためにこそ、その運動は組織され、実行に移されたのだから、目的通りになった。アルマンもフォンタナもナウマンも、安全地帯としての美術館に収容され、小ぢんまりと収まっている。そんな具合の結末をネオ・ダダが考えていたら、あのような過激さは生まれなかったはず。だから、痕跡を捜して、私たちは記憶の底から、沈んだ光景をひきだすことができるに過ぎない。

がむしゃらなストロークを強いた衝動を起したものが消えたわけではない。それは吉村益っさんにとっては不吉な姿をしたカラスの姿をとってあらわれた。あの頃、つまり七〇年万博の頃、東京にはカラスの大群はいなかった。いまでは傍若無人に東京上空を制覇し、湾岸地帯でユリカモメの大群と「しま」占有権を争うぐらいで、ほぼ制空権を握っている。そのカラス、巨大な姿にのびて、まず東京画廊の床に降りたったが、天井すれすれ程の大きさだった。リアルにつくられている。その頃に、益っさんの仕事で注目を浴びたのがブタの輪切りだ。これもストローク。一発でぶったぎられた姿だが、益っさんにとってはストロークでさえ芸術作品たりうることがわかってきたらしく、ちゃんと壊れないよう消え去らぬよう持ち運べるものになっている。このテクニックがカラスに利用された。とはいえ、ブタの輪切りのようなユーモアもアイロニイもなく、まがまがしい。不吉だ。直裁にカラスそのもの。私はだからこそ、このカラスが益っさんにとって決定的なんだと考える。

ブタは批評家をくすぐり騙すことができた。ボンレスハムのポスターから引用されたという手のうちが明かしてあり、誰にでもわかる。胴体が輪切りにされても、骨がみえない。骨抜きだよ、というアイロニイも通じるだろう。何より愛らしい。小ブタにいたってはおどけたユーモアを持っている。やさしい益っさんという彼の一面がみえる。実のところそれが親分肌の益っさんの取柄だ。ところがカラスでは手のほどこしようもない。カラスをペットに飼うのはよほどの物好きか変人で、まあ嫌われる。しかもその姿はまがまがしく大きいのだ。私は、この不吉で黒い鳥こそが、益っさんを城島高原へとむけて駆け抜けさせた黒い無気味な異物と私が感じたものの正体なのだと思った。一匹じゃない、次々に生まれて群をなす。横尾忠則のプロデュースした万博のパビリオンの屋根もこのカラスの群で支配されていた。そして七〇年大阪万博の頃、益っさんは自らの制作組織に「貫通」と命名した。日通や電通ではなく貫通。これもまた、一流のパロディだが、貫通ということによって、何か精神的な願望さえ透けてみえるではないか。初志が貫通されるというわけだが、私は修道僧を想ったことがその名称によっても裏づけられる。並々ならぬ意志がある。

実はモダニズムにとって、そんな意志こそはのろわれたファシズムの乱用したもので、ここからどれだけ遠ざかるかを基準にして、この世界は動いているはずなのに、やっぱりアナクロニズムじゃないかといわれても抗弁できない。こんな風潮の支配した時代だったのだ。だからコンセプチュアルとかミニマルとかに同輩たちは流れていった。ネオ・ダダ同輩の篠原ギュウちゃんだけは行動主義的で陽性の古典的なまでにネオ・ダダイストのスタイルを堅持するが、私は益っさんはあのまがまがしいカラスで本音を吐いたと思っている。

カラスがとびだしたので、ストロークは終わった。修業僧の比喩を用いるならば、ここで益っさんはさとりをひらいたのだ。

無我夢中でストロークをしているうちに、カラスがとびだした。それも一羽や二羽じゃない大群だ。以来三〇年、このカラスはまだ奥にひそんでいるのか、次々に生まれつづけているのか、とどまる気配はない。貫通されながらストロークなしでも吐きだされつづける。

ある日、益っさんは妙な肌の物体をつくりはじめる。象の皮膚のフロッタージュをして、観客も観客にならない人間どもも、みんな盲だ！といおうとした。群盲が象をなでている光景をあのカラスがささやいたに違いない。なでる、こする、フロッタージュじゃないか。

シュルレアリスムが発見した手法なんか東洋の格言にもう記されていたよ、西洋の前衛なんて有難がってもしょうがあるまい。こんなわけで、遂にカラスはネオ・ダダという自らの出自までをパロディにする。一九六〇年のネオ・ダダ当時の熱気は、旧芸術を壊すことだった。反芸術を標榜していたが、それもまた反芸術という芸術だよ、という二枚腰のロジックの返り討ちに遭う。日本に攻撃に価する「芸術」がなかったために、やけのやんぱち、篠原有司男の言葉をかりると「こうなったらやけくそだ」とばかりに一気に破壊工作へと突き進んだが、これを後年になってはるかに若い世代がみると、まるでシャドウ・ボクシングやっていたんじゃないか、攻撃に価するような「芸術」なんてなかった。だから前衛じゃなくて、前衛のギミック、シミュレーションだったんじゃないかと論じられたりするが、この自滅だけにむかう過激の運動は、「芸術」がコケてしまったその後の西欧本流のなかで、もうシミュレーションしかないと適当に反復をやりつづける連中をはるか昔に先取りしていたとも考えられる。こんな連中が三〇年後に出現したのをみて、益っさんは、アホじゃないか、まるで群盲象をなでるだけだよと、差別用語を駆使してしまう。これも不吉だ。差別用語だからまがまがしいのは当然だが、ここでつくられたフロッタージュはやはり異物そのもの、気味悪い。とはいっても過激の時代を生き、過激でありつづけて、自滅せねばならない淵に追いやられて、空也上人像のように、口から小さいブタを吹きだしている。ブタもカラスもまだひそんでいる。自滅しそこなって、化石にもなりそこなって、あげくに、まだ黒い影がでてくる。エレファント・マンだろうか。八方破れのパロディだ。

益っさんは群盲にむかって、まだ造りつづける。櫓船の櫂のような物体を鉛で覆っている。壁に立てかけてある。インスタレーション・ピース？　そんな呼び名はどうでもいい。

私はこの立てかけられた櫂が壁から床にかけて黒々とした影を落としていることに気づいた。光によってできた影ではない。黒いゴムシートでその影の姿がつくられている。櫂のような物体でいいじゃないか。これだけで立派な作品にみえる。そこに加えられた人工的な影。鉛と黒いゴムシート。それがあって益っさんだ、と私は思う。影、それも不吉さをただよわせる気味悪いテクスチュア。あのカラスがまだ生きているのだ。カラスが益っさんにささやきつづけているに違いない。その櫂のような物体、一歩ひいてみると、あのストロークだ。宙を切ったはずのストロークの痕跡が、鉛のように固形化している。そして黒いゴムシートの切り抜き影、マグリットじゃない。誰も真似できない、まぎれもない、吉村益信の投影だ。

第六章　「歴史の落丁」がはじまった一九六八年の頃を想いだしてみた

何だか性懲りもなく、一九六八年にもどってしまう。世のなかには「六八年の思想」として、この年の前後に出現した思想が、その後二〇年程あまり全世界を風靡してしまったので、これにまとめて止めを刺そうという本（リュック・フェリー、アラン・ルノー著・小野潮訳／『六八年の思想』／法政大学出版局／一九九八年）なんかもあらわれているが、この年にまきこまれた事件や、直観的に感知していた方向性や、共感を示した思想や作品にたいして、やっぱり私はいまも引きずられているだけでなく、積極的に責任をとろうと考えている。どんな内容かといえば、『建築の解体』に紹介したり、書いたりしたものだ。それは六〇年代に建築家として自己形成した私の同世代の建築家たちの仕事を私自身のもののように擁護することでもあるし、その頃の殆ど挫折してしまった数々のアイディアをあらためて回復してみようと再度試みてみることでもある。

その特定の日付けがあらためて浮上してきたのは、その二〇年後、一九八九年、ベルリンの壁が崩壊した頃、ソ連邦の解体がみえてきたときだった。フクヤマという人が、共産主義体制が崩壊したことはヘーゲル的な歴史が終焉したことであるといってちょっと評判になった。ヘーゲルの「精神現象学」の読解をしたコジェーフは、もっと前に、アメリカは五〇年代に歴史が終わって動物的快楽だけで生きはじめたし、日本では関ヶ原の合戦でとっくに歴史が終わっていて、その後は「道」のような形式に同化することで生きてきたという註釈を加えていることが、あらためてクローズアップしたりしたが、私の印象は、ここで歴史が終わったのではなく、あらためて歴史がはじまったんじゃないか、ということだった。それは一九六八年の「五月革命」が私は挫折したと感じつづけていたためで、ヘーゲル的な歴史が生まれる「諍い」が宙吊りになっていた。ソ連邦がコケて、これに対立していたアメリカ的資本主義（それは旧来のもので、今日のグローバル・キャピタリズムとは違う）も同時にコケたはずだ。そして、新しい諍いが発生するにちがいない、と理由なしに感じてしまったためである。そこで年表において、一九六八年の次に一九八九年が来てもあんまり支障もない。この二〇年間は「歴史の落丁」と呼べるだろう、などと書いたりもした。

その頃、私は『へるめす』の編集同人で、この誌上で多木浩二と連続対談をしていた。今から考えると宙吊りの二〇年間をどう理解しておいたらいいか、という問題を背後にひかえながらしゃべっている。その最中にベルリンの壁が崩壊した。五回に及んだ対談は『世紀末の思想と建築』（磯崎新・多木浩二／岩波書店／一九九一年）というタイトルの対談集になった。まとめにあたって、私は「『死』の世代と『終焉』の世代」という文章を加えた。そのなかにこんな一節がある。

――この世代は〃「死《デス》」の世代〃と呼べるのではないか。六八年はエスタブリッシュメントにたいする異議申し立て《コンテスタシオン》として特記されているけれど、文化的には、いっさいの、大文字になった、すなわち形而上学と化した概念の死を宣言することでした。《人間》《芸術》《建築》《中心》《西欧》《男根》《美術館》《構造》《左右対立》。何よりも、ヴェトナムでは文字どおり殺し合いがなされていました。それに比較すると、いま自己形成をしつつある建築家たちは、八〇年代の刻印を必ず受けているはずで、私はさしあたり、〃「終焉《エンド》」の世代〃と呼んでおきたい。現に八〇年代は《芸術》《イデオロギー》《歴史》《社会主義》《東西対立》など数々の「終焉」が語られました。「死」と「終焉」は時間軸をとりだすといずれも似た関係にあります。前者は極点が仮定され、そこからの逆算で現時点を視る傾向にあり、後者にはそんな極点は不在で、時間を「いま」「ここ」に圧縮してしまう傾向があります。この極点を思考の手がかりにするのがラディカリズムの特徴ですから、六〇年代世代にはどこかその嗅いがつきまとう。（アイゼンマン、ゲリー、ホライン、ロッシたちを想起すればいい。）おそらく八〇年代世代には変動に無関心な独特の姿勢が生まれるのではないでしょうか。（クールハース、チュミ、ヌーベル、アンドーたちは私には中間のようにみえます。彼らにたいして、七〇年代世代を定義せねばなりませんが、まだ名案はありません。ダニエル・リーベスキント、スティーヴン・ホールなどが八〇年代的特性を提示しはじめているようにもみえますが、どうなりますか。）

ここで私は自らを「死《デス》」の世代と語っている。「死《デス》」とはここでは自然死ではなく、殺そうとする意志であり、相手である既成権力もしくは既成制度が死んだ地点を想定して自らの方法を組みたてることだ。それは言いかえるとラディカリズムである。ラディカリズムとは、徹底して「根源的なもの」にもどすことだから、到達したとしてもその先はない。ここで自爆するか（三島由紀夫）、自壊するか（赤軍派）である。刺し違えるわけだ。だがこの「文化革命」は挫折した。死にそこなった。そして、この革命（?）が目標とした既成権力や制度は二〇年後に自然消滅する。長い時間かけて自然死させられた。これにたいして、「終焉《エンド》」が八〇年代の言説の主調音だった、と私は理解した。フクヤマの歴史についての誤認は「終焉」の言説にまどわされたあげくに、二極対立となった冷戦構造が継読的な諍いだと思ったことで、これは単純に核の崇高のもとに宙吊りにされていたに過ぎず、八九年に明瞭になった二極対立の崩壊は、凍結されていた六八年の意図が政治的に解除されたことに気づかずに、アメリカの勝ちと自分側に軍配を挙げてしまったことだ。諍いは九〇年代になって多発している。歴史はあらためてうごきはじめているわけだ。

　成功した革命は政治革命と呼ばれて、歴史年表に大きく記される。だが挫折した革命は抹消される。そのなかで、無視できない革命がある。それは文化革命と呼べる。中国の文革は政治革命を継続しようとして、文化領域の変革を目指したはずだったが、失敗した。単純に権力闘争になったからである。政治革命そのままの意識だったから、手のつけようもなくなった。

一九六八年の文化革命が急に沈みこんでからすぐ世界はオイルショックという不況に見舞われた。五年後の一九七三年頃だった。工事現場から型枠ベニアやカーペットのような基本的な資材が姿を消して、単価が急上昇したことを私は記憶している。六〇年代の総決算であった一九六八年の文化革命が失敗したためだろうと私はいささか恨みをこめて考えていた。実は革命の当事者たちは、まだ山中を逃げ回っていたり、挫折感に悩まされていたりして、冷静に事態の変化を把握することなど思いもよらなかったはずである。私も挫折感から回復せずにいた。その挫折感の由来は何だったかということをこれから書こうとしているのだが、その前に挫折したことを相対化してみることを考えていた。手続きとして、歴史上に類似の事件を捜してみた。

サッコ・デ・ローマ（ローマの劫奪、一五二七年）はマニエリスムの時代へと移行する契機として、美術史に大きく扱われる。この年、宗教的権力の代表としてのローマ法王と世俗権力の代表としてのスペイン国王の対立が激化し、カルロス五世が軍隊をひきいてローマを占拠し略奪を重ね、そして引きあげた。一過性の事件であり、ローマ法王はすぐにローマへ復帰したので、一見何ごとも起こらなかったようにみえるのだが、芸術家の制作条件が決定的に変化した。ブラマンテやミケランジェロのように地方都市出身の芸術家がローマ法王の依頼を受けてローマで制作をすることを究極の目標のように組みたてていたシステムが崩れ、逆にローマに在った芸術家たちまでが地方都市、フィレンツェ、ヴェニス、マントバ等へ移動する。都落ちである。そして、それぞれの土地で奇想にあふれたパーソナルなスタイルを生む。十五世紀のフィレンツェに出現した人文主義的古典主義を方法的に純粋化し、その形式的な核心と権力的中心とに同時に到達していこうとしたひとつの形式の自動運動が、スペイン軍の占拠によって一挙に破砕する。その飛び散った断片を、もういちどひろいあげるが、もはや復元するわけにいかず、ひろった断片を勝手気ままに肥大させていく。やがて旧教派の内部変革を組織したジェスイット派が断片のゆるやかな結合をこころみながらバロックへと連結する。私は一九六八年に正統的とみられていたモダニズムが、さまざまな「死」に出逢うことによって、運動を停止したと考えた。そこで「サッコ・デ・ローマ」が脳裏にうかぶ。バロックが生まれる見こみがないからには、断片に淫していくマニエリスムしかないじゃないか。私の「手法論」がマニエラに、そしてマニエリスムの参照によって成立しているのにはそんな遠い背景がある。

もうひとつの挫折した革命、一八四八年の数々の変動については、マルクスの『ブリュメール十八日』に活写されている。大局的な動向については私の語れる領域ではない。だがこの年に発生した二つのいずれ文化的変動へと連結する政治性をもった事件に私は注目する。ひとつはアイルランドにおけるケルト復興運動のはじまりである。たちまち弾圧されたが、それは世代を介して、ワイルド、ジョイス、ベケットへ連なる。彼らは西欧の正統的な言語表現を解体に導いた。それに加えるとすればドレスデンの蜂起の失敗。その結果、建築家ゼンパーと指揮者リヒャルト・ワーグナーは亡命を余儀なくされる。彼らはこの蜂起の文化的な意図を体現していた。その後の仕事をつうじて両者は建築と音楽において真の近代の構築に貢献したといえるだろう。そこで組みたてられたものが、あらためてジョイスやベケットによって解体されていく。その構築と解体が十九世紀中期から二〇世紀中期にいたるモダニズムの全部でさえある。一九六八年はこれに区切りをつけようとした、と考えていいが、果たすことなく世界は宙吊りになる。

いや、宙吊りになったが故に、ジュリオ・ロマーノやアンドレア・パッラディオに注目があつまり、ジョイスのめくるめく引用の迷路と言語の解体に、そしてベケットの空白だけが残るミニマリズムに関心が寄せられたともいえる。何事も起こらない世界で、それでもエクリチュールがつづけられねばならぬとすれば、もはや外部の世界をたよるわけにいかない。内部をのぞきこむこと。その深淵に、膨大な量のテクストが沈殿している。

下降。薄明の回廊をめぐりあるくこと。アリアドネの糸が切られる。あの迷宮の奥にダイダロスが住んでいたではないか。デミウルゴスの化身たるダイダロス。殺害される運命にあったダイダロス。それは建築家自身だった。

六八年のすべての抗議行動は既成権力《エスタブリッシュメント》とそれを支える制度そのものにむけられていた。ここには自家撞着せざるを得ない論理がある。五〇年代のように左／右、進歩／保守、敵／味方といった明瞭な二分法が成立していて、そのどっちかに身を置けば、後は攻撃か防御をすればいい。こうなると簡単で、あいつが敵だ、殺せ！といえばすむ。政治革命はこのやりかたで進められた。ここでは戦争モデルが成りたつ。政権奪取まではいい。だが奪取とともに既成権力になる。ここまで読みこんでプログラムされた革命はなかったから、どの革命も混乱し、あらためて身内同志の殺しあいに到る。この間の事情をとっくにマルクスは見抜いていた。『ブリューメル十八日』がいまだに参照されるのはこの洞察で、何しろ彼は、革命政権がどんなデザインを身にまとったらいいのかもたもたするときに、かならずすべての根源にもどせばいいと安易な選択をすることまで指摘している。フランス革命では古典主義にもどって、自由の女神にギリシャ風の衣装を着せる。ロシアも中国も多かれ少なかれ似た軌跡をえがいた。ところが六八年においては、敵は自己の内部にいる。攻撃している主体が自らを批判し攻撃せねばならなくなる。根源に立ち至るまでの批判をすればいい。するとその地点に自分自身が立たされているのが見えるだろう。敵を殺せ！と叫んでいたときに、敵が実は自分だったと言う逆説。その奇妙な自家撞着する論理が、この文化革命を貫いていた。写真家はシャッターが押せない。画家は絵筆が持てない。建築家は線が引けない。金縛りに逢っている。どこかにお金があったわけでもないのに。

一九六八年五月、ミラノ・トリエンナーレで私が経験したのはこのパラドックスだった。二重になっていた。ひとつはトリエンナーレが、自らが攻撃していると思っていた既成権力がつくりあげていた制度に既になっていたが故に、抗議のために占拠されたこと。私は彼らの抗議と全く同じ意図に立って自分のセクションの編成をやったつもりでいた。その意図の表明の場としてトリエンナーレ会場があると思っていたのに、そんな会場そのものが既成権力の手によって編成されていると認定されていたことである。応用問題としては万博というイベントが編成されている構図がみえる。あげくに私はこの関係にいっそう深く巻きこまれることになる。

もうひとつのパラドックスは、私が自称し、社会的にその場所を求め、生活の手段にしているデザイナーという職業の出自が、実は攻撃の対象となっていた産業社会であったこと。徹底して攻撃をつづけると、遂には自分の出生の記録までを消さねばならなくなる。自己否定、というスローガンがその頃はやっていた。全共闘といわれた活動家たちは異口同音に自己否定を語ったが、いったいどれだけ深刻に感じていたのだろうか。一過性の事件が喉元を過ぎると、この世代は急激に保守化する。怖いものを見てしまった、さわりたくない、というのだろうか。

産業社会は可搬性の商品の生産をはじめた。近代的生産システムである。商品は市場に流れる。市場は競争を原則にしている。そこで商品に付加価値を与えるための工夫がなされる。デザインはここから生まれた。すなわち産業社会の企業家たちが自ら生産する商品を売りやすくするためにデザイナーをつくりだしたというわけだ。いま、産業社会をつくりあげた既成権力を攻撃するとは、自分を産み落とした母体を攻撃することにつうずる。出生の記憶が抹消されない限り、デザイナーは仕事をすすめることもできなくなる。そんな関係はエディプスの物語として既に語られつくしているじゃないか、といわれても、後戻りのできない事件の進行に巻きこまれると、瞬間的にあれかこれかの選択を迫られる。このとき働いているのは動物的な直観、いや勘だけである。エロスに突き動かされるといってもいいか。盲目になるのは恋だけではない。実は情動のすべてに渡っている。いまにして思うと、こんななかに巻きこまれていた私のやっていたことは、ひたすら自らの肉体を消尽しつくすことであった。自爆も自滅もできないとすれば、消尽することによっていつの間にかタナトスへと接近する。

湾曲した二・四メートル角のパネルが十六枚。アルミシートでおおわれ、この表面に数々のイメージがプリントされる。東松照明に捜してもらった広島と長崎の原爆で灰になった死骸の写真、幕末から明治にかけてのサディスティックな浮世絵、亡霊の群、そのイメージを杉浦康平がグラフィカルな処理をして全面的にシルクスクリーンでプリントする。隣接する通路にひそかに仕掛けた赤外線センサーで人の動きを探知して送られる信号で、中央のパネルが突如回転してそのなかに立つ観客を巻きこむ。外周の十二枚もピボットヒンジで手動回転し、迷路を増幅する。一柳慧がきしむような音響をパネルの回転にかぶせる。隣の壁に広島の廃墟のうえに、メガストラクチュアの壊れた骨組みをモンタージュした巨大スクリーンをもうけて、これにメタボリズム以後の大量に制作された未来都市のドローイングをエンドレスにプロジェクションする。これを電気的迷宮と私は呼んだ。死と廃墟だけがあった。タナトスへと限りなく接近していくことだけがイメージされていた。未来都市？　万博の準備にかかわった連中がバラ色の未来を未来学と呼んで謳歌しはじめていたことに私は耐えられなかった。私にとっての未来の都市は、一九六〇年頃に既に語りつくしてしまったが、廃墟でしかなかった。誰がいったい、快適で緑と太陽のあふれる都市の実現を保証するというのか。私が未来都市について語れるのは、いま眼前にある都市が廃墟になるということだけ。時間がリニアに未来にむかって流れるなんてあり得ない。時間はいまここにある瞬間にむかって垂直に降ってくる。飛来（道元）するものだ。それも無数の時間が束ねられたようにみえるだけで、序列さえない。眼前に立ちはだかる存在に介入して、「切断」した瞬間に立ちあらわれる。それが時間じゃないのか。序列を撹乱する。過去と未来を逆転する。時間の発生したその地点へ遡行する。未来と過去が併存している。これをア（非）＋クロノス（時）とみてアナクロニックと呼べるだろう。時代錯誤などと訳されたのは、時間は線状《リニア》に流れると教えこむことにした近代の視線でしかみえない側が犯した誤謬であって、逆の側から見ると、過去と未来が後と前に並んでいる方がおかしい。反回想、いいじゃないですか。回想録とは伝記や自伝の語りのように、線状のナラティヴでしか成立していないと考えるほうがむしろおかしい。そういう通念に誰もがとらわれてしまっているので、「反《アン》」をつけねばならない。「非《ア》」をつけるのもこれと同じ。時間は地球の自転が生みだした時《クロノス》に間《マ》をくっつけたに過ぎない。場所《トポス》と場《コーラ》がまったく違うように、時間は偏在していない。地球の自転が太陽時間《ソーラータイム》を生成しただけで、毎月海外に旅行に出て地球の運行に逆らって時差ボケをくりかえしていれば、絶対時間なんて実は存在しなかったことを身にしみて理解するはず。だがそれでも、未来があるかのように、景気の動向の横線グラフが右肩上がりか下がりかだけを議論の手がかりにせねばならない。右も左も、前も後ろもなくなったはずじゃなかったのか。そこで電気的迷宮の意図が少しはみえてこないだろうか。都市にかかわるいっさいの制度を廃棄すること、だが理屈でいってもそれ以上の効果はない。せめて、音、光（あの時代はブラックライトとストロボだった）、映像。明滅して消えるもの。消える前に、観客の身体に暴力的に働きかける。肉体のいずれかの部分の知覚に、記憶として残存するだろう。それが電気的迷宮の隠された意図だった。

有無をいうまもなく事件に巻きこむ。これが電気的な仕掛けをもった迷宮のやりかただったのか？　政治的なものが襲うのも突然である。地震と同様で、予知なんて役立たない。たちまちのうちに地すべりに巻きこまれる。第十四回トリエンナーレは開会宣言が占拠宣言にとって替られた。前面の扉をひらくと同時に群衆がなだれこんで会場の床には学生や若い美術家、デザイナーたちが座りこんだ。展覧会であるから公開される予定となっており、扉を開くのも予定されていた。違ったことは、トリエンナーレ主催者への批判文が貼りだされたこと。そして占拠行動への賛同の署名が加えられた。そこに何人もの著名なアーティストの名前があった。そのなかに、いずれ私の友人になっていくアーキズーム、スーパースタジオの名前を見つけた。アーキグラムは私と同様に招待作家としてひとつの部屋を与えられていた。何だかこれをもじったのだろうかと考えた。彼らはその二年前のフィレンツェの大洪水を経験した学生たちで卒業の頃にこんな名前のグループを形成していた。グループを編成することがはやっていた。ロックやポップスもそうだった。開会の二、三日後に裏手の公園の仮設会場に、ジミ・ヘンドリックスが来ることになっていた。ウッドストックの三〇万人集会で、アメリカ国歌を独特のギターでバラバラにしてしまう印象的なシーンがあった。国家＝国歌を解体する。それをたったひとつの電気ギターで遂行していたのだ。あのジミ・ヘンの演奏会、どうなったのだろうか。会場の設営がおわったらキップを捜そうと考えていたが、事態はこんな事を考える余裕もなかった。グループ。翌年私はUCLAの一学期を受け持つためにロサンゼルスに渡った。アーキグラム・グループの半数以上がここにいた。そしてフランク・ザッパのグループやリクィッド・プロジェクションをやるジョゼフ・コナーのグループなんかとつき合った。彼らもみんなグループだった。六〇年代的な特徴を示すそれらグループも、やはり個人の集合体であることが逢ってみるとはっきりする。アーキグラムからはピーター・クックとロン・ヘロン、アーキズームからはアンドレア・ブランジ、スーパースタジオからはアドルフォ・ナタリーニ、彼らと私は個人的な交流をはじめていく。いずれも『建築の解体』に登場するし、それぞれ個性的な仕事を展開していくけど、六八年のスタイルを引きずっていることだけは共通している。三〇年経っても変らない。

私は彼らの名前やグループののっている署名簿に、占拠賛同の署名をしてしまった。私の提出した展示の内容からすれば当然のことだと考えたのだ。トリエンナーレは各国を代表するセクションと個人招待のセクションに分かれていた。前者はそれぞれの本国が費用を負担して展示物を送り届ける。招待作家は主催者が費用をもつことになっていた。キューバの反応ははっきりしていた。一〇年前に成就した革命の連続だったから、この占拠も革命と考えただろう。ビルの屋上にたつ赤旗に並んでどこから調達したのか、キューバ国旗をかかげた。チェコの代表が私のところに来て、いまがチャンスだ、何らかの行動を起こそうとさそいをかけた。彼らはそれぞれの国を代表していた。革命政権が本国にある。署名すべきだし、国旗をたててもいい。先々回あたりまでは日本も参加していたはずなのに、今回は出品してない。私は日本を代表しているわけではなく、単純にひとりのデザイナーとして、招待セクションにいる。そして占拠に賛同の意を示してしまったことは、私を招待した主催者を批判することになる。そして後で主催者側にいたジャンカルロ・デ・カルロから俺たちの好意を踏みにじったことになるんだぞ、糾されて、二の句がつげれない。ジャンカルロ自身でさえ、全学連の街頭闘争と、パリの五月革命の街頭デモを思わせる、見るからに攻撃的な展示をやっていた。壁一杯の群衆。そして、手前に数十台の自動車を壊して山積みにする。あまりにリテラルであるし旧左翼的ではあったとしても、既成権力と闘うべきだという点は明瞭に表示もされていた。とはいっても、六八年のねじれてしまった革命の底部には、こんなリテラルな表現は無効になった、という認識がひそんでいたことに、いずれ気づかされるだろう。一見してねじれた隠喩しか有効でならなくなる。そんな区分けがすぐには見えるわけはない。事態は単純で、十把ひとからげで、占拠される。占拠者と非占拠者しかない。これを区切るのはいずれ、表現されたイデオロギーではなく、そのイデオロギーが姿を消しながら構造化させたシステムとしての制度であることが浮かびあがってくるだろう。

六〇年代の初期、京橋にあった南画廊での「グループ・音楽」の演奏会で、刀根康尚が箱づめにしたとぎれとぎれの君が代のテープを、乞食のようなスタイルで床をひきずりまわすパフォーマンスを見ながら、ひそかなカタルシスを感じていたことを、私はジミ・ヘンドリックスが切り刻むアメリカ国歌を聞きながら想いだしていた。東京に発生したラディカリズムは、あらゆる事態を先取りしながら、何故か六四年を境に自滅した。私の六八年ミラノ・トリエンナーレは、その残影だった。あげくにかかえこんだのは、自壊したラディカリズムをさらにラディカルに振舞させるのにはどうすればいいのか。こんな奇妙な問いだった。

矢印作家アラカワは何故ニューヨーク~~で~~=と不遇なのか

↙印であって⊠印ではない。眼が霞むと↙と⊠は区別がつかず重なってみえるが、この区別はちゃんとしておきたい。重なってみえるが区別もできる、この妙な間隙を操作するのが荒川修作の真骨頂だと考えられる。アラカワが↙印ならばパートナーのマドリン・ギンズは⊠印かというとそうではなく、とことん醒めている。そして底が抜けている。この人も一筋縄ではとらえられないが、言語を用いて未見の物語をする人をかつては巫女と称したことがある。その巫女は、たいていの場合盲目だったり、片足を切断されていたり、狐が憑いたりしていた。メクラ・ツンボ・オシ・ビッコ・イザリなどが使用禁止用語なので、彼女の国ではそういう人を総称してディスエイブル・パーソンというが、底抜けのあげくにヘレン・ケラーになりかわって、知覚と意味の発生現象を憑き語りしたりするので、さしあたりディスエイブル・ポエットとでも呼んでおこうか。

彼らの仕事はアラカワ／ギンズという表記で発表される。それは巧妙に組まれた戦略で、これにのせられると彼らの仕事の由来とその作用場を見失う。これまで彼らの仕事を論じたものをみると、あれよあれよと賛美しそれを解説するか、彼らの提示する像や概念の断片を手がかりに、書き手の持論を展開するに過ぎない。そこから生じるミスティフィケーションが廻りまわって彼らの商売の邪魔をする。つまり仕事の実現の障害になる。どっちにせよ誤解である。だが、そんな誤解が増幅して波紋がひろがることが彼らの戦略のひとつでもあって、彼らはその波紋のひろがり具合をみて次の手をうつから、さらに始末が悪い。

そこで、私がかれこれ四〇年近くもつき合ってきたものの一人としてここで書こうとしているのは、ニューヨークに住みつくことによってはじめて可能になった思考と作品が、その地より先にヨーロッパで受容され、まわりまわってバブル期を経た日本に帰還してみると、作家本人が神話化された自らの像を解体せねばならぬような事態に直面しており、あらためて混迷の度合いを深めたあげくに、たった五〇年しか歴史のないニューヨーク美術シーンがみずからを再読することによって切り抜けようとしている、その本拠地と対峙せねばならなくなった、アラカワ／ギンズの戦略の効果を、友人として分析することである。批評でも、状況報告でもない。友人ということは若干の身びいきもしている。同時に彼らの戦略の手口をバラすことにもなるが、それはいたしかたあるまい。

まず、私のやることは、二人三脚のごときいでたちでタグマッチを演じているこの二人を分離することである。両方をディスエイブルの状態に追いこむのだが、これは単純なことで、アラカワを美術の文脈に、ギンズを詩の文脈にもどすに過ぎない。すると、それぞれがやろうとしている構図が浮んでくる。そのあげく何故タグマッチをやらねばならぬか、その理由が明らかにされるだろう。すると彼らがそれぞれ感知しているに違いないディスコンテントがみえるだろう。その不充足感は、物も言わずに立ちはだかっているスカイスクレーパーの群のなかにはいりこめずに、ただ対峙をつづけねばならなくなっている気分に近い。

ニューヨークでは、アーティストはバカでないといけない。手さえ動けば失語症で充分である。理屈は批評家がつけてくれる。説明は美術館の学芸員がやってくれる。新聞がほめると、一般市民はどっと拍手喝采する。美術界も建築界もブロードウェイのプロデュースの仕組みに酷似している。スターシステムになっている。だからアーティストは物を言ってはいけない。それは鉄則である。演出のラインアップにひかえている連中に平等に役をあたえねばならないからだ。彼らの出番を準備しておくことが即、アーティストの評価を高めることにつうずる。この二人の不充足感の由来はこのニューヨーク的な状況に我慢できないことにある。我慢して別の戦略を立てるだけの才能は持っているのに何故かできない。宿命でもある。いま宿命反転を唱えても、もはや交差しないところまで場がズレてしまった。

アラカワは設問を解読することを作品にしてしまった。ギンズは設問を設問することを詩にしてしまった。それぞれ誰もやっていないことをやろうとしている点でユニークである。バカがやりそうにないことである。絵画についての絵画、映画についての映画、批評についての批評、演劇についての演劇、写真についての写真、はそれぞれメタ絵画、メタ映画、メタ批評、メタ演劇、メタ写真と呼ばれ、これがやられてない限り、現代芸術とは呼べないことは既に常識化している。いわゆるコンセプチュアル・アートはメタ絵画をあらためて作品化したものである。そこではっきりさせておくべきことは、批評家にはこのメタ化過程を解読する余地が残されていたことである。ジャッドやアコンチのような作家は、最初物書きだったが、転身して物づくりになった。他人のものを解読するより、自分のものを解読しながら作品にする方がニューヨークのアートマーケットに適合しやすいことを理解したからだった。アラカワの絵画作品が、メタ絵画の形式を踏襲していながら、メタ絵画になってはいないのは、絵画については何も語らずに何か別のものとして、言語や意味や論理について、つまり、本来ならば言語表現領域においてなされているはずのメタ行為を敢えて絵画の領分に引きだしてしまったためでもある。それは異領域間に斜線を引くというドゥルーズがやろうとしていた視点につうじるのだが、ドゥルーズはせいぜい表象をソシュールがみつけたシニフィエとシニフィアンの肌わかれする状態に差し戻すことを指示しただけで、それを説明するのにちゃんと表象としての言葉をもって書いている。ところが、アラカワはこの斜線を引く手がかりとしてオノマトペとでもいうべきものの発明にとりかかる。抽象的な記号と映像や日常物体の混用文である。漢字仮名交じり文という日本語の使用に慣れている私たちには、由来の異なる二つ以上の言語を取り混ぜて用いることは平気だし、いっこうに苦にしない。ところが、ここで案出される図形オノマトペは中世の錬金術の秘伝書の中心部を占めているダイアグラムのように、いっきに解読できないところに特徴がある。ニューヨーク・アートマーケットでは、オノマトペは簡明でないといけない。リキテンシュタインがコミックストリップから転写した戦闘機が「ダダダダ……」と機関銃を発射する、あの擬音としてのオノマトペでなければ通用しない。

　アラカワのオノマトペの由来は、機関銃の擬音ではなく、コーヒー挽きの回転説明書にある。回転を指示する矢印である。イタロ・カルヴィーノはアラカワ／ギンズの仕事について、「精神のなかの矢印」という文章を書いている。リオタールやガダマーといった言語について言語を用いて語ろうとした人々はやっぱりアラカワ／ギンズの言葉にひっかかっているために、私には彼らの仕事の核心にふれているとは思えない。さすがカルヴィーノはタロットゲームのカードをめくりながら、小説を組みたてることができるように、この人は言葉と図像がいずれも言語の構成因子たり得ることを理解しているので、目ざとく矢印を彼らの仕事のなかに見つけている。彼の文章はちょっとうろ覚えなので正確に断言できないが、どうも矢印が飛んでいく行き先に標的をしぼろうとしていたように思うのだが、これは私はちょっと的外れだったのではないかと思っている。この矢印はカルヴィーノの言うように精神の運動をあらわしてはいるが、飛翔することはない。自転しかしない。コーヒー挽きにあくまで忠実である。その点でアラカワはやはりマルセル・デュシャンの嫡出子であり、それ故にニューヨークと遂に出遭わずにこれまでやってきたといえる。

私はアラカワ／ギンズのなれそめの頃を知っている。一九六三年頃のことで、彼が渡米して一年あまり経過していた。日本にいる頃にネオ・ダダ発祥の館ということになっている新宿ホワイトハウスの設計を手伝ったこともあって、私は彼らの深夜の宴に時々顔を出していたが、このとき、建築家に会いたがっている奴がいると吉村益信に紹介されたのが荒川修作だった。彼は渡米以前の日本では箱詰め物体の作者として知られたが、これはブルータルなヌーヴォー・リアリズムとでもいうべきものだった。その彼から奇妙な構築物の構想があるので協力しないかと誘われた。何度か議論はしたが、とりとめなくアイディアが広がるだけで、立ち消えた。そしてちょっとおくれてニューヨークを訪問してみると、マドリンがちょうどあらわれたときだった。いまでもそうなのだがアラカワも私も日本の英語教育の不備な時代に育ったので、しゃべる言葉は殆ど騒音英語である。英語ネイティヴにとってそれは頭痛ものだろう。マドリンはその騒音のなかにいた。彼女が席を外すとすぐに日本語にもどるが、彼女はシンタックスの様をなさない会話に耐えた。私が同席したのは平均年に一、二回だからたいした時間ではないが、彼らはなれそめ以来、よくも飽きないと思えるほどに一緒にいた。あの支離滅裂な、よくいえば言語の発生状態に彼女はつきあったので、これはあくまで私見だが、彼女の詩や文章がばらばらになり、遂には言葉の雨になり、水滴のような飛沫になった。

　一方でアラカワは設計図を模した絵画を描きはじめた。設計図とは何ものかを制作するためのモデルである。縮尺され、解剖され、切断され、転位させられた何ものかである。絵画は本来何ものかを平面上に再現するべく描写し構成し、あげくに像を立ちあらわさせるものだと定義されてきた。次元をまたいで再現させられる点では同じだが、設計図はまだ眼にみえないものを抽出することが任務とされ、絵画はそれまでは眼にみえるものを再現することが役割とされていた。技師と芸術家の仕事の相違であるが、アラカワは技師の技法をぬすむことから絵画をはじめた。もはや再現に値する何ものも消滅してしまいそうだと感じられていた絵画シーンの虚を突こうとしたのである。そこで、彼は青写真のフォーマットをとりだして、輪郭の枠の線と、タイトルの記されるかこみだけを平面上に描いた。アメリカ国旗や標的を転写しても絵画に認定されることが既に例示されもしていたが、彼は設計図として何かが描かれねばならないフォーマットとしての枠だけを描くことで、何も描かなくとも絵画たり得るという、そして書くことが何もなくともやっぱり絵画たり得ることを提示しようとしたといえるだろう。これはマレーヴィッチの白のなかの白をもう一度ひねって、単にキャンバスに白を塗っただけの絵画をつくり、デ・クーニングのデッサンを消しゴムで消してしまったりして、五〇年代に先駆的な仕事をした栄誉をになうことになったラウシェンバーグをもういちどパロディることでもある。ともあれアラカワの六〇年代の初期の渡米前後のすっぽ抜けたような絵画作品は、モデルを作品と呼び、作品が同時にモデルでもあるという、両義的な場所をめざすことになる。それを可能にしたのが矢印である。

その後この矢印は言語ブームのなかにあって、シミュレーターの役割をしはじめる。シミュレーターは異なる次元の出来事をなぞる。そしてあげくにシミュラクルをつくりあげる。アラカワの矢印はだから「意味のメカニズム」をシミュラクルの体系に仕立ててしまった。そこで問題が発生する。ボードリヤールが、アメリカ人はシミュラクルのなかに住んでいるから、自らシミュラクルと共に生活していることを感知できない、ということでもわかるように、ニューヨークのアートシーンは、シミュラクルをほしがらない。最初から自分たちにむけて悪意をもっていると感じてしまうからなのだ。その点ヨーロッパはリアルなものばかり生みだしてきた自らの文明の限界を感知しているので、シミュラクルには敏感だ。そして知的スノビズムとしていったん受容はするのだが、ユーロディズニーが姿をあらわしたとたんに攻撃の目標にされるように、いつも愛憎関係へと陥しこまされる。レム・コールハースが『デリリアス・ニューヨーク』として遠い場所にあるニューヨークを賛美する本を書くと喝采を送るが、ニューヨークのシミュラクルをリール駅周辺につくるとたんにいやな顔をする。オランダでは決してやってもらいたくないと抜け抜けと語る。ひきかえて、ニューヨーク・アートシーンはリアルが幅をきかすのだ。シンディ・シャーマンだって、ジェフ・クーンズだって、シミュラクルを扱っているようにみせかけて、実はとことんリアルなものを提供する。アートマーケットはその手ざわり、手ごたえだけに大金を払うが、精巧につくられたシミュラクルは敬遠する。

　ところで、矢印をキャンバス上に描いても絵画であると認定される仕掛けを確立したのはマルセル・デュシャンであった。おそらくこれを単純化して、デュシャンの仕事からその意味するものや隠喩作用を消去して、文字どおりの矢印にしたのはピカビアに違いない。アーティストにとって矢印は非形象主義の記号性を代表していたので、今世紀の中期には誰もが使いはじめてもいた。ネオ・ダダでもパフォーマンスの際に矢印のボディペインティングをやったりした。デュシャンが尊敬され、同時にアメリカで嫌われてもいるのは、矢印を書いて、それを絵画と認定することを社会的に認知させてしまったことである。矢印は運動記号もしくは指示記号であり、本来絵画とは運動性や指示性としてそれらを間接的に表現することであったのに、そのハイテク技法を排して芸術的感性のない技士の用いたローテクの味もそっけもない記号で代置してしまった。それは表現のエコノミーというイデオロギーでもあった。

　デュシャンは生涯かけて、たったひとつの主題しか扱わなかった。要約すれば、ジェンダー間の交通である。つまり男女という性差の両側に別個に発生する欲望がきり結ぶ有様の図化で、そのまま眺めればポルノになるのだがこれを性交のメカニズムとして大ガラスのダイアグラムにした。大ガラス作品のもっとも重要な部分は中央にひかれた一本の横線で、上部が花嫁、下部が独身者たちとなっている。それは併置されており、越え難い一線がある。花嫁側の欲望は女王蜂のようなシルエットをもったもやもやした雲になり、独身者側の欲望はコーヒー挽きでぐるぐると攪拌され濾過されたあげく、ピストルの弾丸によって最後に一線を飛び超えて、花嫁の欲望の芯に到達または不到達する。射精の表象であることは明らかだろう。デュシャンの残りの全仕事はこのダイアグラムの細部を開発するものだった。彼はそれを見えないが感じることができ、しかもジェンダーが宿命的に他者そのものにしてしまう異なる種類の欲望を機械モデルによるメカニズムにより解説しようとした。その図解が大ガラスであり、欲望がかすれながらもいまだに残存しているときに射精のかわりに視姦という形式をあらためてなぞる。フィラデルフィア美術館のスペイン扉ののぞき穴の作品「……が与えられたとせよ」がそれで、このときの扉が大ガラスの中央の一本の線と同じ役割をしている。谷崎潤一郎も川端康成もピカソでさえも、その最晩年は視姦の作品にいきついている。デュシャンも例外ではない。そのとき作者はこの一線を踏み越えることをあきらめている。デュシャンはそれを一本の線や扉にした。それは矢印が突き抜けねばならないものだったからである。アラカワの絵画作品を注意してみると、デュシャンがダイアグラムを記号に変換する仕組みをかなり忠実にトレースしたことはすぐに指摘できる。もともと、欲望の運動であったから当然ながら矢印だった。アラカワはこの矢印だけをとりだして、デュシャンの矢印が意味したところのものを消去しようとする。あげくに矢印は矢印そのものになりブランクになる。いいかえると代入可能な中性化された道具となり、構造主義的パラメーターの役割も与えることができる。すると別種の主題が発生せざるを得ない。もはやジェンダー間交通の要因としての欲望ではないとすれば、ここで言語論的回転とまでいわれた六〇年代後期のトピックが侵入する。それが「意味のメカニズム」シリーズで、このとき、図形オノマトペが浮上する。同時に言語を英語を介して、つまりニューヨーク・アートシーンむけに編成しようとしたのだからギンズの役割が重要になる。デュシャンはシミュラクルのつくりかたを解説したに過ぎないが、アラカワ／ギンズはシミュラクルそのものをつくった。彼らはデュシャンを超えたと考えただろうが、これは超えたのではなく、デュシャンを天日で乾燥させて、言語論的な絵本にはめこもうとしたものだった。当然ながら言語学者は理解不能でいらだつし、アートシーンでは、うるさいのが一組抜けていったと胸をなぜ下ろしもした。私の考えでは、晩年の瀧口修造老をその翻訳でわずらわして「デュシャン語録」以来のハードワークを強いてしまったような高度の韜晦をせずに、単純に子供むけに、それも物心つく直前の幼児むけにこれが編成されたら爆発的に当たったと思っている。子供むけといってもバカにできない。アリスの物語はいまだに大人が懸命に解読に努めている。その点、奈義では彼らの部屋は子供にもっとも人気がある。そして養老では歓声をあげて走り回るのがやはり子供であるから、その意図は真剣に受けとられはじめたともいっていい。

　デュシャンの呪縛から抜けそうだと私が感じたのは、自転する矢印がほどけてバラバラになってからである。矢印は動くものなら何でも代入可能であるが、この矢印が地図の上に描かれたときには、空間あるいは場所においての行動という、今度は機械論モデルではなく、都市論モデルもしくは社会行動論モデルといった集合のモデル転換がかかわっている。これは広義の心＝身問題が浮上してきたことによると思われる。ニューヨークのアートシーンは八〇年代にドイツ派、イタリア派が散発的に侵入することでつかの間にバブル的好況を呈していたが、ブラックマンデー以降、落ちこんでしまっている。何をやっても決定打はないという有様だが、そのなかで表層的な記号論から、心＝身問題を介しての物質的な存在論へと転換をはかっていることは確実で、このところ矢継ぎばやになされている六〇年代作家の回顧展では、彼らが、初期にもった心＝身問題への関心に焦点があてられている。たとえばボブ・モリスのような人でさえ心＝身問題作家だと再認定しようとしたりもするが、さらに、ブルース・ナウマンやビル・ヴィオラでさえ彼らの方法が身体を暴力的にあばきたてている側面が強調されている。

身体の行動と心のはたらきの両者を知覚の現象学でとらえようとすれば、どうしてもメルロ・ポンティにかえっていく。これもまたブームであるが、矢印がばらけた状態をアラカワ／ギンズは傾斜面や触感や錯乱する視覚や、といった異変の発生している状態に観客の身体を強制的に投入することによって、その異状を感知させる実験装置が構想されはじめた。これが一連の立体作品と呼ばれている橋や庭や家や部屋である。だが、これらは、橋や庭や家や部屋そのものではなく、知覚の現象を感知させるための実験場、つまりモデルである。彼らはこれらがニコラ・テスラがやったような強力な効果を発することを期待しているだろう。テスラは実用目的があったし、エジソンを超えたいという野望があった。その実験は成果よりも、火災が起こったり、共振で地震が発生したりといった派生した事件のほうがいま伝えられている。今日の実験場は、若干の骨折、かすり傷で、せいぜい救急箱程度で間に合う。身体に加えられる暴力については大道芸人の見世物にはとうてい及ばない。矢印は平面上に記されるだけで、痛みを伴なわない。突き刺されれば血が出るし、回転してころべば傷ができるのだが、矢印はやっぱり無味無臭でしかない。

　矢印はもともと指示記号であった。それを表現の手がかりとしてモデルが構築された。言語論モデル、心＝身論モデルがその例である。このモデルのための設計図がすなわち絵画的表現をかたちづくりもした。だが、矢印が組みたてているモデルとは、何か別の構築物のための設計図である。たとえば思考モデルであり行動モデルであり知覚モデルである。それもまた何ものかの設計図に過ぎない。このように追いかけていくと、矢印は矢印として自立させられると、無限に入れ子状にモデルを産出せねばならなくなる。とめどなくそのモデルの数が増加する。増幅と呼んでもいい。実はいったん意味を捨て去って、矢印という記号だけにしてしまうと、これはひたすらシミュラクルの増幅を繰り返していくだけでリアルな世界へと帰還できない。矢印はあらぬ方向へ向かっていくが、こちらにはもどらない。ブーメランの仕組みが挿入されてないからである。

　養老の公園が現地の人々からはテーマパークと呼ばれているのは、いまプロジェクトを着地させるには、このタイトルしかないためである。テーマパークには、モデルのモデルの……という悪循環を断ち切るためのブーメランが仕込まれている。ただ着地するためにはとてつもない犠牲を強いられる。コンセプトの九九パーセントを失う。そして、九九パーセント分の他者のシステムを受容せねばならない。リアルであることの代償である。ここで失われるもののなかに芸術的であることのすべてが含まれている。これはデュシャンが最後まで保持し得た部分である。アーレンズバーグ・コレクションとして、フィラデルフィア美術館がともあれ一室を与えてくれている。今日では芸術であることの保証はこんなやりかたでないと証明できない。だがテーマパークは美術館の外にある。アンディ・ウォーホルもジェフ・クーンズもがメディアやテーマパークから拾ってきた物体を美術館用に再加工している。この再加工の腕が彼らの芸術家としての唯一の存在理由なのだ。デュシャンの問題は、この関係ぎりぎりのところに置いた。踏みとどまったのはシミュレーションはやったがシミュラクルはつくらなかったことだ。アンディやジェフはシミュラクルをニューヨーク・アートの文脈にむけて再加工した。芸術という保守派へもどったのだ。グリーンバーグ派の軍門に降ったといっていい。だから彼らはニューヨーク・アートシーンの主役になれる。

デュシャンだって危なかった。ニューヨークの美術館がどれだけかれの作品を保有しているだろう。数えるほどしかない。重要作品はフィラデルフィアと"Tu m……"がイエールにあるだけである。彼はニューヨークに住み、神話化された存在になったとしても、ニューヨークは基本的に拒絶したのだ。シミュラクルをつくらなかったとしても、こんな扱いしか受けてない。するとアラカワ／ギンズは、シミュラクルしかつくらずに、それをリアルの手元に引きもどすためのブーメランを仕込むことにはまだ成功していない。とすれば、どんな手を打てばいい。《建築》を論じても、これもまたシミュラクルなのだ。何よりも保守的な《芸術》の枠を朴守しているニューヨーク・アートシーンがさしあたりこれを受けいれる気配はない。《建築》はニューヨークではいたってマイナーだ。私はそこと全面的につき合ってはいるが、ときたまリアルな世界のメジャーから声がかかる。こんなときはバカになって出向くことにしている。《建築》なんて語らない。語ると拒絶される。仕事を失う。その仕組みがわかっていればそれでいいと思っている。とすれば、矢印はどうしたらいい。さし当たり芸術家廃業宣言をやるしかあるまい。すると相手から寄ってくるだろう。ニューヨークとはそんなところだ。

第七章　また万博が噂されているので、ＥＸＰＯ'70の頃を想いだしてみた

民主的代議制といえばさし当たり誰もが認める原則だ。これがひとつの「計画」を推進する唯一可能な手続きであることも承知している。ファシズムが大きい誤謬であったことをさとらされた二〇世紀の中期において、たとえば国連のはたす役割が殆ど普遍的に了承されてしまっていた。

四〇年代の末期にマンハッタンに国連ビルが建設された。その計画策定にあたり、戦勝国および中立国が代表の建築家をひとりずつ送りこむ。そこでなされたのは今日でいうシャレット、つまり短期間彼らを足止めして、スケッチさせる。その結果、フランス代表ル・コルビュジエとブラジル代表ニーマイヤーの提出したコンセプチュアル・スケッチが大筋を決めた。具体的にどんな会議運営がなされたのか、私は細かくフォローはしていないが、発表された段階的な各自のスケッチやフェリスのレンダリングをみると、コルブの影響の下にキャリアを開始し、戦渦に逢わずに実務を重ねることのできたニーマイヤーが、コルブと組んで全体をリードしたように見受けられる。ＣＩＡＭといった国際会議の運営のタクティックスのノウハウがここで発揮されたのかもしれない。だが、コルビュジエはやる方ない不満をいだいて帰国する。実施設計を担当したウォーレス・ハリソンたちが自分のアイデ

ィアを盗んだといわんばかりだし、改悪したともいう。そしてアメリカ人という人種（?）に不信感を抱くことになる。ガラス張りじゃなくブリーズ・ソレーユをつけるべきだったという。サンパウロの教育文化省かアルジェのオフィス棟のイメージがあったのだろう。

国連は国際機関としてその決定プロセスは民主代議制に基づいている。総会があり、多数決される。勿論ロビーイングが日常的だ。今日事態を決定するのは代議制に基づく多数決しかないことを了承しているためだが、その決定プロセスが建物のデザインに持ちこまれると、どうなるのか。国連本部のデザインはこの決定の構造のデモンストレーションの場でもあったといえるし、民主的代議制が何ごとかを生産すると、当然ながら経てしまう決定内容の凡庸化がここにはっきりとみえたともいえる。あげくに、全員がフラストレーションに陥る。自分の全身全霊をあげて提案した案の重みは、参加者の数分の一でしかない。最高のクオリティを求めるという、極く常識的なデザインの目標は決して達成されることはない。民主的代議制がそんな仕組みになっているためだ。

一九六六年、私は国連ビルのデザイン・シャレットで多くの建築家たちが抱いたのと同様なフラストレーションを抱いて、スコピエから帰ってきた。記憶のなかでは、まるで敗戦したみたいだった。一九四五年の日本国の敗戦時は人ごとのようで、ただ巨大な空虚につつまれて、歴史が停止したという感じだったが、この場合は私は当事者であった。責任者でもあった。

スコピエ中心部復興計画は一九六三年にこの地を襲った大地震によって破壊された街の再建を、国連が主導してすすめるなかで、国際コンペがなされ、丹下健三研究室の案が一等になった。私はこの案の制作担当者であった。コンペの結果を具体化するにあたって、国連派遣の審査員団は、トウキョウ・チームを一位、ザグレブ・チームを二位にし、この両者に加えて、現地で広範な計画をつくっているワルシャワ・チームの三者の協同で、新たに実施計画を策定するようコメントしていた。つまり丹下健三研究室案は一等とはいっても、五一パーセントの重みしかない。それにポーランド勢が加わると、結果的には三分の一しか権利をもっていないことになる。

ワルシャワ・チームはワルシャワ復興計画を完了して、タイミングよくチーム解散せずにここに移っていた。彼らのやったのは戦災で破壊された街を、そっくり旧状に復することで、とりわけ街並みは昔のままにした。文字通りの復旧であり、それが主要な経験だった。

ザグレブ・チームはハプスブルグ家支配のオーストリアの伝統がある街で仕事をし、これを近代化するというプリ・モダンな都市計画手法をもっていた。

トウキョウ・チームはラジカル・モダンともいえる六〇年代の先端手法で、メガ・ストラクチュアの都市スケールでの展開を試みようとしている。私の他に渡辺定夫、谷口吉生の計三名が現地に派遣された。

この三チーム、成り立ち、経験、所有する手法、基本概念、すべてまったく異なっている。水と油である。それを一緒にして共同で最終案をつくる。内容を問わず、共同の討議で製作するという形式だけがあった。後になってみると、国連の民主代議制の原則では他に打つべき手段はなかっただろうが、芸術的視点、強いていえば文化的意図は無視される。そして地政学的な均衡が最適解とされることになる。コンペ時点で組みたてたトウキョウ・チームのオリジナルはずたずたにされ、見る影もない。議論をつくしてひとつの成案に到達するには、その議論の立脚点を共有せねばならぬのに、同等の権利を所有するものが水と油の関係であれば、多数決または妥協のあげくの手打ちしかない。反論も認められずに後は暴力しかない、というところに追いつめられる。三分の一の力ではもう手のほどこしようがないのだ。敗北を味わうことになった。これは代議制というレベルにおいて、極く普通の結果だが殆ど完全に自分の案が成立した国連本部のケースでさえコルブが不満であったのに較べれば、スコピエ計画はもう誰か他人のものになっており、不満をとおりこして敗北だった。

設計を共同討議ですすめることは、考えてみると五〇年代にはかなりファッショナブルに語られたものだった。グロピウスがTACという設計組織をつくった。それは文字通りの建築家協同体であろうと、はるか離れた日本では注目すべき設計組織と受けとられていた。設計が具体的に複数の討議によって決定されていくと解釈もされた。グロピウスをリーダーにして彼がハーバードで教えた七名がパートナーを組んだに過ぎず、ドイツ以来必ず誰かと組んできたグロピウスが、ボストンで単にその数を増やしたに過ぎない。彼の作品はパートナーの能力によってアップ・ダウンしてきたが、結果からみるとTACは大失敗で、グロピウス自身のデザイン能力までが疑われることになった。設計を民主的手続きで遂行するなど単なる幻想に過ぎなかったわけだ。

私が大学を卒業した頃、つまり五〇年代の中期に、総評会館が共同討議で設計されるというイベントがあった。まだTAC幻想があった。民主的プロセスで本当に設計してしまうという暴挙でもあったが、主として官庁の営繕部にいる建築家たちに組織事務所の末端スタッフが加わり、いたって政治的な目標をかかげながら、勤務時間外に数十名が集合して設計がすすめられた。私はおそらく最若年であったため末席にいて事の成り行きを観察し、記録することにしていた。当時ジャーナリズムで主流とみられはじめていた、丹下健三研究室の貴族的（?）なデザインを批判することが、参加者の共通した背後の意志であることが、ちょうどその研究室に身を置くことになった私には痛い程にわかったが、丹下健三自身も民衆的（?）なものの表現へと転身しつつある頃で、批判なのか同調なのか区別もつかない。ともあれ、できあがったデザインは貴族的（?）といわれた繊細なプロポーションをダサくしてしまった凡庸なもので、ここにみられた美意識のレベルはその後の総評の運命を象徴してもいた。

民主的手続きが実力のあるデザインスタッフを抑圧する。その仕組みが崩されないかぎり、民主的な設計組織なんてあり得ない。これが私が経験から得た原理だった。そこで、当時日本の近代において第五番目の世代となると自認した、私のちょっと上の世代の建築家たちが、五期会という組織をつくったが、三年程の活動の最後段階でオルグされてここに入会していた私が造反の志をいだいたのも、組織的な決定が必ず内部的抑圧に転ずることを正面きって問題にできないことに由来している。このあたりの私の視点は、最近宮内嘉久氏が五期会の機関紙から私の文章を『建築ジャーナル』に再録したものがある。私の手元にもなかった文章を四〇年ぶりに読むことができた。そのときの意向は実に常識的なもので、組織は結局いいデザインが生産できるように組みたてられるべきで、単に政治的な「手続き」だけを重視したら、凡庸化するだけだ、というもので私は組織にたいする不信感を抱くことになる。組織があるかぎり内部は政治化し、抑圧が発生する。それにこだわっては先にすすむこともできない。とすれば、自立したアーティストがひとりでアトリエを構える。建築家の事務所もそれでいいじゃないか。私の仕事場をその数年後に設立するとき、孤立を覚悟でアトリエと命名した。

スコピエはそうやって独立した後に、あらためて丹下健三研究室にもどってやった仕事であった。あげくにもっと複雑な国際的な政治プロセスに巻きこまれる。世界から知恵をあつめて震災の復興計画をつくるという大義名分は、いまでいうならばPC、つまりポリティカル・コレクトネスであり、ここに民主的な手続きが要請されているならば、この決定もまたPCである。誰も反対できないが、その決定の構造はすぐれたものを抑圧する凡庸化を必然的に招くものでしかない。アトリエという狭い枠に逃げこみ、内部的な手続きを省略し、すなわち政治的決定の介入をふせぐ。だが、ここでの生産物はひとつの案やイメージでしかない。これを具現させるには、あらためて次の段階での政治的プロセスに投入される。業界レベル、学会レベル、地域レベル、官界レベル、財界レベル、国家レベル、国際関係レベル、次々と異なった位相でプロジェクトが作動しはじめると、違った政治プロセスに巻きこまれる。相手が異なる。それと対応しなければならない。

決定的な決定などあり得ない。そして決定が政治的であればある程抑圧される量が増大する。ここに国家が加われば事態はもっと複雑になる。国際的な場において私は国連のシステムの基本的な矛盾を身にしみさせられたあげくに、ビッグ・プロジェクトといわれている多数の参加者の予定されるシチュエーションに、性懲りもなく巻きこまれる。というよりスコピエから帰ってみると、万博というビッグ・プロジェクトが軌道に乗り、走りはじめていた。そのなかで用意されていた空席にほうりこまれた、という方がいいか。

あの時期、一九六四年の東京オリンピックの成功が誰もの頭にあった。代々木の占領軍のキャンプを移転させた。その行き先と跡地を大々的に開発し、道路整備をする。その関連する開発投資はオリンピック施設の何十倍にもあたった。イベントをおこし、開発を遂行する。そのメカニズムは戦争における軍需投資と同様だが、国家的祭典という大義名分がたてばこれにこしたことはない。世界から賓客をむかえるオリンピックは絶好の機会であった。東京の中心部、とりわけ新宿・渋谷地区の今日にいたる変貌の契機はこのときにあった。

イベントは虚構である。仮定のプログラムをデッチあげ、これを開発予定地におおいかぶせる。進行が加速される。予定の期限がある。戦争はあげくに勝つか負けるかだが、イベントはまずはつくりあげ、そしてその効果、また波及効果までを測定して、判定がでる。おもてむきは観客動員数で測られる。実はその背後に開発にからむ利権がひそみ、こっちのほうがひそかな関心の対象になるのだが、おもてむきの統計にはあらわれない。

最初誰が仕掛けたのか私はつまびらかにできない。一九四〇年に東京万博が企画され、戦争によって中止されている。万博はそれまで約百年間、ヨーロッパの諸都市、とりわけパリを近代化する大きい役割を果したことは知られている。近代化の道をすすんできた日本がこれらの先例を追いかけるのは当然で、オリンピックについで万博、東京についで大阪と戦略的な配分もなされている。スコピエから帰国したとき、EXPO'70のための万博協会は発足し、大阪千里に百万坪（三三〇ヘクタール）の土地の手当てがなされ、この会場計画を東京大学の丹下健三、京都大学の西山夘三の両名が共同で策定することが決められていた。そこで作業チームが両側から編成された。私は東大側のコアスタッフに編入された。つまり私はこのときまで万博の計画については何も知らなかった。ビッグ・プロジェクトにかかわってみたいと思っていた。スコピエ行きは不毛のロシア戦線に送られた気分だった。被災地だから住居も食糧も充分ではなかったが、それでも極限状態ではなく、人並みにやれていた。ジュゼッペ・テラーニがまだ四〇歳にならないのに、ロシア戦線から正気を失って送還されたのは、戦闘の無惨さというより、極寒のきびしい環境条件だったといわれる。ともあれ彼は設計途中の仕事をかかえて現地に行き、スケッチをコモへと送りつづけていた。私もスコピエ行きの前に勅使河原宏監督の「他人の顔」の美術に協力することになっていて、現地からスケッチを送ったこともあったが、帰国したとき殆どの撮影は終了しており、充分に参加できたとも思えない気分だった。スコピエはビッグ・プロジェクトというよりも、私にとっては複数の主体が決定を行うプロセスが、論理や美意識ではなく、殆ど無関係に政治的でしかあり得ないことを身にしみて学んだことぐらいだったが、万博計画の作業チーム編成の有様をみると、もっと複雑な政治力学が働くことが当然予想もできた。いやビッグ・プロジェクトは政治力学だけで決まるのだ。名目としては共同設計であり、参加者が均等に発言し、決定に参画する。それが国家（？）的プロジェクトであるならば参加者の数が限りなく増大する。その交錯する関係をブッた切るのが政治的決定である。決して論理的な過程ではない。

丹下健三と西山夘三がさしで議論し、各自がペンをとり、スケッチを修正し合って連名のサインができるひとつの案をつくるなど、あり得ないことぐらいは予想できる。だがこの個性あふれる両建築家は彼らの個人的な能力と実績があって、それぞれが名指しされたのではない。両者は関東と関西の旧帝国大学の建築学科を代表するものとしてこの場に引きだされ、東大と京大が共同して、つまり挙国一致の体制でひとつの案が生まれたとなされねばならない。国家プロジェクトはかつてシュペアーやルチオ・コスタのような個人が総監していた。だが民主主義的な国家を標榜するかぎりにおいて、最初からの指名などあり得ない。その枠組みにおいてさえイニシャティヴを誰かがとるべきだろうが、さて、どんなやりかたで可能になるのか。それは内部的な政治、おそらく戦略と呼ばれる範疇になろう。

丹下健三の提案だったと言われているが、まず会場用地の調査と基本構想にあたる前半の作業は京大チームで、基本計画にあたる後半の作業は東大チームが担当するという段取りが承認された。既に主として関西のスタッフによって万博のメインテーマ「進歩と調和」が決められていた。近代というものに、とことん楽天的であるこのテーマは、私たちが六〇年代になって徹底して批判のかまえをとろうとしたその近代的なものの基本をあまりにみごとに言い当てている。はずかしい程だ。三〇余年後の今日、「環境主義」、「共生」がこの楽天性を継承している。何時の時代も気はずかしいコンセプトが主導するものだ。「進歩と調和」とは六〇年代の私が自らの方法を組みたてて行く過程で批判しようとした主要な概念を、ずばりいい当てている。私にとっては相容れることのない殆ど敵だった。「共生」や「環境主義」なんか単に無視すればいいと思うのと同じく、テーマなんて関係ない、と考えることにしていた。京大の西山夘三チームは「お祭り広場」という概念を提案した。〃祭り〃と〃広場〃、日本的イベントと西欧的な都市概念、これを結合させた造語は「進歩と調和」に比較すると奇妙な折衷で、東西の異なったイベント広場をイメージするネーミングとしては成功したといえるだろう。ＥＸＰＯ'70が後に残したのは、空気膜構造とこの「お祭り広場」というネーミングであったと思える程に奇妙なユニークさがある。おかげで日本中「お祭り広場」が氾濫する。

六〇年代の中期に、私は「いまさら広場なんて」と語って西欧直輸入の広場概念の不毛を訴えようとしていた。これは、広場という都市・共同体の核の空間化された概念装置、アジア的な自然発生性と流動性によって常に変形させられている日本の都市を、西欧都市概念の引きうつしでは整理できないだろう、偶発性と不連続性をこそ具体化できる都市装置の概念が開発されるべきだ、と考えていたためだが、「お祭り広場」というネーミングがもつ垢抜けない田舎くささが、都市デザインにおけるヒット商品になることをいずれ思い知らされる。〝お祭り〟という演歌的主題が根深くひろがる。マクルーハン、「帰ってきた酔っ払い」、サイケ、ハードロックといった六〇年代的な対抗概念をいくら提出しても「世界の国から今日は」とうたう「太陽の塔」の縄文コケシには及びようがない。大屋根の空気膜（障子）が『太陽の季節』よろしく巨大な塔（男根）によって突き破られた。テクノロジーの成果たる大屋根が、根源的土着アートによって切り裂かれる。そんな事件が「お祭り広場」のなかで発生したのだ。

西山夘三チームの提案した時点での「お祭り広場」は祇園祭りのような土着の祭りが催される場を会場の中心に設定することだったろう。後の段階でこの「お祭り広場」の設計にかかわるようになった私は、土着の要素を排除してあらためてテクノロジーに賭けることになるが、その前に、東西両チームの共同作業について語らねばならない。ここで私はあらためて民主的プロセスを経た決定という基本原理をめぐってきりきり舞いすることになる。

前半を西山夘三チーム、後半を丹下健三チームが作業することにしたのは、最後に笑う、ことをねらったわけではない。最後に笑ったのはさらにその後に参入した巨大コケシであったのだから、これは単純に衝突を回避するといった程度のことだったと私は理解していたが、ビッグ・プロジェクトではいつも背後にきな臭い噂が流れる。そのひとつに西山夘三氏の政治的立場を関西財界が嫌って、早く降板する機会をつくるためにまず先発させ、そのリリーフが勝利投手になるべく段取りをつくってあった、というものである。開催場所は大阪である。元来、関西系のスタッフでとりまとめればいい。京大のスタッフがテーマにつづいて会場計画を仕切っていいはずだ。にもかかわらず、東大チームがフォローしている。そのねじれは、万博開催が元来都市であるというヨーロッパの伝統的なしきたりが通用せず、つまり都市にかわって国家がしゃしゃりでてくる。内閣に万博担当大臣がつくられ、財界の長が会長に就任する。つまり国家的祭典が、万博を日本が受容し具体的に推進する過程で型をなしてきたのである。日本に都市という文化がなかったためで、すべては中央の集権国家が取りしきる。オリンピックは東京であるためにその仕切りが明らかにみえなかったが、万博が大阪であったことで中央政府のある東京そして東大の立場が明瞭にみえてくる。そして国家予算に万博関連の予算は組みこまれた。

国家予算が使われているということは、当然政府官庁がうごく。堺屋太一が官側でこの万博を最初に発想しプロモートしたといわれていたが、彼の所属した通産省が主導していた。万博協会の事務局の人事も通産省のものだった。ところが会場計画の基本構想ができあがるころ、重大な変動があった。事務局長が自治省系となり、建設省から多くのスタッフがここに送りこまれた。通産省は引き下がり、建設省がおもてに立ち、それをとりまとめる自治省が上に立った。この過程で主導権を握るための暗闘があったと聞いた。このような実行組織の変動は、おそらく東大・京大という東西の学閥の均衡が考えられた時点で予測されたのだろう。万博やオリンピックの国際的な開催基準がこの国では簡単に通用せず、国家の貌があらわれる限りにおいて、一極へと見えないかたちで収斂していく。権力がイベントを支配するための基本構図がここにあらわれる。

「お祭り広場」を中心に置くという西山夘三チームの構想をうけて、丹下健三チームがこれを具体的なプランにおとし、基本計画にする作業をすすめることになった。私にはコアスタッフのひとりとして、この基本計画をまとめるプロジェクト・アーキテクトの役が割りあてられた。

戦後、日本では大阪万博にいたるまで、ビッグ・プロジェクトと称し得るものは、高蔵寺ニュータウンと筑波研究学園都市の二つしかなかった。もし、これらのプロジェクトの成立過程を研究するならば、学界・官界の殆どすべての関係ある専門家が委員会に名をつらねているのを見いだすだろう。これらの人々が現実のプランに具体的にかかわっているわけではない。委員会に出て、何かしゃべっただろう。アイディアをいったかもしれない。だが、その取捨選択をしているのは、担当のスタッフで、背後の親元の意向がさまざまに働いている。そして学界・官界の総力を挙げたプロジェクトとして記録されている。おそらく各自のキャリアにもなる。

実は万博の計画も似たりよったりなのだ。とりわけこれが国家的プロジェクトとして進行しはじめてからは総花的に多数の委員の名前が記録されている。私は実行部隊の班長のようなものだった。それでも前にやられた二つの国家的プロジェクトとはまったく異質の催しもの会場を「計画」せねばならない。六ヶ月間地上に現れ、消えてしまうひとつの都市。エフェメラルな都市を構想する。推定入場人数は四千万あまりと仮定された。当初はもっと少なかった。その数字をはじいた学者は理由もなしに間違いを犯したとののしられた。そしてオフィシャルにこの数字が採用されたが、その数字がないと、会場の規模もアクセスする交通計画もすべて成り立たない。作業チームにはこれが与件として与えられる。予算がこの数字を手がかりに組みたてられているためだ。

計画するとは、虚構でしかない、という自明の理を私はこの入場者数算定の過程で学んだ。予測は原単位のとりかたでも、交通発生地点のサンプリングでも、可能な交通手段の採否でも、すべて変化してしまう。誰かが決めるのだが、彼または委員会が確証をもっているわけではなく、ぶったくりの仮定である。つまり政治的決定がなされた政策的な数字なので何の根拠もない。計画をシミュレーションしながらすすめるとき、その根拠のない数字に基づいて、演算する。根拠にし得るとすれば、百万坪あればいいだろう、と誰かが決めて手当てした会場用地だけである。端数がないのでつかみやすい。だがこれを枠組みにして分割をはじめると、無限に端数が生まれてくる。その無意味な数字をひたすら操作しているのが「計画」なのだ。虚構である。入場予測四千万はこの百万坪と同じくひとり歩きをはじめた。そして唯一のリアル、つまり現実的な数字は、最終的に入場者数が六千万を超えたときに決まる。予測をうわまわる大成功だった、と語られることで、予測に失敗した研究者はとがめられず、全員がにこにこする。四千万でも失敗したのだ。政策的数字も間違っていた。一日の入場者数がピークに達したときに会場整理という名目のセキュリティ部門があわてただけである。すべての計画数字には一定のアローワンスがあり、倍の数が来館しても並ぶ時間で処理できる。そこで大国、アメリカ、ソ連、日本の三つの館の位置をマグネットとして働くように端部に配して、人の流れの分散をはかる。のこりの国や民間のパビリオンは実はこれらの大館の参道だった。

四千万（実は六千万）の人間を六ヶ月間で動かしてみる、といった会場の計画論はそれまでなかった。二つのビッグ・プロジェクトも参考にならない。そこで虚構であることを手がかりに、いっそう虚構を組みたてる。妙なことにここで作成されつつあった会場計画の案がメディアの関心の的になっていた。この案は秘密に作成されねばならない、もうひとつの理由もあった。東大と京大と二つのチームがおもて向き協力して、共同の成案をつくるといいながら、先述した噂がメディア間にひろがり、両者の対立をスクープしようとジャーナリストたちが私たちの作業場を取材しはじめていた。東大側で作成した案は、何よりもまず京大側の承認を得ていなければならない。もしスクープされると、東大が意図的に未承認のものを流してイニシャティヴをとったとみられる。そこで私は作業中の図面をいくつかに分解し、どのひとつが抜かれても全貌がわからないようにしておいた。そしてまとめた案をかかえて、北海道に休暇旅行中であった西山夘三教授をおっかけて旅先の宿でやっと説明をした。

最終承認は、すぐにひらかれる合同会議で行われるという言葉をとりつけて、とんぼ返りで仕事場にもどったところ、きれいさっぱりとその案は朝日新聞の一面トップに図面入りで抜かれていた。

図面はバラバラになっていたはずだった。合成されていた。九〇パーセント正確だった。やられた！と思いながらも普通では合成できないのに、何たることかと、一〇パーセントの不正確な部分をたぐっていくと、誰かプランのちゃんと読める記者が断片を集めて、不明のところを推定でつないでいる。担当でもないのに、一度だけ仕事場に姿をあらわした坂根厳夫の顔がうかんだ。卒業した母校にちょっと遊びにきた、といった風だった。プランが新聞に載っても別に意味もなかろうにと思ったりしていても、何しろ一面トップなのである。大スクープだったに違いない。この記事をみた関西側からさっそく疑心暗鬼の問い合わせが舞いこむ。意図的なリークだろうというのである。学閥間のイニシャティヴ争いに格好の材料を提供したことになっている。たったひとつの逃げ口上は、私が西山夘三教授を追っかけて北海道までいっていたという事実であった。

ビッグ・プロジェクトは政治力学によって進行する。民主的決定なんかのぞめず、政治的な決定しかない。そんな進行の末端にいると、ときに綱渡りのようなスリルを味わうこともある。懐かしい想い出でもあるのだが、これもまた政治力学にうごかされ、走らされていたに過ぎない、ともいえるだろう。

洪水の記憶

建築のデザインにおける〝前衛〟が初期の近代建築の時代のように機能しなくなる兆候がみえはじめたのは六〇年代の中期である。アンドレア・ブランジのこの仕事は、その時期以来、ミラノにおけるデザイン上の数々の試みが、〝前衛〟を終結させる過程で、はてしない未知の荒野にまず踏みでていくような過激性を備えつづけていることを立証しているようにみえる。その活動はミラノという地域に限られていても、影響は世界的なひろがりを常に保ちつづけている。

元来〝前衛〟はひとつの集団の先頭にたって、運動の方向をきりひらくものであった。これは、近代社会が自らの終焉を先のばしにするために仕組んだメカニズムで、明瞭に進歩の概念と結びついている。

近代建築はその出発の時から、目標をテクノロジーの開発と、ユートピアの達成にむけており、〝前衛〟がその方向づけの役割を担わされていた。だが、そのような役割を〝前衛〟がもち得たのは六〇年代の初期までであった。このとき殆ど最後の企図として、東京、ロンドン、ウィーンなどで若い建築家たちが未来の都市にむかって、ユートピア的な技術的提案を組みたてた。私自身の建築家としての出発もそのなかにあった。

彼らのなかの幾人かは、既に未来がバラ色ではあり得ず、テクノロジーが破壊的であり、ユートピア的と思われていた住居も、人間が蟻や蜂の集団のように群がるに過ぎないことに気づいていた。そしてこれには近代建築にたいする根底的な批判が必要であるとも語られはじめていた。

一九六八年のトリエンナーレは、世界中からこの過渡的で、末期前衛的な提案をあつめたのだが、その会場が開会と同時に当時パリに端を発した異議申し立て《コンテスタシオン》による文化革命の波に巻きこまれて占拠されてしまった。

私は当時日本において、〝芸術の廃棄〟にいたるラディカルな言説に同調しながら、一方ではテクノロジーを駆使して、野外ページェントのためのロボットを組みたてるといった矛盾した立場にいた。そしてトリエンナーレにたいしても、テクノロジーにひそむ暴力性を抽出するという仕事を出品していたのだが、その意図とは無関係にトリエンナーレという産業社会が生みだしたデザインの交換の場、という制度そのもののなかにいることによって、ひとまとめに占拠され、否定されるという経験をした。

禅で使われている言葉を借用すれば、これは私にとって痛烈な一撃であった。すなわち、禅の修業中に教師はその学生に新しい世界を理解させるために、数々の難問を与えて、ダブルバインドの状態におとしいれる。そして頭脳を空虚にすることを要請するのだが、多くの場合過去の知識にさえぎられて真の空虚には到達しない。その時教師は無関係の言葉を用いて、ときには肉体的に暴力をふるって痛撃するのである。その瞬間に学生は空虚を感じとり、過去の知識のしがらみから逃れることができる。

〝前衛〟がきりひらくことによって展開してきた近代建築の連続した運動は、世界中をおおったこの異議申し立て《コンテスタシオン》によって決定的に変質していったと私は考える。後に、私は一九六八年が一五二七年のローマの却奪《サッコ・デ・ローマ》がルネサンス建築に与えた影響に比較できる程の日付をもつに違いないと考えるようになったが、その渦中にあっては見透しもない。ただあの一撃から立ちなおって、私は占拠に賛同する署名をした。自らの仕事を封印してもいい、と考えたからだが、そのとき署名簿のなかで記憶に残ったのが"ARCHIZOOM"。アンドレア・ブランジがその一員であるとは私はまだ知らなかった。異議申し立て《コンテスタシオン》の一撃のあとに、私は近代建築を支えている規範の解体作業をすすめている建築家たちの仕事に注目することにした。そのなかにかつての〝前衛〟的思考から絶縁して、極端なラディカリズムをあらわしているふたつのグループがあった。いずれも、フィレンツェを根拠にしていた。スーパースタジオとアーキズームである。

彼らの仕事に共通していたのは、既存の建築の概念にたいする根底的な批判である。スーパースタジオはデザインされた物体が否応なく所有させられる独自の意味性(それこそがこれまでの近代デザインの目標であり、存在理由でもあった)の発生を否定するために、物体のすべての表面を完全に中性的なグリッドの連続で覆いつくした。そしてこの中世的で透明な物体を無限に延長して、都市、地球を越えて、宇宙空間にまで拡張して「コンティニュアス・モニュメント」と呼んだ。

一方アーキズームが同じく無限連続の中性的な建築「ノー・ストップ・シティ」の計画案をつくっている。ここには、駐車場、住居、事務所などが人工的な空間として層をなし、あたかもスーパーマーケットの内部を思わせるような光景として、つらなっている。自然光にたよらないために、規制の建築形態の枠をはずれて、異様な集合体にまで成長することになった「ノー・ストップ・シティ」は要素の構成、生産、統合、交通、交換の形式はあくまで近代建築の展開を支えていた合理主義の直接的な産物である。その間で均衡を生みだそうとする自然主義的な制約を解除してみたときにあらわれる、恐ろしいまでに均質な都市である。

スーパースタジオは細部の消去によって、建築的物体をむしろ聖化する手段を選んでいる。そこで連続していく建築は容易にフラワー・チルドレンの求めたニルヴァーナ状態へ近づく。建築が自然と合体し、飽和してしまう。だがアーキズームの「ノー・ストップ・シティ」はいっさいのファンタジーが禁じられてしまうほどの近代的合理性の究極状態を示している。その合理主義に突き動かされながら展開し、その生産システムもまた同じ合理主義が貫通してしまっている現代の状況を、逆手にとって裏返してみせたのである。黒いユーモアがあふれていたといわねばなるまい。

飽和状態にいきつくにせよ、超均質的展開にいきつくにせよ、ここに提出された都市の貌は、近代建築が捜しつづけていたような自然主義的なユートピアではない。むしろ未来という悪夢を一瞬かいまみせることによる徹底した近代建築批判であったというべきであろう。

フィレンツェ大学を一九六六年に卒業したこのふたつのグループが提出した建築が、いずれも無限に連続していく形態をもっていることは同じ年にフィレンツェをおそった大洪水の記憶と体験がひそんでいるのではないか、と私は推量する。このとき、ルネサンス以来の文化の象徴であった都市の中心部が水底に沈んだのである。均衡のとれた美と典雅《エレガンス》に満ちた都市が、突然の異物の流入によって泥のなかに埋まったこの洪水は、物理的に組みたてられた文化でさえ、一瞬のうちにカタストロフをむかえるかもしれない、ということを象徴する事件であった。そしてあの「コンティニュアス・モニュメント」も「ノー・ストップ・シティ」もいずれも現代都市へむかって、破壊的な攻撃を加えるような建築的概念であると同時に、そろって均質で、手におえないような無謀な侵略をくわだてているエンドレスな物体であるところは、洪水の乱入とまったく同様ではないか。むしろ両者とも、洪水のメタフォアとみてもいい。彼らにとって、おそらくこの洪水はあの禅の一撃ほどの衝撃を与えたにちがいあるまい。

　アンドレア・ブランジが七〇年代の中期からミラノにおいて、エットレ・ソットサスJr.やアレッサンドロ・メンディーニたちと推進してきた新しいデザインの数々の実験には、この「ノー・ストップ・シティ」にみられた狂気にいたるまでの無限の拡張や、既成概念への攻撃的侵犯、そしてたがをはずされた合理主義がたちいたるアナーキーな多様体、といった特性があらわれる。具体的には対象は、テクノロジー、物体、表面、色彩、素材、衣服、など環境を形成するあらゆる要素である。それをひとつずつ裸の状態にもどして、新しい視点からとらえなおす。そのときもっとも有効な手がかりとしているのは、たがをはずされた合理主義と私が名づけておきたい批判的方法である。デザインの概念そのものも実は近代建築の運動のなかから生まれてきたもので、深く、合理主義的思考に支えられている。そのように形成されている近代建築や近代デザインに批判を加えようとするときに、使用できる手段もまた合理主義的なものしかない、という難題《アポリア》に私たちは必ず逢遇する。

それは、いま言語を支えているロジックの組みたてを批判するのに、やはりそのようにして生みだされている言語を使うしか他に接近する方法がない、という矛盾を今日の思想がかかえているのと同じ状態である。そこで、アンドレア・ブランジたちは合理主義的に生産された物体をその合理性がおさめられていた枠をはずして、ときには狂気にいたるまでその合理主義を拡張する。そのあげくに過剰や境界の侵犯が発生することが期待されている。それはメンフィスやアルキミアの活動が国境を超えて、世界に影響を与えていることをみても明らかである。

この運動は、もはや〝前衛〟でもなく、〝ラディカリズム〟でもなく、批判的合理主義といえるような段階に到達していると、私にはみえるのだが、それよりも私はアンドレア・ブランジたちのあの侵犯の根源的なアイディアを洪水と結びつけておきたいのだ。あの洪水はもろもろの旧い文化、すなわち近代建築、近代デザイン、合理主義を生んだ西欧中心主義にひそむロジック、そしてすべてのエスタブリッシュメントたちへの侵犯の開始を象徴していたのではないか。その実験は殆ど二〇年間にわたってたゆみなくつづけられてきた。

洪水がはてしなくつづくもののメタフォアであるように、その実験もおそらくエンドレスなのである。

第八章　万博アート（？）の頃を想いだしてみた

――それは、一九七〇年四月二十七日、大阪・千里丘陵での出来事であった。世紀の祭典「日本万国博覧会」もたけなわの春の空の下、万博のシンボルである太陽の塔は、前日から赤軍派を名乗る赤いヘルメットの覆面男によって占拠されていた。その太陽の塔の直下を、今度は全裸のサングラス男が、性器を露出したまま十五メートルにわたって走り抜け、たちまち機動隊に取り押さえられたのであった。（椹木野衣『日本・現代・美術』／新潮社／一九九八年／p.174）

椹木野衣は、伝説的ハプナー・ダダカンこと糸井貫二の起した事件をこう紹介したあげくに、目玉男（赤軍を名乗る男）・爆発男（岡本太郎）・全裸男（ダダカン）が一堂に会したこの日を「戦後史において記念すべき日」と記している。

あの会場には何でもあった。何がおこってもおかしくなかった。日本総人口の半分が訪れたのだから、何でもよかった。花ふぶきの散った開会式には天皇が臨席していた。これが紫宸殿前庭ならば、さしづめ伶楽の演奏にはじまり、伎楽面が登場しただろうが、岡本太郎の太陽の塔、丹下チーム設計の大屋根の下での不細工なテクノロジーの産物に取り巻かれている。巨大ロボット、デメ・デクが霧を吹いて前進する。ヘラクレス像に起源をもつ、ア・ウンの力士像の代理とみてもらう他にない。ゴジラを持ちだすのがはばかられただけで、これは巨大な塔に化けている。

私はこのとき会場演出指令塔の役割をになうデクのなかにいて、進行が技術的な事故でとどこおったときの対策に走ることになっていた。「お祭り広場・機械諸装置」を提案し、その設計者になっていたわけだから、逃げることはできない。

地上三〇メートルレベルに都市スケールをもつスペースフレームを浮かせる。建築を都市のスケールに拡大する提案は、それまで十数年ほどにわたり繰返しなされていた。世界中どこにも実現しなかった。それをはじめて立ちあげることができる。万博にかかわるあらゆる批判を超えて、それでもこのプロジェクトに参画することを自分自身に納得させ得るのは、こんな慾動しかない。実験という言葉の響きが誘惑する。万博が日本の国威を発揚する体制側の祭典であるとはあらゆる機会に語られてきた。私は論理的には理解でき、むしろ同調していた。だが万博の制作に参加すること、そこには十数年にわたって夢みたものが出現するかもしれないという避けることのできない誘惑があった。いまになってあの頃の気分を想いだしてみると、仮に私が企画や制作の外部にいたならば、論理的に正当化し感情的に反発しただろうが、実情は逆で、論理的に否定しながらも熱に浮かされたように感情的には理屈を超えて没頭してしまった。だから屈折した。会期が過ぎて、つまり熱が冷めてから書いた文章はアンビバレントだ。私は「戦争遂行に参加した気分」だったと書いたため、長い間揶揄された。

実は開会式前夜、翌日すべてのメカニズムが充分に作動するかどうか、点検のために、お祭り広場のすみずみを駆け巡っていた。三月中旬だったのに、何故か寒波が襲来して、雪が舞った。勿論ここは半戸外で、暖房などあるわけがない。五年前、冬のスコピエに滞在していたときに買い求めた、鞣しが不足して、妙な臭いののこる羊の革を着こんではいたが、元来南方向けの体質は寒さに弱く、全身冷えきってしまった。明け方大阪の宿に帰りついたとたんにギックリ腰。製図板にむかってかがみこむ姿勢のため、あの頃は建築家の職業病といわれていたので、軽い兆候を私はもっていたが、このときは強烈だった。ベッドから動けなくなった。だからデクのガラス窓ごしに開会式をみる機会を失った。TVの中継をベッドからみていた。アナウンサーの解説が腹立たしかった。「世界の国から今日は」の歌が流れる。私はこのときに、本当に「熱」から冷めた。

オッペンハイマーの伝記や原爆製造秘話のような本を読んで、科学者たちが原爆をつくりだしていく政治的メカニズムに万博を重ね合わせてみたりした。純粋な科学的研究が、人類を破滅させるような凶器を生みだしていくのに比較すれば、万博では死者が増えたわけではなく、単純ににぎやかなお祭りに過ぎない。たわいない。お遊びだ。テクノロジーをエンターテイメントのゲームに変える程度だ。あのときはロボットだったが、いまではポケモンになっている。原爆とはちがうじゃないかといわれても、その制作に巻きこまれているサイエンティスト、エンジニア、アーティストたちの心情は、結局、同じなんだと私は想う。いまでは遺伝子操作競争に巻きこまれるのと似ているのだろう。建築家にとって、難民救済に走るのと、インターネット関連企業家の超豪邸のメカの開発を進めるのとは、未開拓の領域にチャレンジしている点においては変わらない。ここには作品の良し悪しなどの評価の基準は存在しないのだ。美的価値と倫理的価値の相違でしかない。どちらにもころぶ潜在的な関心をもっているのが建築家だ。科学者も同様だっただろう。原爆製造に参画した科学者たちのうち、何人かは次なる目標、水爆の開発に参加を拒否している。あるものはスパイとして情報を流して、核抑止を対立的均衡によってはかろうとした。いずれにせよ、魔物をひきだしてしまったことに驚いている。蓋をみつけたら開けてみたくなる、子供っぽい心情だ。が、それが曲者。

ポリューションの発生、原発事故、テクノロジーが暴走して人身事故になったときには叩かれる。それまでは黙っている。黙ってやり過ごす処世術を身につけた連中は生きのびる。変わり身の早さが競われる、そんな時代もときどきある。

ロボットが日常生活に入りこむだろうとは、三〇年あまりを過ぎた今日では常識化している。TVのポピュラー番組でさえとりあげられる。六〇年代でロボットの日常化を考えるのは殆ど映画の初動期にメリエスが制作した月世界旅行に近かった。空想が何かを創りだす契機になるとはいわれていても、それをやりはじめた当人は手さぐりで不安きわまりない。だが、ロボットという発想は一九三〇年代にカレル・チャペックによって既にリアルな社会的現象として記述されていたし、六〇年代にはオートメーションの生産ラインのなかに入りこんでいた。建築家の発想するのは、それがいかに住居生活化《ドメスティケーション》するか、という狭い領域にかぎられている。そこでアシモフをはじめとするSF作家たちの未来世界でのロボットの発達史が記述される。六〇年代、私は濫読の悪癖をつけはじめたが、その頃はSFで、原書は手間がかかるのでハヤカワ・ノベルなどで翻訳されたものは残らず読んだ。万博の会場の準備会議や工事現場に行くため、東京・大阪を往復するその新幹線のなかでいったい何冊こなせるかが、私の密かな目標でもあった。そのうえで、NASAのあるヒューストンにでむいて、PR資料をビデオとともに可能なかぎりあつめ、あげくにロケットの打ち上げをわざわざ遠望しに、ケープ・ケネディにまででかけるといった無駄をやって時間つぶしをやり、キューブリックの「二〇〇一年宇宙の旅」の衝撃から、SFはアーサー・クラークただひとりで充分と考えて、他のSF本はいっさい本棚からはずして段ボール箱にぶちこんでしまったりしていた。

そのうちアーサー・クラークの地球外超頭脳は、北京原人の研究者でもある考古学者にしてカソリック神父であるティエール・ド・シャルダンの『現象としての精神』に描かれている、百万年後に地球上生命体の精神が集合化し一体化するオメガ点を可視化したものに過ぎないと思うようになった。この『現象としての精神』は一九六〇年のちょっと前ぐらいの頃、私にとって、ダーシイ・トムソンの『生長と形態』とともに二つのバイブルであった。いまから考えてみると魅力的にみえた両書とも、一種のダーウィニズム的な進化論の枠内にある。ダーシイ・トムソンは生長と進化を同じものとみている。そして形態の連続性をトポロジーを用いて説明する。この進化過程に機械論が加わればロボットに転化する。いやこれは私の強引なこじつけだけれど、私の読書法はいまでも変わらず、無縁なもの同志を連結してハイブリッドを生みだそうといつもやっているらしい。一方のシャルダンは精神＝意識が宇宙のなかで共通の海に浮かんでいるとみなしている。だから容易にユング派とつらなる。おそらく、精神＝意識のありかたは、古来よりの宇宙論的思考ではいずれの文明にも共通したものに違いなく、それを生命と呼んだり、遺伝子情報と呼んだりしているのだろう。共通感覚や知覚の共同性を語る人たちが立脚しているのもその意識（生命）の海なのだから、あとはこれは身体的に接近する手段を開発するだけで、シャルダンはこれを進化の樹にたとえたが、アーサー・クラークはもうできあがった宇宙超生命体に見たてている。それが地球を訪れる。仕掛けは簡単明瞭。ナラティブがはっきりしてないと、メディアは喰いつかない。つまり超越者が導入されたことだ。神として長期に作用しつづけた超越者がいったんは消去されたが、復活することは予定されていた。「二〇〇一年宇宙の旅」では、それがプライマリー・ストラクチャーの姿をしていた。シーグラム・ビルみたいな直方体。まあ、御神体と呼んでいいか。その探索に木星にむかう宇宙船。あれは遺伝子のメタフォアだった。そこに搭載されているコンピュータ・HAL。あれがアーサー・クラークのすべての物語に共通する超頭脳のシミュレーション・モデルであることは明瞭で、これを人間が制作しながら主人としての人間を裏切るところが、シナリオになっている。もうひとつ映像としてみえているのが、「ポット」と呼ばれた船外機。一人乗りの小型の作業船で、ロボット・アームをもっている。いまでは宇宙遊泳をしながら手動で作業するけど、いずれ巨大な宇宙船の組みたてを宇宙空間でやるならば、こんな工作機械が必要になる。そんな先駆的なイメージだった。

ここでちょっと話がとんで「パラディアム」(一九八五年)になると、この旧い劇場を改造したディスコテーク、ダンスフロアの仕掛けに二つのアイディアが導入された。ひとつはバリー・ライト。このときにやっと開発された。いまでは、どんなコンサートにもこの類似品をみることができるが、当時は何台もなかった。ロックミュージシャンの取り合いだった。これを常設すること。音響のリズムに光が同調できる。もうひとつはマルチスクリーンを空中で動かすこと。二四台の大型TVモニターを組み合わせて大スクリーンにし、巨大なアームをつけて、ダンスフロアの上で動かしてやる。これが二枚あった。あの宇宙船外機「ポット」のアームと同じ。いやお祭り広場・ロボット「デメ」の二本のアームに宙吊りするものだった。

製作する工場を捜すのが大変だった。アメリカには奇妙な人間がいる。「パラディアム」の場合にこれを製作してくれた小さい町工場は、NASAの宇宙船に採用されたロボット・アームの製作者だといっていた。いまでいう小さいベンチャー企業、というより、ひとりの変わった発明家のような男がいて、動く機械の製作に関心をもっており、いつの間にか町工場規模の機械製作場をもっていた。こんな具合のようだった。この手のアーティストに私は数多く逢っている。何故か日本では型にはまってしまうのだが、彼が製作するものが、実用品にも芸術作品にもなる。社会的にそれが置かれ、そして論じられるときに、どんな文脈にいれられたか、これで実用にも芸術にもみられる。プロダクト、あるいはクラフトのありかたもどっこいどっこいだが、何故か日本では芸術的価値をつけると犬のメシ茶碗でさえべらぼうな値段がついたという茶の世界の伝統があり、これに近代が生んだミュージアムという制度がのっかって、価値の体系がつくりあげられているので、人間国宝のようなふるまいをやると有難がられる。そんな風土と比較して、あの宇宙船のロボット・アーム製作者は、単なる発明狂のようにみえるが、私にはこれがあたらしいタイプの職人に違いないと思えたのだ。というのは、「デメ」「デク」の製作についての長い裏話を私はもっていたためである。

アーキグラムは建築物を動く機械にしようとした。ロン・ヘロンの「歩く都市」が代表的だ。建物を昆虫の変態のように姿態を変化させる。モバイル・ハウスは単純で自動車に建物を組みこめばいい。彼らとつき合いはじめて、なんだ日本の方がアイディアは先だ。葬式自動車がある、などといって写真をみせたりしたが、驚く気配はなかった。飛行船、いやモンゴルフィエールの方がゆったりと生活を運ぶじゃないか。「機械としての住居」という概念は既に消費されてしまっていた。住居が機械で構成されるといっても、これはスタティックに置き物をつくるに過ぎない。住居の形態なんかどうでもいい。日常生活のなかに機械が侵入していくことのほうが、重要課題になる。動く機械のドメスティケーションというべきものだ。機械は積み木と違って元来作動している。生活のオートメーション、つまり家事労働の省力化、一九三〇年代に、それより前は最小限住宅をトピックスにしたのにたいして、台所の省力化さらには労働自動化へとむかった動向があった。二〇世紀の住居革命は、機械のドメスティケーションによる家事労働の省力化にあったわけで、この問題構制の延長上に、家事ロボットが主要テーマに浮上していたわけだ。部屋が機械化される。あげくに建物の全部を機械化しろというわけで、二〇年代の「住むための機械」にたいして「機械のドメスティケーション」が六〇年代の新しい課題となっていたというべきだろう。ロボットは当然のなりゆきとして登場してくる。

勿論日本という高度成長を開始した場所において生産ラインの自動化が早くから考慮されていたから、当然ロボットを組みたて製作する技術の蓄積はあったと私は考えていた。そこで、「お祭り広場」の諸装置を提案する。いざ製作となって暗礁にのりあげた。受注してくれる相手がいない。自動車の生産ラインにかかわっているような製作所は受注がライン化していて、こんなお遊びにつき合う暇はないといった風情。車輛の製作工場に風変わりな人物がいた。車輛はマスプロダクションじゃない。常にカスタムメイド。つまり、毎回白紙の状態から生産をはじめている。たった一品の、しかも無用の長物のお祭り広場・ロボットはこんな工場で製作された。ここには台車があったからだ。二足歩行はとうていおぼつかない。車椅子に乗っているとみなければならない。そこで、たまたま投光器室を二つのプラスティック・ボールのなかにいれてあったのを「デメ」、そして指令塔とはいうものの、単に立って水平にうごくだけ、これをデクの棒にひっかけて「デク」と呼んだ。

もうひとつ難問があった。電源である。この巨大機械をうごかすのに、バッテリーは無理。結局のところ電線によって補給しなければならない。電線がない限り動けない。なんだ猿廻しのヒモじゃないか。ついでに大屋根から逆さ吊りになり、移動しながら特定の位置で照明する装置をハンギング・ロボットと呼んでおこう。長谷川等伯が描いた手長猿。やっぱり猿か。

機械装置などと呼ばれる無機物とつき合っていると、こんな具合のジョークでも言い続けてないと息苦しくなってしまう。言いすぎると信用されない。何億という数字の金額で制作が発注されているわけだから、設計は真面目な顔をしてやっていないといけないのだが、ロボットが真面目なテーマであるとも思えないし、擬人化が不充分だから、自嘲的に猿へ比喩をズラしてみたところであんまり変化はなかったかもしれない。何しろこの広場のド真ん中には大コケシ、太陽の塔がどっかと立っているのだ。爆発男と呼ばれるのは後年のことで、太郎さんのアトリエには私が大学を卒業した年から出入りしていたし、理屈を超えた塔の存在感に、正直なところ周辺の関係者はかなりヘキエキしていたことを私は知っていたから、大猿小猿が走り廻ることなんかゴキブリ程度であることも予定のうちではあった。まあ、それでも猿廻しよろしく霧を吹いて前進してきた。一応立ち上がり、その胴体から小学生たちがとびだしてくる。すべてが幼稚極まりないが、これが新年の皇居参賀のような祝祭的演出(いったい誰がやったのか。)らしかった。

目玉男、爆発男、裸男の出逢いの日も、私はまだベッドから起きあがれないまんまに、この事件を小さい新聞記事で読んだ。六〇年代をつうじてヘルメットが戦闘服の代理だった。一九五二年の血のメーデーの頃はデモ隊は学生帽で一方的にブンなぐられるだけだった。六〇年安保闘争のときに、東大の建築科の学生が工事現場からヘルメットを調達して着用したのが、街頭デモにヘルメットが登場する最初だった。六〇年代の街頭戦ではこのヘルメットの色が所属部隊をあらわしていた。黒澤明の「影武者」で風林火山のそれぞれの部隊の旗指物を色彩で統一してあったけど、あのアイディアは、六〇年代街頭戦のヘルメットに由来するに違いないと私は見当つけている。いくつもの部隊が行進するときに、敵味方一様に迷彩服では面白味がないじゃないか。赤・白の旗指物で源平が衝突した宇治川の合戦では、多くの見物人がこの戦闘を周辺から眺めていたという記録が残っている。近代戦についてばかり学んだ私は、見物人のいる戦闘なんて信じられないと子供の頃思っていたけど、赤ヘル、青ヘル、黒ヘル、白ヘル（何故か黄ヘルがない。中国的感覚からすれば最重要な色の欠落だ。）が交互に練りだしていくデモを六〇年代の末期に、見物人になってみていたとき、宇治川の合戦の見物人は確実にいたのだ、あの記述は史実（?）なのだ、と思いついた。黒澤明の風林火山は、だからデモ隊なのだ。戦闘場面は面白くない。丘を駆け下りる隊列が練り歩く。ヘルメットのデモ行進だ。ついでながら、赤軍派もまた、東大建築科から分かれた都市工学科に誕生した。世界初のハイジャックの謀議もここで企画されたと聞いている。「乱」はリア王を下敷きにしたのが見えすぎてしまった。私はもし勝新太郎がケンカしなくて主演をやれたら、そして武満徹がこのときに音楽をやったら、「影武者」は「戦艦ポチョムキン」「市民ケーン」に並ぶ映画史上の傑作になれたのだといまでも思っている。そんなことにかかわりなく、あの映画は六〇年代末期のヘルメットの隊列の壮大な記録とみていいだろう。

裸男の出現は驚くに足りない。六〇年代をつうじて私は何度も目撃した。その最初を見逃したのが心残りだ。街頭にヘルメットが出現する頃、ウィリアム・クラインという写真家がＴＯＫＹＯに来た。モヒカン刈りの篠原有司男のボクシング・ペインティングのシーンが記録されている。このシリーズのなかに土方巽が全裸で銀座四丁目の地下鉄の検札口を駆け抜けるシーンがある。素裸で街頭を走るストリーキングが全世界的に流行するもっと昔のことだ。一週間後にその撮影がなされたことを聞いた。私は知っていたら見物人になったのに、とジダンダを踏んだ。その二年後に、私の自宅で、モヒカン刈りのギューチャンこと篠原有司男と、この土方巽が全裸で屋根にのぼり、パトカーの到来となり、私は翌朝警察に連行された。しどろもどろであったが、公衆の眼にさらされた全裸をいかに弁護するか。こんな経験もあったので、ダダカンが走るのは当然のようにも思った。大きい違いがあるとすればそれは単なる公衆の面前だっただけでなく、一ヶ月程前に、天皇が歩いた道だったということだ。

大阪のＥＸＰＯ'70は、日本という国家が敗戦後四半世紀を経て、完全に復活したことを象徴的に世界にむけて誇示した祭典だったといわれていた。政事と祭事がいずれもマツリゴトと読まれるのは、政治は祭典によって可視化されるためであり、そのために広場が用意されていた。モスクワにも北京にもあった。いずれベルリンへ進出する前史としてニュールンベルグやミュンヘンがあった。だから、ＥＸＰＯ'70に「お祭り広場」があったことは理にかなっている。西山夘三の命名は正解だった。その広場横の塔がいまふうにいえば、ハッカーたちによって撹乱される。そのハッカーたちの鬱屈した気分こそが、あの六〇年代前半のネオ・ダダや暗黒舞踏などの反芸術家たちが抱えこんでしまったものだったろう。彼らを私は岡本太郎の鬼子だったと、岡本太郎美術館の開館カタログに書いたのだが、鬼子たちがここでは孤軍奮闘してきた前衛・岡本太郎の塔への侵入をこころみている。鬼子が王を殺すのは文化人類学の常識で、このことは太郎さん本人が誰よりもよく知っていた。だから彼の作品は闇のなかで嘲笑している。天皇・皇太子の御来臨が前衛や反芸術のコンテクストで語りつづけてきたお祭り広場のデザインやイベントの意味を反転させた。肥大コケシやゴキブリロボットでさえ、「日本」を象徴すると認知されてしまったのだ。そこで、赤ヘルや全裸男たちの登場となる。侵入せよ！撹乱せよ！　しかしこれは会場警備係員に負担を強いただけで、祭典は成功裡に続行する。このハッカーたち、「記念すべき日」を生みだしたとしてみると、道化役をふられたのかもしれない。「リア王」をみるといい。道化が主役を喰っている。

岡本太郎の鬼子たちは

「あれをやったのはお前だったのか」とずい分後になって中国旅行に一緒に行ったときに太郎さんからいわれた。日中文化交流協会が組んだ文化人の訪中団の末席に私も加えてもらったときのことだ。あのとき太郎さんは少しばかりナーバスになっていた。文化大革命が一段落した頃で、個人では中国旅行はまだできない。一〇名程のグループで比較的平穏な場所を交流会と称してつれて歩かれた。

太郎さんがナーバスになったのにはいくつかの理由があった。団長以外は同伴者はつれていけない。だから敏子さんも日本に残された。身辺の世話をする人がいない。たかが二週間程の旅じゃないか、といっても数ヶ所を移動する。そのたびにトランクに持ち物をパックしなければならない。太郎さんはこのパックが不得手だった。頑張ってみるが、必ずはみでる。ただ押しこむのではない。太郎さん流の順序と配列があるらしいが、それがくるうとはじめからやりなおし。またはみでる。その繰り返しで、あげくは両手をひろげてお手上げのポーズ。その頃はまだ爆発！をいっていなかったが、同じように大きく眼をひらく。

「太郎さん、飲みましょう。おさまればいいじゃないですか」と順不同に押しこんで、トランクの鍵をかけ、白酒を持ちだす。太郎さんは酒には結構強かったが、段々早くダウンするようになった。何しろあの美味しい中国料理が喉を通らなくなってきたのだ。すき腹に白酒を流しこめば効くにきまっている。

日中文化交流の日本代表団であるからには、日本という国家を代表していることになり、そう勝手な真似はできない。とりわけ日中戦争の記憶がなまなましく、政治的解決もついてない。古傷にさわるような発言はつつしむように、と伝えられていた。革命前の中国に行ったことなどふれてはいけないわけだ。太郎さんが南支派遣軍に二等兵で従軍していたのは、日本では誰もが知っていた。隊長のポートレートを描いている光景の写真も発表されていた。代表団というグループの保身のためだが、それを言っちゃいけないと太郎さんは考えられたのだろう。これが心理的な負担になりはじめたのだと私には思えた。食物が喉を通らなくなるとは尋常ではない。要人との会談日の前日は、もう白酒しか飲んでない。もうろうとしている。それでも本場仕込みのシャンソンをうたって団員を楽しませてくれた。

団員の各人の感想を問われた。太郎さんの番になった。「私が昔、中国に来たとき、」とはじめられたのだ。日本側全員はどきっとした。南支派遣軍とは中国を侵略した敵だった。太郎さんは困った顔をしている代表団をみて、「うん、つまり、若い頃フランス留学するので乗った船が上海に寄港したとき」と加えられた。私は末席で聞いていて、もうろうとしているはずの太郎さんは、二等兵時代の光景を思い浮かべながら語りはじめたに違いないと思った。とっさに代表団に助け船をだす。その絶妙な転換の呼吸が、やっぱり太郎さんだ、と思うのだが、既にTVで活躍する話術を体得されていた。それでも中国側にひとこと言っておきたかったのだろう。中国批判をしちゃいけないという事前の申し合わせを軽々と破られた。

「中国が誇りにしている空港から北京市街への新しい道路、あんなつまんないものはない。

ただの直線じゃないですか。もっと芸術的にデザインしなさいよ。昔の上海のごちゃごちゃの街並み、あっちのほうがよっぽどよかった」。

さすがは中国は大人の国である。日本通でもある要人は「どうすればいいですかね」と問われる。すかさず太郎さんは「曲がりくねるのですよ。スピードなんかでなくていい。風景の変化もでる」。

都市論、風景論の視点からするならば、中国固有の平原に軸線を通す方法にたいして、地形的な変化の多い日本の、軸線さえズラし変化させる手法の相違であるが、太郎さんは芸術をいうと突然日本の肩をもつ。それが平然と、中国的なのんびりした単調さへの批判に変わる。

太郎さんが留学した頃の一九三〇年代のパリは、直線的な道路や立体的な幾何学格子の高層建築などを志向した近代デザインの運動が、シュルレアリスムや文化人類学的な未開で生命あふれる思考によって批判されていた頃でもあった。デカルト的な思考から野生的な思考へ移行していた。太郎さんは後者の代表的な人物、ミッシェル・レリスやジョルジュ・バタイユたちのグループに接近していた。それが独自の日本文化論になって、五〇年代の日本の思想的な転換を加速させたことは知られている。これが単なる知的操作ではなくて、「曲がりくねった」かたちが血肉化していて、絵画や彫刻のすべてが、呪文のようになるだけでなく、中国が誇りにしている都市計画にまでけちをつけるに到る。私はその生命力にあふれるダイナミズムを一貫して持ちつづけていることに驚きつづけてきた。先行きなんかかまわない。まわりに気くばりしながらも、政治的な配慮をとび超える。そのなかで、それでも「曲がりくねった」かたちだけは一貫している。

「あれをやったのは」とは、一九六四年の春、岡本太郎展が西武デパートでひらかれたときの、会場構成のことだった。私は大学をでてすぐ丹下健三研究室に所属して、丹下さんの設計の手伝いをやっていた。一〇年過ぎて自分で仕事をはじめることにした。二、三の建物の設計にとりかかってはいたが、公にはこの会場構成がはじめての仕事だった。丹下さんのアシスタントとして太郎さんにお目にかかったことはそれまでにもあった。名前をおぼえていただく程に出しゃばったつもりはない。だからこの仕事は太郎さんの指示ではなく、戦後日本の現代美術界にあって稀代の仕掛け人であった海藤日出男さんの推薦による。一九六四年は、〈読売アンデパンダン〉展が廃止された年である。〈読売アンパン〉の崩壊といった方が通りがいいが、読売新聞の文化部次長であった海藤日出男さんが企画したもので、日本でのもっとも過激な前衛芸術運動だったと記録されている。ここに展示された作品が常識の枠を超え、都美術館の諸基準を踏み破り、手のつけようがなくなった。そこでこの年に中止されてしまう。いまや日本の現代美術界の大家になってしまったこのときの〈読売アンパン〉の出品者たちは、実は太郎さんの鬼子だった。太郎さんの戦後の旧芸術破壊の言説が二世代ぐらい若い芸術家予備軍に圧倒的な影響を与える。鬼子は親の口まねをする。太郎さんが「ピカソは不手だ！」というと、彼らは「太郎も不手だ！」という。そして、太郎さんよりもはるかに不手な手つきでべらぼうなものをつくる。「森の掟」のチャックつきガマ口の怪物はドカーンとなぐりこみをかけるとみえても音も臭いもしない。凶器ではない。彼ら鬼子たちは喚音も腐臭も銃刀法違反物もかまわず会場に並べる。無法の危険地帯になりはじめた。この鬼子たちを太郎さんからとりあげた産婆が海藤日出男さんだったのだ。太郎さんは海藤さんを信用されていた。だから彼から推薦されたデザイナーは名前も聞かずにＯＫがだされていた。

かくいう私も、ひそかに太郎さんの鬼子たらんと志したひとりではあったとしても、建築家、デザイナーという仕事上、凶器を持ち歩くわけにはいかない。だが狂暴でありたい。太郎さんが発見した日本文化の深部。それは縄文土器の火焔文様だ、と私は考えていた。梵字のはねまわる「曲がりくねった」尻尾もやっぱり火焔だ。太陽を描くとコロナがついている。勿論、火焔だ。なのに黒く塗りつぶされたりする。「曲がりくねった」かたちの奥にディオニッソスの宴がみえる。それを生命力だ！といっている。火焔をめらめらと立ちあげる背後は闇にちがいない。展覧会の会場を闇にしてしまえ。すると、太郎さんの火焔文様は額縁からとびだしてくるだろう。額縁を闇に沈める。「座ることを拒否する椅子」も宙に浮かしてしまう。観客は手探りのまま闇のなかに立たされる。太郎さんの火焔が周辺をとりまく。哄笑が聞こえるだろう。太郎・ディオニッソスの声だ。

闇の会場をつくるための暗闘がはじまった。後にセゾン美術館になったその場所は、催事場と呼ばれていた。数々の法的な規制があった。避難経路、誘導灯、こんなものはいくらか処理可能だったが、消防法からして会場を真の闇にすることはもってのほかで、観客がちゃんと足元がみえねばならない。平均照度二〇ルックスを守るとなると、新聞だって読めるのだ。ダ・ヴィンチの手稿は五ルックス以上明るくてはいけないという国際基準がある。それでも人間は判読できる。二〇ルックスなんて、うす明りともいえない。いまならパチンコ屋やってるんじゃないよ、というところだが、この消防法を楯にした管理基準と、私は暗闘をつづけたのだ。太郎さんには報告に及ばなかったが、私は脚立をかかえて常夜灯を消して歩く。すると、職員がその後から脚立をかかえて、点灯してあるく。イタチごっこのあげく、ついに闇のおとずれはなかった。海藤さんは〈読売アンパン〉で場数を踏んでいたので、太郎さんに適当に報告されていたと思われる。闇のなかの暗闘の敗北で、会場は比較的よく作品群をみることができた。私は敗北感を抱いた。太郎さんに感想を聞きに行く勇気はなかった。世間の評は、闇っぽい会場で、文明批評家・日本文化研究者・岡本太郎が芸術家として大展覧会をやったというものであった。太郎さんは画家で出発し、画家でありつづける。額縁があのときくっきり見えたのは、私の意図ではない。だが、額縁が太郎さんが画家であったことを保証している。それもよかったのだ。私は太郎さんにこんな悪だくみをしたことを遂に話さなかった。だがこれも鬼子の発想である。太郎さんは見ぬいていただろう。だから、「あれをやったのはお前だったのか」と中国で白酒を飲みながらいわれたのだと思う。

鬼子のひとりに荒川修作という若者がいた。太郎さんの大言壮語はフランス語の構造に基づいているので、論理的で説得力があった。それに加えて、親ゆずりのペーソスがある。理屈を超えて納得してしまうような話術をもっている。鬼子たちも大言壮語を真似た。理屈なしの大言壮語だったから、〈読売アンパン〉が崩壊して歴史的事件となって日本現代美術史に記録されるまでになったが、爆発する以前にひたすら自滅へむかった。太郎さんはまだ意見のまとまらないうちに親からパリにつれていかれている。自己形成はパリの知的な雰囲気のなかでなされた。だから、日本を異郷としてみる眼を養っている。そこで発見された日本文化の根源にあるものは、縄文にしても銀閣寺庭園の銀沙灘にしても、沖縄の亀の姿をした墓も、おぞましいものばかりだ。根源へむかって遡行をしていくと、その奥に手のほどこしようもなく奇怪で、不気味で、いやらしいものに突き当たる。それを隠蔽して、透明でさわやかな、口ざわりのいい味に仕立てるのが公認の芸術家の仕事だったのに、異郷を見る眼をもった太郎さんは、そっちの日本こそが嘘だ、と思われたに違いない。だから闇汁の蓋をあけて、押しこめられた怪物を引っ張りだした。鬼子たちはこの闇汁を思いっきり飲んでしまったのだ。荒川修作もそのひとりで、流産させた水子の箱づめみたいなものばかりつくってもいたが、太郎さんがいかにやっきになってぶち壊したとしても、口あたりのいいものだけが美味しいと思っている日本の美術界には彼らのすむ場所がない。世界へむけて旅立った。あげくにニューヨークやパリへ島流しの身になった。

三〇年あまりが過ぎて、太郎さんも爆発されたまま帰らぬ人になった頃、荒川修作は岐阜県に「養老天命反転地」という奇怪な庭をつくった。型破りな公共的施設をつくるシステムをもっていない行政は、これをテーマパークと呼んでいる。入場料をとれるためでもある。太郎さんの「太陽の塔」も元来は、ＥＸＰＯ'70のテーマ展示会場への導入部だった。胎内くぐりのやりかたで、塔の頭が突き破った大屋根の内部へ通じていた。大屋根が消えた今日では、大きくひろげた両手がなかにエスカレーターをいれた導入路だったことを知っている人は少ないだろう。「養老天命反転地」もテーマパークとはいえ、ひとつの彫刻として扱われてもいる。なかで人がすべって怪我しても、芸術作品だからいたしかたないといういいわけもできる。大仏建立の宗教的理由がみつからない今日、「太陽の塔」が建ってしまった理由を鬼子たちは学んでいるのだ。

何故かこの荒川修作が東京の湾岸に大住宅団地をつくりたいと考えた。私をこの計画に引きこもうとした。東京都のつくるものは粗大ゴミにしかならないと発言して顰蹙を買っていた私は「バカバカしい、東京都とつき合うなんて、やめなさい。湾岸地帯なんてつき合ってもロクなことはない」と、ことわった。太郎さんのように、ペーソスあふれた語り口を身につけておれば、いいたいことをいっても角が立たない。私は役者としては未熟で、つかえる武器はアイロニイぐらい。ところが相手がそれを真にうけると逆効果で、粗大ゴミ発言で私は東京都からはいちじるしく不信の眼でみられている。そこで、もうひとつ理由をつけた。「太郎さんの美術館だって、あれだけ長く住んだ東京都が段取りすべきなのに、川向こうに行ってしまったじゃないですか。東京都は都市じゃない。田舎なんですよ。真の文明を感知できる集住体をつくりたいならば、田舎者のいない砂漠で実験した方が手っ取り早い。」と私はまたまた失言をしてしまった。生煮えのアイロニイだ。

三〇年あまり日本から離れていると、日本語の用法もあやしくなるが、逆に日本についての幻想も増大するらしい。荒川修作は力説した。「だからこそ、くだらない東京の現況とまったく隔絶したモデルが必要なんだ。それを反世界のようにつくるのだよ。すると非文明世界である東京に異変が発生するはずだ」。

まてよ、これはどこかで聞いたことのある説だ、と私は考えた。四〇年前、いや四五年前のことだ。私は大学をでたばかりで丹下健三さんから岡本太郎さんのアトリエに派遣されて、「夢の島」計画の図面をつくる手伝いをしていた。これは当時の都市デザインのアカデミックな理解度からすれば驚天動地のようなもので、いっさいの制度的な手続きを無視した「夢」の都市だ。ゴミの集積場を「夢の島」と名づけたのはいったい誰なんだろう。その頃にこんな名称があったか否か、たしかめようがないが、太郎さんは地図のうえで現在の「夢の島」の位置あたりをマークして図面を描いた。太郎さんは書いている。

——そこで提案がある。東京のすぐ近く、たとえば千葉県の海ぞいあたりに、もう一つの東京をつくるのだ。それはいま進んでいる新ロンドンや新パリ計画のように、旧市街を保存し、その補助となるニュータウンではない。この二つの東京を猛烈に競わせ、相互に刺激させるためにである。

行政・立法の機関も二つに引き裂かれていい。東京の現在に不満をもつ、あらゆる人間がそこに移り住んで、アンチ東京を結成するのである。十万でも二十万でも、夢の方に賭ける人間がより集まって、そこで新しい実験を猛烈にやる。

（「オバケ都市論・岡本太郎の眼」『週間朝日』／一九六五年一〜十二月）

その数年後に東京湾上に新都市をつくる計画を丹下健三研究室でやった。「東京計画一九六〇」と呼ばれている。この図面も私はひいた。太郎さんのアトリエで「夢」みていたことは忘れていた。別の「夢」のつもりだったが、そのはじまりは太郎さんのアトリエにあったのである。太郎さんの「もう一つの東京」という過激さがアカデミックなスタディの後に消えていた。その四〇年後、鬼子たちが、やっぱり同じ場所に夢をみている。この夢を起動させているのは「もうひとつの東京」、つまり東京の反世界としての東京だ。

太郎さんはしばらく後に私と対談して、はにかんで「いったことを忘れちゃったよ」（「都市・文明・芸術」『岡本太郎著作集第9巻・太郎対論』／講談社／一九八〇年）といっているが、鬼子のひとりとして私は記憶している。芸術論のみならず都市論や文明論の日本の戦後の大転換は、太郎さんから発しているのである。

第九章　群馬県立近代美術館現代美術棟が完成したので、あの頃を想いだしてみた

井上房一郎氏はブルーノ・タウトの高崎滞在を段取りした人として知られている。達磨寺として知られる小林山寺の片隅にタウトの隠れ家がいまも残されているが、茶室風の離れ、とはいえても、和室二間に旧式の台所といった極く普通の一軒家である。戦争中に西山夘三氏が大阪の長屋の調査を行い、その居住環境の劣悪さにいきどおりながら、「食寝分離」論という画期的な論文を発表する。そのきっかけとなった町屋の居住性と、タウトの住まった陋屋はさほどの違いはない。普通の田舎家であるから、上州おろしの吹きすさぶ冬期はかなりきびしかっただろう。タウトはその寒さと日本の湿度のために、リュウマチを発症している。外側の痛みに加えて、内側の痛みが加わるから、鬱憤がたまる。ぼやく。亡命の身であるから逃げることもできない。それが日記にしるされるが、このぼやきの鉾先はこんな住処に押しこめた井上青年にむけられる。井上房一郎氏は性格狷介として記されている。全面的な好意によって段取りをしたのに、これでは立つ瀬も無い。「私は桂離宮の発見者といわれている」とタウトは日記に書いているが、井上氏は、彼は「視線の快楽」としてしか評価していない。そんな程度では不充分ではないか。「桂離宮とは幾何学なのです」と私にむかって断言する。おそらく

偶然に私は群馬県立近代美術館を幾何学として設計し完成した。その私なら、桂への氏の視点を理解するだろうと期待されたのであろう。

戦後になって井上房一郎氏は「ここに泉あり」という映画で有名になった群馬交響楽団の根拠地となるコンサートホールの建設運動にかかわり、この設計をアントニン・レーモンドに依頼するべく努力を重ね、レーモンドの数少ない公共施設のなかのひとつの傑作の誕生に貢献する。日本におけるモダニズムのもっとも良質な部分をこの建物でみることができる。レーモンドはみがき丸太を多用した独特の木造建築のデザインを開発する。吉村順三、増沢洵氏らの四〇年代、五〇年代の木造住宅が日本の伝統的な技法とは異なっていて、独自の風味をもっているのは、両氏がいずれもレーモンドと一緒に仕事をしていたためだと考えられる。それは、前川國男の木造が民家を、大江宏の木造が宮大工の技術を、吉田五十八、村野藤吾がいずれも数寄屋をベースにしたのに比較して、ディテールがどこか油っこい。みがき丸太とはいいながら洋風の木造に由来するためだろう。高崎市にあるこの群響のコンサートホールは、だから折版を使いながらも不思議に日本的でない。前川國男や丹下健三のコンクリート折版は、おとなしい。

ブルーノ・タウトの関係もあり、井上房一郎氏は、ここにあげたような日本の建築家たちと個人的に親しかった。だがそのなかから、敢えてアントニン・レーモンドを推し、その後に殆ど最後のデザインで、まだ実現していない哲学堂を、続いてレーモンドに設計依頼している。井上氏の独特の見識と好みがうかがわれる。それは井上氏の一九二〇年代のパリ遊学ともかかわる。あの近代的なものが華やかに醸成されたパリでの長期の生活から帰国して、高崎という土地に新しい文化を育てることを生涯の仕事にする。ブルーノ・タウトの滞在を可能にしたのがそのはじまりであり、タウト・デザインのオブジェの店を銀座に開くこともしているが、井上氏は西欧の都市が必ずもつ文化施設を理想的な姿で建設することを夢みる。コンサートホール、美術館、それに氏は哲学堂を加えた。そしてアントニン・レーモンドに音楽と哲学の館を依頼する。

美術館は県立にすべきだろうと井上氏は最初から考えていた。県の企画は容易に進行しない。しびれを切らして、自社の一部をギャラリーに改造し、美術館建設準備室と称していた。

一九七〇年頃、土方定一、河北倫明、井上房一郎の三氏による美術館の建築家選定委員会ができ、それぞれの委員が一人づつ建築家を推薦して候補者リストがつくられた。大高正人、槇文彦、磯崎新の名前があがった。そして、三者で「群馬の森」と呼ばれることになる、殆ど自然林の残されていたかつての弾薬庫の跡地を公園化するマスタープランをつくることになった。美術館、博物館、文学館の三つの館の敷地がここに収められることになっていた。土方定一氏の采配で、美術館を磯崎新、博物館を大高正人、文学館を槇文彦が、それぞれ担当することになった。私が美術館を担当することになったのは、地元の井上房一郎氏が推薦したという理由だったと聞いた。大高正人は続いて博物館を設計した。だが文学館は予算化できず、河北倫明氏は槇文彦に京都近代美術館を依頼する段取りとなった。当時、誰も美術館設計の経験はなかった。順不同でよかったが、画家、斎藤義重氏が井上氏に私を推薦してあったことが最終的な順序を決めるのに影響したと伝え聞いている。

群馬県立近代美術館の成立の事情についてはPhaidon Press版の"Architecture in Detail──The Museum of Modern Art, Gunma"にフィリップ・ドリュウの書いたこの建物についてのモノグラフにくわしい。建築物を記述する、という単純だが明解な目的があったとしても、私たちはかなりいい加減にやってきた。たとえば原資料となるべき、図面や記録は設計事務所のなかではそんなに丁寧にあつかわれていない。フィリップ・ドリュウが捜すように依頼してきた項目に私のアトリエは混乱に陥った。たった二〇年前の諸資料が現場の記録を含めて、事務所移転の際にかなり破棄されてしまって、たいしたものがないことが判明する。他の資料から復元したりせねばならない。実はこれには大変な労力がいる。「アンディ・ウォーホルの日記」は六〇年代以降のニューヨークの新しい文化生成の貴重な記録である。彼の死後、記録をとっていたパット・ハケットが編集して、本として出版されたからそういえるのであって、それによるとアンディは日記を欠かさずに口述した。自らの日常そのものが時代の歴史そのものとなることを彼は意識していたといえばそれまでだが、毎日続けるとは至難の技。それに、送られてくるメールは一切合切ダンボール箱に入れて保存するというシステムをつくった。これもなまやさしいことではない。かつてエットレ・ソットサスが同じことをはじめた。デザイナーらしく、箱のデザインをし、その箱がインテリアの一部を構成することを計画したりしていた。おそらく頓挫したのだろう。ナンダ・ピヴァノと一緒に住んでいた頃の話で、ここから家出して、バーバラ・ラディーチェと一緒になったとき、彼らの住居にはもうこの箱はなかった。最初から置き場に困るねとはいっていたが、置き場から抜けだしたりすれば、始末されてしまっただろう。

類似の事情で、六〇年代から七〇年代はじめにかけての十数年間、私のアトリエの資料は大部分空白になっている。フィリップ・ドリュウはひとつの建築物についての研究をするにあたってのベーシックとなるフォーマットを示したに過ぎないが、こんな常識さえ守られてなかったことを思い知らされる。

設計の初期には、三つぐらいのまったく異なったスキームを進行させていた。ひとつは、ここが弾薬庫の跡地であるため、土木的なスケールの盛土などがあり、すでに殆ど廃墟になりかけている煉瓦造の建物も混じっている。これを利用して、廃墟に接続させる。六〇年代の私の発想からすれば、当然のなりゆきだが、イメージ上では成立しても、補強や防湿という技術的な困難さが待ち受けている。

一方で森のなかの美術館であることから、ルイジアナやクレラー・ミューラーが当然ながら参照された。実際に私はこれらの美術館の調査にでかけた。このアイディアは公園と建物の管理主体が違うという、一体の敷地でありながら、眼に見えない線引きがなされているために暗礁に乗りあげる。緑は借景にはなれても取りこんで利用はできない。それがひとつの制度になっていることが徐々にわかってくる。

　廃墟を利用する案は場所のもつ歴史的時間へと接続する方法であり、緑のなかに配置するのは、この場所を埋める自然のなかへと溶解させることである。もし、この二つの案のいずれでもいいが、技術的、制度的に容認されるものであったら、理解しやすい方法であるため、その方向へと案は無理にでも進行させられただろう。たまたま技術的、制度的に採用不可能であったがために、私はもうひとつの別の方策を捜す必要に迫られる。その敷地のもつ時間性（歴史）あるいは場所性（自然）に接続し溶解するのではなく、そのいずれにも対立する、むしろ違和感をもって存在を主張してしまうような形式を導入すること。ともあれ日本は近代のすべてを外部から受容してきた。弾薬庫はいったん導入されたものの残骸であったが、一定の時間を経ることによって、（日本という）場所の一部に所属している。帰属したと言うべきか。時間が外部から導き入れたものまでも同化させている。

　奇妙な逆説かもしれないが、日本的な自然と対立するようなものをつくりだすことが近代なのだと理解されていた節がある。五〇年代から六〇年代まで、近代がつくりだしたものが世界的に解体していくことを既に私はいくつものアクチュアルな事件に巻きこまれるように体験していたし、その解体のあげくの新たな断絶をつくるという視点に立つべきであろうとかなり自覚もしていたが、ここで、近代を導入することによって形成されてきた日本にたいして、その時間的連続性を絶つのに、ヨーロッパが解体しようとしている形式を導入する。これは二重の形式的切断を行うことでもある。奇妙な逆説というのは、この種の日本的近代の特殊性の解釈にもかかわるだろう。

群馬県立近代美術館は、県立としては、五〇年代の初期に鎌倉に神奈川県立近代美術館が坂倉準三によって設計されて以来、二〇年目にやっと実現した県立の近代美術館で、土方定一が、この鎌倉近美創立にかかわり、やっと実現した。この時期に、近代美術を展示の主題にすることだけでも、実は企画のうえで大きい転換が必要であった。彼が企画にかかわったわけだから、群馬近美が近代美術館の名称をつけることになった。

たとえば、井上房一郎氏は山種美術館の山崎種二氏と親族関係にあるだけでなく、自らも戸方庵《こほう》と称して、水墨画のコレクションを続けており、その全部に加えて山種美術館の日本画コレクションの一部を展示するウィングを寄贈し、特別展示する意向を持っておられた。水墨画と広義の近代美術とは相容れることはない。展示形式においてさえまったく違っている。それを同時に収容して、同時に建築物に「近代」の名称を冠する。今日では、どこの美術館でも気楽にやっている折衷であるが、少なくとも建築物をひとつのイメージで組みたてるのに、展示物の混成性は、私はかなりの障害だと考えた。これを一挙に解決するには、違和感をもつ対立物としての「近代」のイメージを利用しながら、折衷されるべき要素までもを過激に還元する。立方体フレームと呼ぶようになったユニット方式（当初はこのような言葉で理解されていた）に基づく、廃墟とも自然とも対立する抽象化された形式性、これに基づく案をつくることになった。

立方体フレームの由来については、偶然水戸芸術館で開かれているジュゼッペ・テラーニについて記した文章、「ジュゼッペ・テラーニの私的読解」「政治的であること」などで、アスプルンドの森の葬祭場（一九四〇年）とテラーニのカサ・デル・ファッショ（一九三六年）の両者を参照したと記した。それは、古典主義の建築が幾何学を下敷きにしてあったのが、数世紀の展開の過程で装飾で埋め尽くされてきた。それを引き剥いで箱に戻したアドルフ・ロースに加えて、この二つの建物はその幾何学を外部に露出するまでになった。こんな経過を歴史から読み取ることができるが、その読解を支えたのが七〇年代になって徐々に意識化されてきたフォルマリズムであった。立方体という極端に単純な幾何学形態を建築のデザインに用いることの確信はフォルマリズムによって支えられていたことなどをテラーニがらみの文章で語ろうとした。

立方体というかたちは、N邸（一九六四年）で徹底して使用した。正方形に関しては、大分県立図書館（一九六六年）のすべての断面は正方形にしてもいた。立方体と正方形の利用を私は日本の木割りや西欧の黄金分割のようなデザインの比例もしくは均衡感覚を破壊する手段と考えていた。具体的には、木割りのプロポーションをコンクリートのフレームで写そうと試みていた五〇年代の丹下健三研究室の仕事、その源流でもあるル・コルビュジエのモデュロール、勿論その背後にはアルベルティの音楽的階梯の考察がひかえている。こんな比例の体系を無視するには、比例が成立する条件を崩さねばならぬ。一対一対一というそれぞれの辺が均等ならば比例の成立のしようがない。正方形・立方体、そのような原型である。無限連続の網目、もしくは格子はここからうまれる。

建築的比例を音楽的リズムと相同化するのは、宇宙の運行のリズムに建築的空間の構成のリズムを重ね合わすこと、耳と眼を一体化すること、さらには時間と空間を建築において関係づけることという具合に《建築》を成立させるための重要な基準になってきた。こうして、天上の館が想像的に組みたてられもした。ル・コルビュジエのモデュロールはこのような西欧古代以来の古典主義的建築のエッセンスをつかみとった発明である。五〇年代の丹下研究室では、このモデュロールを複写して日本的な尺単位に近づけるように変換する数列を設計に用いていた。すべての細部の寸法はこれにあてはめられていた。

私がアトリエを設立できたのは大分県立図書館の仕事をやれる目途が立ったからであった。この仕事の基本計画の段階はまだ私が丹下研究室に在籍していながら開始したのだから、当然のこととして、丹下研モデュールを使用している。それが実施設計まで連続している。断面や立面の大きい枠組みを比例の発生しない正方形を下敷きにしていながら、実寸法は黄金比に最終的に接近していくヒボナッチ級数がミリ単位で用いられるという、不徹底さが残存していた。ミニマムなひとつの単位に過ぎない立方体と正方形だけが選択される、ということは、それ以下に還元できない状態にみずからを追いこむことである。そんな不自由な状態はないのだが。

一方で、その極限へいちどは到達しなければ、という強迫観念もあった。六〇年代ラディカリズムの名残だろうか。表面が均質化し、空間が比例さえ崩れて意味を失い、空洞となる。その無意味な空洞（白）を具体化してみる。これはひとつの賭けである。盲目となってしまったあげくに墜落してしまうだろう。建築の内部空間は中性化されて、明暗のさだかでない薄明状態が出現する、このような試みは、七〇年代はじめ銀行の小さい支店のいくつかで経験してはいた。商業施設であるが故に、その中性化した空間は平静を保つことができずに、宣伝を目的に導入された諸記号があまりに声高にひびかさせられて戸惑ってしまった。美術館の内部を中性化し空白にする。そこに美術作品を置くならば、適切な解にし得るだろう。

六〇年代をつうじて、「切断」することだけを考えていた。〝破壊〟もそのひとつだった。都市を破壊することを夢想していた。プロセス・プランニングを〝切断〟によって締めくくろうとした。想像のなかで、有機体のように伸縮している建物を、ある瞬間に踏みこんで決定し凝固させる。その〝切断〟面がポッカリと口を開け、その奥に無気味な何ものかの存在を暗示する。それは廃墟のイメージでもあった。決定され、凝固され、完成された建物は、そこで完成すると同時に死をもむかえる。「切断」とは、時間を停止させることでもあり、歴史の連続性を断つことにもつうじた。私がはじめてマニエリスムについて記すことになった白井晟一論「凍結した時間のさなかに裸形の観念とむかい合いながら、一瞬の選択に全存在を賭けることによって組みたてられた《晟一好み》の成立と現代建築のなかでのマニエリスト的発想の意味」（『新建築』一九六八年二月号）は、このタイトルだけで言いつくしている。すなわち、作家の〝好み〟とみえる独自なデザインは、いっさいの歴史的な連続性が断ち切られた瞬間にかかわる技であろう。その裂け目に入りこんで、全身体にみなぎらせた気迫によって白紙のうえに残される墨跡がみせるような、前後への配慮など吹き飛んでしまう瞬間との対峙である。これは歴史の「切断」といってもいい。一九六八年の文化革命への関心は、やはりここで社会的、制度的連続性が断ち切られようとし、その時代の裂け目にこそ自らの存在を投ぜねばなるまいとおもったことにかかわっている。あの頃、私は三〇代も後半になり、社会的な分別もついていたはずなのに、「切断」の発生する亀裂へ抗し難く吸引されていく。そして、殆ど自滅へとむかう。「切断」は停止であり、それは死でもあるから当然だろう。

七〇年頃を境にして、情況は急激にシフトしはじめた。一九六八年の文化革命は挫折した。六〇年代までの進歩主義にたいしては、反動的な視点がみえはじめた。反動というより修正主義的というべきか。進歩という未来にひとつの目標を決めて、それにむかって前進していた近代の組みたてた構図のうち、前方へむかうベクトルが反転した。歴史的なものを忘れ去ることによって前進運動を加速しようとしていた前衛が挫折したのだから、当然ながら、忘れ去られようとした過去への視線が回復される。マニエリスムへの注目もその一例である。その結果、修正主義として生まれてきたのがコンテクスチュアリズムである。クリストファー・アレグザンダーがパターン・ランゲージを開発したとき、既にコンテクスチュアリズムは生まれていたのだが、あらたに、歴史主義、慣習主義として、いまで言う環境主義に接続していくような、時間的、空間的な連続性をあらためて正当化の手段に用いる数多くの手法が開発された。都市空間のタイポロジーの研究がその中核を成していた。当然ながら、自然環境への接続も重視されていく。群馬県立近代美術館の基本計画の初期段階で、廃墟（歴史的時間）、自然（空間的コンテクスト）の両者にむかったスタディがなされたのは、情況の移行を反映していたとみてもいい。

六〇年代をつうじて語られ、試行された「切断」がここで一気に反転して、〝連続〟が回復されようとする。歴史的慣習、地勢的自然環境、都市空間の類型が語られはじめる。たとえば機能主義のように建物のデザインをその内部のロジックの展開として語るのではなく、その外在的要因への配慮をつうじて連結する。そして調和といった古い視点が蒸しかえされる。情況が革命的には変動しないことが直感的に前提にされている。それはポストモダンと呼ばれることになる宙吊りの時代の開始でもあった。

私は、一九六八年から一九八九年のベルリンの壁の崩壊までを歴史の落丁、つまり核の崇高の下での二極対立による国際政治の宙吊り時期とみている。それは、世界資本の流動化が激しくなり、世界中に渦状の集中開発投資をしながらバブルという虚構の好況と破裂を生みながら移動する時代をつくりだした。その商業的開発に動員される建築デザインのスタイライズが要請される。コンテクスチュアリズムが公共領域での計画の正当化に用いられたとするならば、スタイライズされていく建築物の表相的デザインは、商業主義的開発のマーケッティングに利用される。公共領域と私的領域のそれぞれの正当化手段と方法が分裂していきながら、二極対立の宙吊り末期になると、商業（資本）主義の領域が、公共を飲みこんでしまう。ミッテランのグラン・プロジェは、このような事態のなかでの公共側の反撃で、国家的威信が支えた。宙吊りの二〇年についてはこの後の項の主要舞台になるが、いまはその概略だけを記しておく。一九七〇年初頭、群馬県立近代美術館の設計を開始したのは、こんな新しい情況のはじまりだった。はじまりの常として、そこで捜されているのは論理的な結論ではなく、単なる手さぐりで、嗅覚だけをたよりにする、非正統的な賭けだけである。

立方体を単位とさせた建築物を構想するとしても、それを正当化するような根拠をもってはいなかった。世界が漂白されて、真白な面になったとき、オノマトペ的な形態として、正方形と円が浮かぶ、と記したりした。いっさいの意味をもった形態の排除がなされたときに、それでも残って浮かんでくるものである。空白、といってもいいが、それでは「見えない都市」論が常に抱えこんでいる視覚化されるイメージの不在という矛盾に突き当たる。建築物を構想し、設計していくにあたって、ともあれ手がかりになり得る最小限の形態が必要だ。近代デザインの初期に、構成主義やデ・スティルは、点・線・面といったデカルト的空間のなかに発生する抽象化された数学的な基準形を原型に導入した。近代デザインはそんな形態から多数の試みを経て、約半世紀をかけて、その構成を意味をもった物語へ組みたてた。その生成過程は、六〇年代で終了したのだった。

私はその情況を、近代建築の巨匠たちが、新しいデザイン言語を開発しつくしてしまった、と記した。七〇年代のはじめ、時間の進行ベクトルが反転したとき、参照対象は、近代デザインの初源（これは広義には十八世紀中期、狭義で一九二〇年代とみられていた。）の時点を超えてもっと過去の方へと遡行しはじめる。そんな参照対象のなかに、近代デザインの抽象的形態操作も当然ながら繰りこまれたことを意味していた。点・線・面といった、空間内を浮遊するオブジェと、それの構成がこれまで多様に開発されてきたのにたいして、私は空間そのものを限定する形態を捜していた。正方形や円は内側に囲いこんだ領域をもっている。それを立体化した立方体や球体は、内部に空洞を囲いこむ。それを建築的な空間＝部屋（ラウム）と見たてればいい。立方体と球を部屋＝空間の原型にした仕事は、六〇年代の末にA邸（一九六九年）と呼んだアンビルトとなってしまった住宅で計画してあった。これをあらためて具体化するために、その断面を一方向に引き伸ばしたのが、矢野邸（一九七五年）であった。ここでは、幾何学的立体が内部に空間を発生させるための枠、もしくは輪郭として利用されていた。

かなり無意識のままやってしまったのだが、私は伝統的日本建築と、近代デザインの両者が所有している構成的なデザインを、同時に批判しようとしたといえるだろう。日本の伝統的建築の構成性は、近代デザインの視点から逆に再発見されたものであるから、この両者は殆どひとつになって、一九七〇年という時点で、私たちのデザインの方法をしばりあげているように思えてもいた。その最初の批判的な試みが立方体フレームであり、バレル・ヴォールトである。七〇年代をつうじてこれを多用することになる。

原型、それをその頃はプラトン立体に限定していたが、そこへむけて「還元」していくこと、それをこそ徹底すべきだとみていた。だが、時代はむしろ修正主義へ、そして建築物をとりまく周辺の文脈への配慮、あげくその諸文脈との〝連続〟が生まれることが正当化の手段とされはじめた。それにたいして、「還元」はあえて〝非連続〟を生みだす。私のここでの選択は、文脈との〝連続〟を求めずに、孤立したまんまの状態として、「梃でも動かない」幼稚な単純性だけしか残らない物、できれば物自体たり得るような存在を、多様に交錯する文脈の真中に据えてしまうことだった。六〇年代の私の方法が、「切断」ひと筋であったとするなら、七〇年代のそれは「還元」だけにこだわることだった。この「還元」の手法も、やはり六〇年代ラディカリズムの落とし子だったろう。原型へとむけて、裸にしてしまう。引き剥ぎのあげくの裸ではなく、もうここでは最初から裸だった。それが立方体のフレームだった。

「還元」されてしまった原型から、あらためて出発すること。「還元」へむかっての挽き剥ぎはアドルフ・ロースによって既に箱にまで到達していた。その箱をフレームの骨体にまで追いつめる作業はアスプルンドとテラーニによってなされていた。つまり私が立方体フレームによってなすべきことは、無数の装飾の附加されていた建築物が、このように「還元」されてしまった地点を確認したあげくに、それを建築と呼び得るかどうかと自問することだった。この頃、建築にカッコをつけるというアイディアはなかった。大文字の建築としばらくの間は呼んでいた。つまり、裸のままの骨体を物体や彫刻でなくて、建築と呼ぶには、大文字、もしくはカッコのついたメタ概念としての建築がないかぎり成立しない。〝切断〟をつづけたあげくに「建築の解体」と呼んだのは、実はこのメタ概念までをも手垢のついたものとして同時に葬り去ったはずではなかったか。そのとおりだった。そして、〝何もつくれなくなった〟。自滅していたなかから、いっさいの不在、もしくは空白と対峙したとき、円や正方形といった原型が浮かび上がった。ということは、最初にロゴスがあったと語られるのに似て、既に白紙の只中に、あらかじめ何ものかの手によって書きこまれてあった、というべきか。私が発見したのではない。私が発明したのでもない。その地点にまで降下してみたときに、既に書きこまれていたのだ。プラトンがデミウルゴスの名前を借りて宇宙を組みたてる原基にしてしまっていた。プラトン立体、これもまた還元されたあげくの底に浮かびあがってきたものだ。それを私は避けて通れなくなった。誰の命令でもない。神の司令でもない。この宇宙の原基は自動生成するだろう。その自動生成が〝反復〟されていく有様は、「増幅」とも「射影」とも呼ぶことができる。私はそのとき立方体の増殖に手を貸している。あるいは立方体の「切断」にも自らの判断や決定を交えている。すなわち手の痕跡が〝反復〟する自動運動として、刻印されるだろう。これを「手法」と呼んでいいではないか。

こんな経緯を経ているから「手法」論は反コンテクスチュアリズムである。時代の逆行する修正主義とも相容れない。あくまで《建築》の自律した展開を目論んでいた。この論理的な展開を可能にしてくれたのは言語論があらたな装いをもって登場してくれたことだった。そして、ロシア・フォルマリズムが紹介されて、「手法」論を補強していけるようになる。だがそれは手続きに過ぎない。《建築》というメタ概念、その所在が気になる。ともあれ立方体フレームが「増幅」しながら群馬県立近代美術館は建物として完成した。そこで、前後をかまわずに断言せねばならない。

――「立方体フレーム」がすなわち《建築》なのだ。

あらゆる論理的説明は事後的になる。後からやってくる。

斎藤義重さんが探索してきたものは

斎藤義重さんは、最初は文章を書く人だったと聞いた。そのうち平面上に描きはじめ、これに物体をのせ、レリーフになり、そして立体で表現をはじめた。文章は線であるから、一次元とすると、表現メディアが順々に次元を増して、二次元、三次元となった。私が六〇年代に、はじめてお目にかかった頃は、パフォーマンスにも興味を示されていたから、これに時間の次元を加えて四次元となっていたわけだ。何ものかを表現する意図は一貫している。表現メディアの次元が増えていくことは、探求の目標が空間そのものの特性を探索することにあったのではないか、と私は推測するのだが、本人に確かめたわけではない。

次元が増加していく空間に目標を定めるのなら建築家になったらいい、といわれるかもしれない。たまたま斎藤義重さんは建築家になる緒を素通りしてしまったので美術家として表現しているだけであって、立体作品の設置とその組みかえという、いま到達された世界をみると、立体＝三次元、組みかえ＝時間の次元という具合になっていて、これは建築家のやっていることと違うところがない。

一九七〇年頃、私は博多駅前に福岡相互銀行（現在の福岡シティ銀行）の本店の設計をやっていて、いまは現代美術の有数のコレクターになった四島司頭取と相談して、数名のアーティストに、それぞれが自らの作品で部屋のすべてを埋めてしまう部屋をつくることにした。高松次郎は、壁から家具にいたるまで、すべてを人の影で埋め尽くす部屋をつくった。

当時すでに斎藤義重さんは、私たちの仲間のうちでは最年長であったから、銀行のなかでいちばん大きい応接室を担当していただいた。モノクロームの木板のうえにドリルの引っかき傷をつける仕事ののちに、斎藤義重さんは、板そのものを壁のうえに浮かぶひとつの物体とみるようになっていたと思われる頃で、この部屋のために、赤・青・黒の三枚の大きい湾曲したパネルが壁面に設置された。それだけでなく、この部屋の壁紙、じゅうたん、照明器具から家具にいたるまで、すべてを自分の眼でえらばれただけでなく、実際にデザインもされた。アーティストとしての仕事のリストには三枚のレリーフ作品がのるだけだろうが、この部屋が実は丸ごと作品になると考えられていたはずである。

オブジェとしての木板が空中に浮く。それはロシア構成主義やシュヴィッタースがはじめたことに連続してもいるだろうが、ここで重要なのは、壁面上や隅部や空中に浮かんでいる物体は、それ自体が完結した作品ではなく、その周辺の間隙や部屋のひろがりと関係し合って、はじめて存在するし、その関係の総体が作品になるということだ。そんな理論や作品が七〇年頃を境に増加した。斎藤義重さんの弟子たちが日本においてはその主要な担い手であったが、本人もまた、ひっかき傷の板の作品を、空間のひろがりのなかに置かれたひとつの物体としてみる視点を組みたてたのだと思われる。

同じ頃に、群馬県で近代美術館を建設する話が持ちあがった。その設計者の推薦を三人の企画委員がすることになった。鎌倉近代美術館長だった土方定一氏は大高正人を、京都近代美術館長になる予定だった河北倫明氏は槇文彦を、戦前に亡命したブルーノ・タウトを高崎の少林山達磨寺洗心亭に世話をしたことで知られる井上房一郎氏は磯崎新を、それぞれ担当の建築家として推した。私の名前があげられた理由は、建築家たちの仕事を調査中の井上房一郎氏が、偶然斎藤義重さんに逢われて、そこで聞かれたことによるらしい。これが私のはじめての公共的美術館の仕事になった。国の内外でその後一〇程の美術館の設計をやることになるきっかけをいただいたわけだ。このとき私は空洞そのものを美術館と呼ぼうとした。ギャラリーには空白が残されておればいい。アーティストがそこを埋めてくれる。いや、その空洞そのものを作品につくりかえるだろう。そんな解法に到達したのは、ちょっと前に斎藤義重さんと福岡の仕事をしたためでもあった。物体は壁から浮きあがっていた。その物体の置かれる床と背後の壁だけが建築家に残された扱い得る領域であって、これはアーティストの作品の輪郭をかたちづくる、そして余白そのものとして、背景になる。だから徹底して引き下がる必要がある。でしゃばってはいけない。だから、私は立方体のフレームをつくり、その内側の空洞が美術館なのだ、ということにした。

二五年が過ぎて、この群馬県立近代美術館に現代棟が増築された。現代と呼ぶ理由は、現存作家が腕をふるう場という理由とともに、六〇年代以降に、作品が床や壁から浮きでて、空間そのものを関係づける設置が可能な場をギャラリーとしてもつ棟ということだ。

その奥まった一室はちょっとした礼拝堂ぐらいの大きさがあり、一〇メートルを超える天井高さの壁は最頂部から床までムラのないように光が分布する。照明に特別の工夫をこらして、自然光と混じり合わせている。二五年前では技術的に無理だったが、私が国外でいくつかギャラリー設計の経験をもったあげくに、限界的に到達できたものである。斎藤義重さんはまずこの部屋のプランやマケットで作品設置の構想を練られた。普通のギャラリーには、運びこめないような大きさのものがつくられた。それだけでも観客を優に圧倒したはずなのに、このギャラリーに直接足を運ばれたあげくに、もっと多くのものを運びこまれる指示をだされた。斎藤義重さんは、この空洞としてのギャラリーの空間の何かに感応されたのだと思う。ギャラリー空間がびしっとしまった。生け花は花を生かすといわれるが、ここでは空間が生きた。生かされたのだ。実はその直前に、大きい作品をつくることで知られているヨーロッパの中堅の作家たちが、ここで展覧会をした。何だかみすぼらしく見えた。現場までやってきて設置をしたはずなのに、私にはギコチなくみえた。実はちょっとばかり不安になった。このギャラリーではスケールを間違ったのではないか。最近東京にできた現代美術館に無神経なまでにデカいギャラリーがあり、いたって評判が悪い。

群馬近代美術館の現代棟はサイズ、比例、照明を厳密に検討して、他とまったく違うものになったと自負していたのに、あんな展覧会をやられると、無神経さで同列にみられる怖れがある。困ったな、と思っていた。

斎藤義重さんは、この展示ギャラリーの空洞を、空間として本当に生かしてくれた。空間に感応する能力をもった人だけが可能にする。設計者の意図をつかみだしてくれたのだ。

だから、斎藤義重さんは、自作の置かれる場所に必ず足を運ばれる。百歳に近くなっても、まだその現場に立たれる。そして、写真にうつらない、図面でも読みとれない、空間の何ものかに感応する身体を自ら信じられていると私は思う。一次元から多次元の空間へと表現するメディアを拡張していかれたのは、空間に感応する身体をもっておられて、そこから生まれる空間の探索に生涯をかけておられるためだと私は考える。

ヨーロッパやアメリカの現代アーティストは、いまやこぞって設置（インスタレーション）と呼ばれる作品をつくる。だが必ずといっていいほどに、ここに置かれる物体に自らの署名を残そうとする。物にこだわっているというべきか。だから床、壁、天井が邪魔しなければそれでいい。バックドロップに徹すれば満足してくれる。実は私が求めているのは、これはまだ近代芸術のギャラリーの残澤であって、真に現代的と呼ばれるには、それがひとつの空間として、存在感を維持できている、こんな自立した空間なのだ。作品がなくとも、そこを通過した身体の背後にまとわりつく感覚が生じること、そうありたいと思っているのだが、ここには矛盾があって、写真にとってもうつらないし、感度の悪い人は素通りしてしまう。そこにある空間を顕現させてもらわねばならない。斎藤義重さんの仕事はそんな隠れたものを引きだすことだ。黒く塗られた木片が散在したようにみえても、ここには眼に見えない、張力のようなものがみなぎっている。物体を注視するのではなく、間隙を感知する。不在をこそ認知する。こんな間の感知能力は私たち日本人には古来そなわっていた。伊勢神宮の古殿地や、石組みの庭の白砂の空白をみてきたからだ。斎藤義重さんの探索したもの、それは物体のネガティヴ、反転した世界へむかうまなざしだった。

私は建築家としてその後を追いかけ、背景の装置を組みたてる。そこへ斎藤義重さんを招来するのがこのうえない喜びだ。隠された何ものかを降臨させるために。

第十章　『手法が』の頃を想いだしてみた

大阪万博の現場が進行している頃、私は東京と福岡の両側から通うことになってしまっていた。万博の仕事のために東京の事務所があったが、建築の設計は福岡でやることにした。こう書くと冷静に計画したように聞こえるが、行き当たりばったりの結果でもあった。元来、六〇年代にやった小規模な建築はすべて九州の大分市にあった。そこの現場に東京のアトリエから通っていたのだが、世間が学園占拠、文化革命、街頭闘争であわただしくなった頃に、このアトリエの大部分の仕事は万博がらみになっていた。そこで身動きならぬダブルバインドの只中におかれてしまう。この争乱の敵役、既成権力による国家的祝祭の仕掛けとしての万博と、この闘争へのシンパシイとは相容れることがない。私の仕事場はお茶の水のセンチュリータワーのために地上げされてしまったその位置にあったから、街頭戦のなされた神田の日大や明大キャンパス附近と、放水銃攻撃を受けて落城した東大安田講堂のちょうど中間点にあって、相互に行き交う隊列がすぐ横を行進し、乱闘もあり、催涙ガスが流れてくる。私はとっくに大学から離れていたから、そんな隊列にも、つるしあがる側にもいたわけではないのに、ここで発生した事態に気分的にも方法的にも巻きこまれてしまう。その契機は一九六八年五月のミラノ・トリエンナーレに出品し、この会場が占拠されてしまったこと。この経緯については何度も書いたから繰り返さない。この時点から『美術手帖』に連載をはじめた。『建築の解体』と、『空間へ』に収録したいくつかの文章で言いつくしているけど事態はややこしい。分裂症状の発生因たるダブルバインド状態に置かれていた。これが私の精神を分裂させたとは言わないが、精神状態をデッドエンドに追いこんだことは明らかで、これが身体的な不調の原因であることは本人も感知していた。

計算してみると私の三〇代最後の年であった。このときまでに学んだもの、実務をやることで積みあげたのも、その一切合切が無意味になっていた。挫折だったということはやさしい。事後的に説明もできる。だけど、設計する方途もみつからず、それよりも、自らの職業としてえらんだはずの建築家の先行きもまったく不透明だった。こんなとき、身辺にも危機が発生する。修羅場だったな、といま思いだしたりする。F・L・ライトが四〇代と五〇代の殆どを修羅場で過ごしたことに私が関心を持つのは、単純にあの時期の呆然となってしまうような目まぐるしさを私の肉体のどこかが記憶しているためだろう。ライトにとってはそれでも建築、または建築することが信じられていただけ幸いだったのではないか。それに比較して、私にとっては建築さえも消えていた。『建築の解体』はだから私自身の解体でもあったのだ。福岡で寝こんでいた。阿蘇のふもとの山を昇りながら考えた、なんて悠長な気分ではなく、寝こんだまま切羽詰まっていた。何事も起こらなかったら、そのまま眠りこんでいただろう。

福岡に仕事場を移したのは、福岡相互銀行（現在の福岡シティ銀行）本店の現場が進行していたためだ。逃げられない現場があることは、私の個人的でしかない精神的状態とは無関係にうごいていく。有無を言わせずにひきずりだされる。そしてコルセットをはめさせられ壁づたいに歩かざるを得ないとしても、細部を決定するため図面にむかわねばならない。材料をえらばねばならない。そんな日常ががからくもあったが故に、挫折だなんて言わずに過ごせた。すこしづつ回復がはじまった。『建築の解体』の連載が回復を支えてくれた。それでも、ときに原稿が遅れて、穴があいた。プロにはなれないなあ、という実感だった。落ちこんだりした。

二川幸夫はその頃、GAをはじめた。同時に『世界の村と街』シリーズを企画した。私には彼と一緒にその一〇年前に世界旅行をした縁で、エーゲ海の民家について書くことが割り当てられた。落ちこみのもっとも深い時期だった。アイディアがなかったわけではない。透明な空と海の中に何かが立ち現れるとするならば、それは純粋幾何学形態に相違あるまい、という直観的なイメージが旅行のさなかに脳裏をよぎっていた。このイメージさえ言葉になれば、二川との約束ははたせると思って約束したのに、私の身体は鉛がはりついたように動かない。書きだしの一行が、何十回はじめても決まらなかった。二川幸夫は古風に義理堅いところがあって、岩波書店の創始者、岩波茂雄、中央公論の名編集者滝田樗陰、美術出版社の大下正男たちの数々の伝説が示すように、執筆者たちと単なる発注者、受注者関係ではなく、同志的、同族的関係をつくることがもっとも良質な仕事を生みだせると考えていて、これは今日でも変わっていない。三〇年前私の原稿がすすまないのにしびれを切らして、六〇年代に一緒に銀座を飲み歩き、私の現場のあった九州で当時の岩田学園の理事長に連れられて明け方まで芸者屋で騒いだことなんかを思いだしたらしく、突然私を赤坂の料亭に招待し、太鼓持まで繰りだして、落ちこんだ私を元気づけようとしてもやっぱり浮かぬ顔をする私に、とうとう自らが太鼓持よろしく踊りはじめる始末。

やっと私は次のような数行を書きとめることができた。

――ぬけるような空をしていても、日本の内海にはこのような透明な空気がない。私はこの青空を、もう一度、正方形に切り抜く必要を感じる。その奥にあらわれる幾何学的な透明性をもった空間。おそらくそのようにしてはじめて二千年以上も前に、エーゲ海域の生みだすことのできた空間の形質に接近できるのではないか、と私には思えてならないのだ。

（「非透明性の空間」『エーゲ海の村と街』／一九七三年／p.14）

正方形、どうして突然それが青空に浮かぶのか、理由を説明できていない。勿論、青空は終戦の日、つまり玉音放送というのがあった日、松根油を採ると言われて、丘の松を切り倒していたときの空にちがいなく、（それ故に『空間へ』初版の表紙は空色の青だった）その後にエーゲ海の島々を船で渡り歩いたときに見た青空は、もっと乾いており、この透明さこそが幾何学的な結晶を生みだしたに違いあるまい。『ティマイオス』の宇宙生成神話はこの透明な空気に由来すると、妙な確信をもったこと、それが結びついたとしか思えない。だから正方形。どうもこれでは理由にするには不足だが、ひとつの形象が浮かびあがっており、何故かこれに、フェティッシュにこだわりはじめる、こんな逃れられないつき合いがはじまってしまったとき、もう正方形だと言い切るしかない。

もうひとつ加えるならば、あの正方形のむこうにエーゲ海の透明性があったと書いたけど、実は松根油を採るべく動員されていた日の青空の背後には、闇がべったりはりついていた。宇宙空間という暗黒かと思っていたけど、無限に墜落していくような闇で、後になって、あれは反転して自分の内部をのぞいていたに違いあるまいと思うようになるけど、正方形が浮かんだ時点にあっては、「闇と虚が背後でつながっているのか否か、いまはわからない」（「闇の空間」）と言ってしまった手前、いや本当に思いつかなかった。こんな連想で、正方形とはブラックホールの異名であると言ったりしたら、もっと筋書きが混乱しちまっただろう。円に置きかえる。これならチューブ状になって、無限遠の闇の奥へと引きずりこめる。コッポラの「アポカリプス・ナウ」（邦題「地獄の黙示録」）はそんな奥の闇へとメコン河らしい流れを遡行している。船で到達できりゃ、立派なものだ。ワルキューレをガンガン鳴らして虐殺するヘリにどうして乗らない。こんな理屈に合わないことが映画だからまかりとおるので、さしあたり、奥はないのだ。深さもないのだ。と言いはっておこう。正方形と円と、もうひとつ三角形があるはずなのにまだ自覚はしていない。禅坊主の描く茶掛けの○△□になってはつまらない。無根拠に根拠を与えてしまうではないか。水戸のアートタワーまで待ってもらわねばならない。その正方形、実は六〇年代に使っていた。N邸（一九六四年）、大分県立図書館（一九六六年）はRCの梁断面は中空で正方形になっている。これはエーゲ海の空に浮かんだものではなく、黄金比や木割などの比例の体系が建築の美的構成を支えている、つまり、建築を建築たらしめている規範であり根拠であると語られてきたことにたいする単なる反発に由来する。正方形に比例はない。立方体にもない。それは等辺の物自体に過ぎない。RCならば重量があり、木材ならば量感を生みだす。それ以下でも以上でもない。こんな物体をとりだすことで、あわよくば既成の美意識を破壊することを目論んだに過ぎない。だが、いっさいが零に還元され、眼前には只の白紙しかないとき、そこにはじめて浮かんでくるのが正方形と円であると気づいたときから、そして、もう一〇年も以前から、つまり自分で建築家として自覚的に図面を描きはじめたときから、この単純な幾何学ばかりを使っている。それがひとつだけでなく、複数化し、大量に反復を開始し、増幅し、斜線方向に投影され、反射し合い、いつしか錯乱していく光景を思い浮かべている。つまり、一種の自動生成の原単位に措定されていることがたった一〇年程のプラクティスの合間にみえはじめているので、これをはっきり認めたうえで、この生成の有様を論理づけておく必要があるのではないか。

エーゲ海の青空を正方形に結びつけるとき、『ティマイオス』を手がかりにしようとしたが、何故ここでプラトンの著作が出現するかとすれば、既に一九二〇年代に、抽象的形態が美的であり得ることの根拠づけとして、さだかではないが、おそらくハーバート・リードあたりの著作にこんな言及があり、彼もまた孫引きにちがいあるまいと思いながらも既に利用されていることは見当ついていたし、これがプラトンのイデア論というものらしいと考えてみたりしても、何か実際の役にはあまりたちそうにもない。それよりも、私は偶然に白紙のうえに浮かんだ正方形と円形をいたしかたなく、そしてとりあえず選択し、どうもこれの乱反射する増幅をこそ考えているらしいと気づきながら、『空間へ』をまとめるために書き散らした文章を読み返しているうちに、説明にいきづまり根拠もさだかでないときに、「手法」とこれを呼んでいることに気づく。自らの手の痕跡ならば、自動記法でさえここに包含できるし、誰もが納得しなくてもかまうまい。手前味噌である。正直なところ「手法」は私自身のデザイン行為がまったく無根拠なまま、とりあえず開始され、いったん作動がはじまると、操作不能になるまでに、かってに動きはじめている。誰がそれを動かしているのか、その点を自らに問いかけてはみても、答えはない。自分で制御できないままに、建築のデザインはかってに進行している。いずれそれは「他者」という概念によって語られることの一部分だと思いはじめるが、こんな理屈は後からしかやってこない。ともあれ、最初から巻きこまれている。手のつけようもなく私という肉体を巻きこんでいる。予定調和的であるメタボリズムから私が脱落したのは、この不可抗力のような起動性の運動力をこの人たちは制御できると信じこんでおり、テクノロジーは意のままに使えると思いこんでいる、そんなオエライさんにはついて行けないと単純に思っただけで、それ故に「プロセス」に巻きこまれ、目くらめっぽうにぶった切る、「切断」と呼んだ介入しかやれそうにないと諦め加減につぶやいていたそのときに、格落ちの感のある「手法」を方法的な手がかりにすればいい、まあこんな具合に思っていた。だからこの頃に書いた文章をいろんな人が英語に訳してくれているけど、手法と方法はごっちゃになっている。これは書いている当人が定義不能な、意味不明瞭なまま使った言葉であるためで、訂正を言うこともできないから、文句も言えず仕方ない。

三〇年後のいま、二川幸夫にかつて迷惑をかけ、赤坂の料亭で散財させたことを想いだし、あのときの借りに利子がつくと、滅多に原稿料の請求もできないなと反省をする。その原因は、たったひとつのイメージである「正方形」をはたして根拠づけできるのか、という自縄自縛の問いにきりきり舞いして、あげくに「手法」という曖昧模糊とした概念を理由不明のまま偏愛し乱用する、こんな破れかぶれのやりかたに立ちいたることになってしまった。選択とか決定とかいえば通りはいい。そう言い切ると信用度が増加することも知らないではない。だがそんなのは嘘だ、と私には思えた。これが落ちこみの原因だ。そんなに気安くやってくれるなよ。詐欺じゃないか、とつぶやくとしても、これに対抗するだけの理論もない。イメージもない。何かが崩れている。解体中なのだ。言いかえると、すべての由来は、先に書いたように、万博会場より撤収したくたびれ果てたわが肉体の存在にあったのだ。

構造主義を批判して次の世代がポスト構造主義をつくりあげる、こんな具合に二〇年も経ると整理をされ、つまらないものは消え重要な著作だけが残され、それも要約や解説がつくので読む方は効率がよくなる。だが、そんな風にアカデミック（?）に整理されるのはずい分経った頃で、はじまりの頃は支離滅裂。六〇年代末から七〇年代の初めには、構造主義もポスト構造主義も順序不同で紹介がはじまり、そのうえ誤訳や珍訳やがいり乱れており、原文を読みこなす語学力のない読者はきりきり舞いしていた。同じ言葉が別の訳者によってはまったく違う日本語にうつされている。わざわざむつかしく訳されている。それに比較すると近頃のヘーゲルやマルクスの訳はやさしい。読みやすい。なんだこんなものだったのかと言いたくなる程にあの頃までの訳はむつかしかった。独語系が戦前からそうだったように、仏語系がややこしかったのだ。正直いって、英語訳されたら今度はバカみたいに簡単にみえる。いったいどうなっているのだ。私は珍訳にまどわされたのにうらみを持った。

そのうち誤読こそが創造の手がかりたり得るという説を聞くことになる。テクストを正確に理解しても何の足しにもならない。それを違ったように解釈し、そして誰もが組みたてていないような新しいテクストに変換する。遺伝子の突然変異の発生機構こそが創造のモデルたり得るというわけだ。昨今の遺伝子操作はアナグラムとしての暗号を解読するため、探偵小説を読み過ぎた連中が戦争中に開発した計算機利用法をいたずらにふくらませたとしか思えないが、ここには大転換が起こるという面白味がない。たんにコンピュータが廻っているだけだ。道元の『正法眼蔵』のもっとも独創的な箇所である『有時の巻』は、中村元の説によれば中国文と日本文のごちゃまぜ解釈に基づいて「時」の存在論がはじめて生みだされたことになっている。殆ど誤読である。自分勝手な解釈を導くため文法や語順を無視している。そうすると、ごく日常的な説明語が一挙に奥のひらいた存在論的思考の契機を与えてくれるというわけだ。私たちはいつも誤読ばかりしている。重要なのはそのあげく誰も手がけていない地平がひらかれていることだ。禅は無言であるとはいっても、あの問答は言語の過剰操作や逸脱を下敷きにして、無限に比喩が乱用されたあげくの行為の体系であるからには、道元自身は中国語は熟知していたはず、同じ文字を用いながら、発生してしまった両国間の論理の差を一気にのりこえるということは、今風にはヒューモア、あるいはトランスなのだろうが、あげくに別な世界が出現する。ここまで大げさに言う必要はないが、Ｆ・Ｌ・ライトが岡倉天心の『茶の本』の老子引用部分を誤読したあげくに、「箱の破壊」という彼が語り得たもっとも重要な方法を組みたてた、といった視点もいくらか道元を先達と思ったことに由来はする。それも「手法」という格落ち概念を補充すべく濫読をかさねたあげくにみつけたもので、こんな文章も、ＧＡシリーズの第一巻『ジョンソン・ワックス本社ビル』につけたときに形をなした。誤読するには実はとてつもないヒューモアと論理転換を支えるエネルギーを必要とする。万博のあと、これを私は少しばかり一般化して六八年の挫折と呼ぶことにしたが、そのときの回復にはかなりの時間が必要で、「手法」がこうしてやっと浮かびあがった。

「手法」といっても、つまるところ空白あるいは白紙のうえに浮かんだ正方形と円形をとりあえず、つまり無根拠に採りあげて、これを疑うことを自らに禁じて、ひたすらその操作に専念する、この概念を支える論理を捜すことだった。先廻りして言わせてもらえば、とりあえずとはテンタティヴであり、ANYであり、疑うことを自らに禁ずるとは、決定不可能性に対処することであり、操作に専念するとは、事物の自動生成としてのオートポイエシスに身をまかすこと、こんな格落ちの説に固執するとは、自我としての主体はくまなく他者に占拠されていることを予見することだった。一〇年ほど過ぎて準備をはじめたANY会議にかかわる遠因はこんなところにあった。

ANY会議が手がかりにした理論的背景をなす著作は、主たるものは六八年時点で既につくりあげられていたとしても、誤訳・珍訳で私には殆ど理解不能であったが、その頃に五〇年以上も昔のロシア・フォルマリズムの著作も紹介されはじめた。私はロシア革命の前後に美術でシュプレマティズムが生まれただけでなく、そこには文学を何が文学たらしめるのか、というもっとも根源的な問いにむかい合おうとした仕事がなされていたことを知った。言語論についても同様だった。建築については、戦前にギンスブルグの構成主義論の日本訳があり、これを古本屋で手に入れたが、原文のせいか訳文のせいか、私にはまったく理解不能だった記憶があり、殆どおそれをなしていた。ところが、文学批評家シクロフスキーが「異化」といっていることが、私が正方形や円形などの純粋幾何学形態を建築と認定することが可能にし得るような論理の構築に手がかりを与えてくれるように感じた。勿論異化の構図は、文学と建築では違うだろう。参照も不可能だろう。だが、異物として手のつけようのない物自体に還元されると、それ故にこそ建築に接近する可能性が生まれてくるのは異化の構図に近いではないか。異化は山口昌男経由でいずれ大江健三郎が自らの文学論の中核に据えていくことになるが、それは文学の世界のことであり、私は物、あるいは物自体を扱わねばならず、説明する場や領域も違っている。異化作用よりは、手法（これもシクロフスキーの用いた言葉だった）のほうが自動生成システムや過程へ変形をされながら介入する主体の作業状態により近いようだと見当をつけた。「何故《手法》なのか」（一九七二年）という文章を書いた。この頃はシクロフスキーもミシェル・フーコーも勿論デリダも登場しない。彼等の説を引用できるほどに読めてもいなかった。ひたすら自分のやったかぎられた経験を、モダニズム批判の視点から再整理するだけの目的だったが、やがてその論には他領域に参照すべきいくつかの興味ある著作のあることがわかってきて、ちょっとずつの参照が増えていく。そして悪いくせがでる。もう参照するものが見つからないとわかると、自分の理論も一緒に放棄する。正直なことを言うと、やっぱり私は自分の手の動いた痕跡しか信用してない。論はどんなにも組みたて可能と思っている。手の痕跡へと逃げをうつ。それを「手法」論はよりどころにしていた。自分から言うのもおかしいが、タイトルで逃げを打ってある。だから「何故《手法》なのか」だった。

時に正直なことを書くと、揚げ足をとられて、揶揄の対象になる。政治家だったら失言ということになり、言わずもがなのことまで言ってしまうバカだ、政治家失格だ、となるに違いない。大阪万博の仕事をしたことは、「戦争遂行に参加した気分」だったと回復期に書いてしまったことで、やっぱり戦犯だ！と攻撃された。本気で戦争をやった張本人だったら、こんな中途半端なことは言わない。堂々としている。すると攻撃する手がかりがなく、平気で切り抜け得るのがこの国の基本的な床屋的政談の型で、建築界でも充分に通用している。それにしては私のこの発言はナイーヴで、政治的配慮に欠けてもいた。私は本当に挫折していたので、正直に書いた。だからつけこまれる。こんな状態をヴァルネラブルな、と呼ぶらしいことは後にわかってくる。これもまた文化人類学経由の用語らしいが、決して弱者論ではない。弱味論である。つけこまれやすい人はたくさんいる。騙される人もいる。騙されたって本人が好きでやっているからいいじゃないか、と思う人のほうが居直ったあげく、いずれうまくいく。少なくとも精神衛生上いい。政治的発言や立ち廻りにたけた人は、このあたりの気分のあやをブッタぎれる人、タフガイと言ったりするが、私には根が鈍感だから、蛙の面に水になっちまったのだと思える。しかしたんに弱味が美点なのだともいってられない。その後にすぐ、もっときつい非難に近い批判を私はあびる。

「都市よりの撤退」とまとめて呼ばれるようになる言説を私は組みたてた張本人に目されることになった。前衛的な建築家の使命は社会改造をすることによって、建築物を収容するだけでなく、それによって構成されている都市をあらたな集合的な社会生活の容器として構築すべきと語られつづけてきた。都市（計画）を建築の根拠づけにしようとしたのは日本では丹下健三がそのはじまりでもあり、それ故に私は大学院の席を都市計画講座に置くことにしただけでなく、六〇年代をつうじて、都市しか語ってこなかった。あげくにこの都市からの撤退を言うとは、転向ではないか。この頃まで転向とは人間的な資格においての失敗であり、裏切りであり、脱落者であり、再起などもっての外の精神的無期懲役を宣告されることに等しかったのだ。これに比較すると、原広司が「都市を住宅に埋蔵する」というのは受けがよかった。決して都市を見捨ててはいない。しかもたくみに制御されながら、建築家の取りあつかえる守備範囲にとりこんでいる。私にはこんな配慮はできそうにない。建築を根拠づけるはずの都市が見えなくなっただけでなく、都市と建築の調和的関係が崩れて、肌分かれしてしまった。離婚せざるを得ないんだよ。分かれたはずなのにまだ相手をつれ合いにしておき、自宅にとりこむなんて不潔じゃないか。撤退！　そう、都市という外部に根拠を求めるべきじゃない。いさぎよく縁切りして、自立して、自らの内部にこそ根拠をさがす。ひとつの関係の崩壊に立ち合えば、かなりの混乱はまぬがれないのはわかっている。汚名をきせられる。これも覚悟のうえで、都市を関係性という方程式から排除する。そして、建築に閉じこもりながら、自らの内部に建築の根拠を求める。自己言及的でいいじゃないか。いささかあやしいところもあるがトートロジーをトートロジカルに生き抜くしか抜け道はないよ。だから、「手法」。つまり手法という自律的な自己増殖システムに全面的に依拠することによって、自閉を覚悟で物自体の生産に集中する。調和や均衡なんて糞くらえだ。まだちょっとばかりネオ・ダダの気分は残っている。家庭崩壊から抜けだすのと、このロジックの組みたては並行していた。

シクロフスキーたちの仕事は、これがロシア・フォルマリズムと一括されている真意を理解できていたとは思えない。命懸けの飛躍というには大げさだが私には、目をつぶって跳ぶことだった。そのうち勝手に「手法論」と呼んでいたことの内実が広義のフォルマリズムであることが理解できはじめた。マニエラとはフォルマリズムの代名だとも考えるようになった。だから七〇年代の初期、いちはやく文脈主義《コンテクスチュアリズム》が登場して、説得力をもって浸透しはじめたとき、私にはこれは保守主義にみえた。それは都市を相変わらず根拠づけにしていた。もっと強固に絶対化もしていた。それよりは衝突。コンフリクトのあげくに不意に、突然変異を発生させる。六〇年代、都市と格闘しながらその時間的な秩序をもった調和的展開に激しい憎悪をいだきつづけたのを忘れたわけではない。こんな都市を根拠づけに用いるのは、近代の絶対時間にまどわされたあげくの間違いで、私はその時間の切断や反転ばかりを提案してきたはずなのだ。そのためにも、反時間的な建築に立てこもること。つまり「手法」に固執すること。撤退を転向と呼ぶ汚名に耐えるには、「手法」に立てこもるしかないじゃないか。決して確信なんかじゃない。殆ど絶望的な選択だった。

ジュゼッペ・テラーニの私的読解

一九七〇年を過ぎた頃、私は旅に出た。六〇年代をつうじて政治の季節とでもいうべき動乱のなかにいて、心身ともに疲労の限界に陥った状態から回復する手がかりを探すためだった。六〇年代をつうじて、ラディカリズムが文化的状況を政治化させた。ラディカリズムに目標はない。完了も完成もない。字義通りに根源にむけて、解体する。自滅したときにその運動は終了する。根源へとは、零にもどることだ。一九七〇年に、私は心身ともに壊滅し、危機的な有様だった。そして、零状態に到達してしまった私を見いだした。零からの出発などというのは単に聞こえのいいだけで、本人は絶望的な状態からの出口を見いださねばならない。そのための旅だった。

旅程にグラスゴーとコモを組みいれた。そしてストックホルムとリヨンを再訪する。いずれもヨーロッパでは周縁的な位置にあった街である。そこにある四つの建物をみること。いや訪れて、なかに入り直接体験すること。グラスゴー美術学校、カサ・デル・ファッショ、森の火葬場、ラ・トゥーレット修道院。その建築家はマッキントッシュ、テラーニ、アスプルンド、ル・コルビュジエ。

一九六八年、既成権力への異議申し立てのなかで、文化的事件として決定的だったのは、ユートピアは死んだ、と語られたことだった。近代建築は、未来の社会をユートピアとして建設する、その一点においてすべての異なるイデオロギーが一線に並んでいた。もっとも巨大なデマゴギーは、その一線に並んだ多様なアイディアを国際様式と一括して総称したことだった。それもまた世界資本の覇権主義的発動ではあったが、モダニズムとして全世界へ浸透していくことになる。その結果、擬似的ユートピアとしての現代都市や現代建築がいたるところに出現した。達成してしまったかにみえる近代のユートピア。それこそが既成権力そのものとみえることにたいして、死を宣言する。みずからつくりあげようとしてきた近代的なデザインを、そこで生みだされてきた論理によって否定する。自己撞着しながら自己言及せざるを得ない。それが一九六八年のラディカリズムであった。みずからがつくりあげてきたはずの近代建築にとどめをさそうとした。逃げ道も出口もない。解体し壊滅するだけしか残されていなかった。

私は回復の方途を捜すために、この四つの建物を訪れることにした。国際建築様式というモダニズムが編成されていく過程で、ふるい落とされてしまった要素や特性を、これらの四つの建物は保持しているのではないか。機能主義的合理性の名のもとに、実用性と技術的新案と工業製品の表示に評価基準が限定されてしまった。そこから脱落したのは、《建築》の形式性と政治性と詩的制作性ではないか。そして、生産物がすべて商品化されている。世界資本が国際様式を動かしたのは当然だろう。そんなとき、少なくとも辺境に、殆どおぞましいが故に脱落させられた建築が残存している。国際様式がすくいきれなかった特性をみつけなければならない。ここにとりだした四つの建物は、工芸・政治・儀式・宗教を目標としてデザインされた。そのあげくに、共通に露出しているのは、エロティシズムと純粋幾何学的形式性である。建築物からは商品的実用価値は早々と消える。だが、その内部空間がもつエロティシズムと外部空間がもつ形式性はより明瞭に残存する。社会的要請に直接解答することが無意味になった状況において、エロティシズムと形式性に徹底して《建築》の手がかりを求める。それが出口へと導いてくれよう。

その旅行のあとに、マリリン・チェアをハイバックで設計した。それはマッキントッシュにオマージュされた。そして、ラ・トゥーレット修道院について、「海のエロス」（『GA』11ル・コルビュジエ「ラ・トゥーレット修道院」／一九七一年）と題するエッセイを書いた。カルテジアンを自称したル・コルビュジエが、最晩年に、全身体的な知覚を深海のような空間のなかにただよわせることで、姿のみえぬ神と交接する、そんなすべてのロジックを超えた世界に到達していたことを言葉にしたものである。そして群馬県立近代美術館を単純に立方体フレームを並べるだけの状態に還元することによって、空洞としての美術館と呼んだ。その背後に、アスプルンドの森の火葬場のフレームと、テラーニのカサ・デル・ファッショの立方体があることはいうまでもない。参照したちょうどその時点から四〇年前に設計されたこの二つの近代建築は、早すぎた両者の死と戦争と戦後の国際様式の世界制覇のあわただしい過程のなかで、殆ど忘却されていた。嫌われる理由もあった。すなわち、古典主義の伝統がもっとも強力なこのヨーロッパの二つの地方において、一方は典雅な古典主義、片方はノヴェチェンティスモと呼ばれた圧倒的な運動があったなかで、両天日ともそのさなかから建築家として出発した。古典主義の建築が、その基本的構成に厳密な幾何学的形式性を下敷きにしていながら、長い歴史的な過程で大量の表相へ附加された細部装飾でおおわれてしまっているのを、徹底して還元させて、その形式性を露出させる。それが期せずして同じような立方体のフレームであった。ストックホルムとコモにどういう交流があったか私は知らない。ＣＩＡＭの活動に両者が関心をもったことは記録されている。だが立方体のフレームへと引き剥ぎを強行したのは、いずれもが孤立した作業場所においてであった。カサ・デル・ファッショ（一九三二―三六年）、森の葬祭場（一九三五―四〇年）と時期も重なっている。

私は六〇年代に建築家として出発したときに、円筒（空中都市）と立方体（Ｎ邸）を既に選択していた。その純粋幾何学的立体が、固定した形式性において、自由な構成を標榜しているモダニズムと相容れないことは予感していた。だが相手もまた解体していくなかで、立方体と円筒にあらためて固執することにした。これは古典主義が数世紀にわたって消費しつづけてきた要素であるからには、とてつもないアナクロニズムであろう。だが、アスプルンドとテラーニがその過程を歩もうとしていた。彼らがその死によって作業を停止した四〇年前に時間を巻きもどして、そこから再スタートするのはどうか。彼らのなしたのは、古典主義をその原型へと遡行することだった。だが原型からもういちど演繹を行なっている。アスプルンドはあらためて優雅な古典主義的要素を洗練させながら挿入する。テラーニは完結した箱を壊し、ズレを発生させ、重層させることによって、後にフェノメナルな透明性と呼ばれるようになる操作を複雑に開始している。この二人の建築家はこうして立方体を操作すること自体をデザインしはじめるその最初の建築を一九三〇年代の末期に完成させたが、彼らの死とすぐに起こった戦争がその展開を停止させてしまった。

私は一九七〇年代のはじめ、この二つの建物にインスパイアされながら、そこに露出しはじめていた立方体フレームを、徹底的に裸にしてしまおうと考えた。裸にすること、引き剥ぐこと、それは既に今世紀初頭にアドルフ・ロースによって実践されていた。彼は十九世紀までに建物に大量に附加されてしまった装飾要素を排除した。そして現われたのは裸の部屋、抽象化された箱だった。アスプルンドとテラーニはそれを継続した。古典主義の伝統のない日本で仕事をはじめたため、私はむしろマルセル・デュシャンが「裸にされた花嫁」でえらびだした裸のやりかたに従った。

ここでは最初から花嫁は裸にされている。そして、ジェンダーとしても他者たらざるを得ない独身者たちの欲望の照射にさらされる。自己と他者との間にはその論理学的な定理として超えることのない閾が存在する。二つの欲望の間にある閾、もしくは距離が存在するわけだが、これを超えようとする欲望がエロティシズムを生みだす。アドルフ・ロースが森のなかの埋葬された盛土を《建築》のはじまりと呼び、かなりの老年になってから少女姦の疑いをかけられるようなオブセッションをもったのは、彼が裸にしてしまった箱もしくは部屋にはその表面や内部を充填するものがみあたらず、いっさいの不在が浮きでてくる、その恐れによることに間違いない。不在を不在のままに放置できない。他者が土足で踏みこんで埋めてしまう。デュシャンのやりかたはオブジェクト・レベルにおける間隔や距離を消し去る。独身者の欲望が花嫁を裸にしたのではなく、花嫁ははじめから裸なのだ。それをさらに裸にするとは、メタレベルにおいて、形態を概念と同一視することに他ならない。

建築物を立方体を用いてデザインするのではない。立方体そのものが《建築》なのだ。私がアスプルンドとテラーニにインスパイアされ、彼らが存在を停止した地点からもういちど出発しようと考えたときにやったのはこんな風に思考プロセスの順序をひっくりかえしてみることだった。それは《建築》についての構築物として、純粋立体に還元することである。メタデザインとでもいうべきやりかただった。デュシャンの描いた「裸にされた花嫁」と同じメタレベルに「純粋立体」を位置づける。デュシャンが《芸術》という制度に亀裂をいれるために裸へと引き剥ぎを実行してみせた先例に従って、《建築》という制度もあらためて問いなおし得るだろう。そんな期待ももった。

ひとつだけ欠落していた。引き剥ぎのあげくの不在もしくは欠落をアドルフ・ロースが少女姦で補完せざるを得なかったように、立方体フレームは空洞を内部にかかえこみ、不安定で不確実な要因の跳梁にまかせてしまう。デュシャンはみにくい独身者たちの群像を描いた。もともとそれはエロティシズムを生みだすためだったのだから、密実な充填がなされていた。この欠落が何かで補填されねばならない。森の葬祭場では死の儀式が行なわれる。カサ・デル・ファッショではファシストの政治的集会が催された。いずれも参画者たちの心的な高揚が期待されている。そういう演出がなされた。死と政治におけるラディカリズム、それは後もどりできない極点へむけての疾走であるから、エロティシズムの全面的な開花を動機づける。私の旅の前に三島由紀夫が自死し、帰国して浅間山荘の赤軍派事件があった。いずれも六〇年代ラディカリズムが最終的に到達した地点だった。不可能とみえる極限的な状態への接近を死と政治だけが可能にしたが、いずれも破局でしかない。デュシャンの大ガラスにおいての上部の花嫁と下部の独身者の間にひかれた一線のもつ意味が浮かびあがるだろう。それがエロティシズムそのものであった。そして、あの二つの建物にみられる立方体のフレームは死と政治を、両者の存在が不在であることを、内部の空洞によって代理表象させていたともいえるだろう。

私が六〇年代のラディカリズムから学んだのは、分類され、分節され、相互に独立したとみられている事象の間に生まれている間隔、距離を圧縮し短絡してしまうことだった。政治は死のようにエロティックだった。同じように立方体フレームもエロティックたり得よう。マッキントッシュのデザインはいかなる裂け目にも浸透し、可触的に内部空間を変質させた。ル・コルビュジエのラ・トゥーレットでは、それが内触的な空間へと変貌することがあり得ることを示している。身体の内部へむけて浸透するこの感触こそがエロティシズムそのものの発現である。七〇年代になって、私は立方体フレームをとりだし、メタレベルとオブジェクトレベルの区分を撤廃しながら、その裸にされた形式性だけが《建築》を支え得るのだ、と語ろうとした。政治の季節が過ぎたその時点で成功したのは、いっさいの附加されたメタフォアを剥ぎとって立方体フレームそのものにできたことであり、それは単純にオブジェクトそのものになり、あの二つの建物がもつ死や政治といったエロティックな含意が消滅してしまっていることだった。

私は、メタ＝オブジェクトになってしまった立方体フレームが空洞しかそのなかにかかえこみ得ないことを感知した。これが美術館の額縁《フレーム》であろうといった。商品化し可動性をもってしまった今日の美術作品の出入りしている空洞、または空隙を囲うフレームのメタフォアになるだろうといった。それでも空洞は残存する。政治の季節の過ぎた七〇年代は物体を記号に転換し、それ故に操作可能になると信じることからしかはじめ得なかった。すなわち空虚あるいは不在とむかい合いながら、形態だけが操作対象にされる。この過程でいっさいの附加され表象される意味は不用となる。私はそのような形態操作の生みだす形式だけに注目し、それを「手法」と呼んだ。発見されつくしてしまった形態だけに執着しながら、その操作《マニピュレーション》に専念する。徹底するために、形態が含意し表象するすべてを排除する。都市からの撤退、政治過程の表象や社会的有用性さえ、その言説の構図から排除する。それは十六世紀のマニエリストのまなざしを回復することでもあった。

一九六八年の文化革命の挫折から、一九八九年のベルリンの壁の崩壊にいたる二〇年間は、核の崇高のもとに、世界の歴史が宙吊りになった。政治的な決定要因は後退し、流動化した世界資本が建築的開発ブームを支えた。この宙吊りの時代には、建築的形態は非政治的となり、それが故に形態が内包するイデオロギーも脱色されて、ひたすら商業資本の論理が支配した。私のテラーニの仕事の解釈もこのような宙吊りの時代を反映しているだろう。それはとりわけ彼の形態的構成に注目し、いっさいの政治的含意を排除することにみられる。そのとき歴史は棚上げされたまんまで、《建築》としてコモに位置しているひとつの物体に注目するからでもある。このとき歴史的諸事実は引用可能なテクストというアーカイヴに収められる。あらためて宙吊りにされる。検索の対象になっている。いったんそのような収納をしたあげくに、形式が自動生成していく手だてを講じる。これが私がたてた「手法」論の戦略であり、明らかにフォルマリズムを意図していた。

　フォルマリズムによる歴史的な建築の読解の範例はコーリン・ロウの「理想的ヴィラの数学」にはじまるといってもいい。彼はル・コルビュジエの、主として二〇年代の住宅をパッラディオのヴィラと形式性のレベルにおいて比較し、そこに共通の構成的構造が下敷きにされていることを証明する。これは彼の師ウィトコウワーが「ヒューマニズムの時代の建築」においてなした幾何学を介しての十五世紀の建築の分析を現代にまで拡張するものだった。コーリン・ロウに学んだピーター・アイゼンマンがテラーニに注目したのはいわれのないことではなく、テラーニはまさにル・コルビジュエが開発した斜線と分割の手法を、再解釈して、この操作を隠蔽したりせず、おもてに露出することを繰り返していた。ル・コルビュジエの無表情なパネルがパッラディオのそれを連想させ、マニエリスムの再解釈とみられていたとするならば、アイゼンマンのテラーニ解釈は、その関係のさらなるマニピュレーション、つまりマニエリスティックな読解とみることもできる。ここにはフォルマリズムが、みずからの「読解の型」とでもいうべき形式を自動的に再生産している過程がうかがえるだろう。

　フォルマリズムこそがあの宙吊りの時代にもっとも適切な、殆ど唯一の可能性をもった読解の方式であり、設計の手法でもあると私は考えた。その理由から、コーリン・ロウからピーター・アイゼンマンにつながるテラーニ読解に注目した。私は、下敷きになっている幾何学をおもてにみせるように反転することを考えていた。それは、私が六〇年代に建築家として出発するときに、モダニズムを継承することを拒絶したためもあって、カサ・デル・ファッショのテラーニや、それにつづいて、番号のふられた住宅のシリーズをやりつづけたアイゼンマンがねらったフェノメナルな透明性を生みだす視覚言語の操作とは異なって、概念を形式に固定させてしまうことを形態を決定する要因にするために、純粋幾何学的立体をもっぱら複合する操作に集中することになった。

ベルリンの壁が崩壊したとき、私はもういちど歴史がもどってくるように感じた。それまでの二〇年間に、ひたすら貯蔵庫にいれられた諸事実がもっている形態のレベルでつき合ってはきたが、このやりかたが早々に駄目になるだろうとも思った。そして、やるべきことは「死んだ」と語られたユートピアをあらためて考えはじめることだろう。森の葬祭場とカサ・デル・ファッショを二〇年前に訪れたように、中断させられてしまった今日のユートピアを再検討する。私は九〇年代のはじめに、「ムンダニウム」と「ダンテウム」についての文章を書いた。ふたたびル・コルビュジエとテラーニだった。私の関心は建築的構想力が世界国家とか神話的文学とかを包摂しながらそれを具体的プロジェクトに組みたてることが可能か否かを問いかけることだった。

世界が宙吊りの期間では、その問い自体が無意味に思われた。だが歴史が帰ってきたとき、建築的構想力の可能性はもういちど問いなおされていい。もうひとつの世界を確実にデザインできるだろうか。それはあらためて建築的形式が何ものかを表象し得たかどうかを問うことでもある。

カサ・デル・ファッショは七〇年代から八〇年代にかけては、数学的なマニピュレーションがいかにモダニズムのもっともすぐれた範例を構成していったかを、数学的に読解することの絶好の対象とみられていた。だがこれが建てられた直後においてはすでに同様な先例がいくつもあると指摘され、その独創性に疑問がかけられてもいた。このメディアのデマゴギーは、サルトリスが「テラーニは自らを剽窃した」と事例をあげて擁護したことで決着がついたのだが、その論争の背後に、この説得力にあふれたモダニズムの達成した建物を、イタリア・ファシスト党としての公認の建築様式として採用すべきか否かという、いたって政治的な課題がひかえていた。体制の建築家であったピアチェンティーニの一九三七年のパリ万博のイタリア館のファサードが、カサ・デル・ファッショを横に寝かせた姿をしており、ピアチェンティーニでさえテラーニに追従しているとみえるとすれば、これをファシスト党公認の様式とせざるを得ない。しかも、列柱廊を積層する形式はローマ時代の遺跡セプティオニウムにもみられる。とすればこれはナショナル・スタイルといえるではないか。それを政治的な要請に基づいた読解であるというのはやさしい。カサ・デル・ファッショはそのように読める程に明快な形式をもっている。しかもファシスト党のコモ本部の庁舎である。ナショナリズムへと引きいれるための幸運ともいえる関係のなかから生まれている。デザインされた建物が英雄的にみえるだけでなく、デザインの身振りもまた英雄的なのだ。

立方体のフレームをこのような政治的読解から救出することがフォルマリズムの読解の政治的な役割りともなっていた。だが、このように脱色されてしまったイデオロギーの政治性も、一九八九年頃には、あらためて色あせてみえはじめた。といえるのは、私自身の経験に基づいている。八〇年代、私は、形式そのものが批判の道具たり得ないか、と考えた。批判の相手は一九六八年の文化革命の挫折の際に壁として立ちはだかっていた民族国家そのものだった。それが直接的にクライアントとなったつくばセンタービルの設計と、新東京都庁舎計画において、前者は国家の貌の不在を中心の消滅として、後者は権力の象徴としての超高層化していく垂直性の表現にたいする否定として、それぞれ提案をしたが、その批判の意図を伝達し問題化することができたとはいえなかった。歴史が宙吊りになっているのだから批判が不発におわるのは当然の結果であるが、これらの批判的提案が逆に私にそんな歴史状況への認識をあらたにさせた。形態の操作に固執するフォルマリズムを政治を語らずに駆使する方がまだ政治的にみえた。そんな迷路のなかにあって、私はあらためてテラーニに遭遇した。

日本において、民族国家を批判することを具体的提案に組みたてようとしていた頃、私は同時にロサンゼルスのＭｏＣＡの設計にたずさわっていた。美術館の基本はギャラリー巡りである。そのサーキュレーションの編成にたいし、それまで立方体フレームに固執しているが故に意図的に排除してきた黄金分割がその連鎖によって自動的に渦状のパターンを生む性質を、平面構成に導入した。二つの渦状巡回路を使うことだった。

それがテラーニに再度遭遇するきっかけだった。「ダンテウム」はまさにこのスパイラル構造によって構成されていた。もちろん、分割、ズレ、明暗、等の彼の一連の形態操作がすべて駆使されているが、黄金分割の平面的な展開がその全体を構築している。

ダンテの神曲の地獄下りの過程は、漏斗状のコーンの底にむかってスパイラルをえがきながら降下していく。そのようなテクスト解読がテラーニのこの平面計画に直接応用されたか否かについては、私は証明できない。だが、ここでは文学的に組みたてられた神話的空間を、体験可能な現実的な建築空間へと余計な要素をいっさい排除しながら翻案している。ＭｏＣＡのデザイン過程で、偶然私はこの「ダンテウム」の読解の手がかりを見いだしたと逆にいってもいい。私はいわゆるモダニズムをはるか遠くの地点にまで超えてしまったテラーニを見いだしたように思えた。そして、《建築》には超越的な世界でさえ再構築してみせる力があることを理解した。

歴史がかえってくることは、《建築》に主題が回復することでもある。宙吊りが解かれたとき、だが主題は一九三〇年代とは大きく異なっていた。ファシズムは幻影としてしかない。それが支えとした民族国家さえが存立を疑われている。二極対立の緊張がゆるむと、いっさいのベクトルは内部へとむかう。自己言及的になり、内部的な矛盾が露出する。主題はあらためて、共同体、起源、制度、他者、ジェンダー、メディアへとむかう。《建築》がそれを表象可能かどうかが問われはじめる。それを編成する力があるだろうか。とりわけ私には、このように散発的にみえる諸主題の異なった世界、あるいは想像された世界を構築すること、もうひとつのユートピアというべきか、それを主題化することを考える。このときテラーニの一九三〇年代を駆け抜けた仕事に勇気づけられる。そこには一九三〇年代の政治主義が読みちがえ、一九五〇年代の戦後民主主義が拒絶し、一九七〇年代のフォルマリズムが読み落としてきた《建築》の力を発揮している深層部がある。それもまた一九九〇年代にあらためて跋扈している世界資本が素通りしてしまう気配があるが、そんななかで、私はその《建築》の力のよって来たる根源を再度確認しておきたいと考える。それはテラーニが疾走していたそのときの気分に分け入って、あらためて彼の作品を再読することである。

第十一章　〈間―二〇年後の帰還〉展がひらかれることになったので、パリの〈間〉展の頃を想いだしてみた

一昨年の暮、年の瀬が迫っている頃、「あれから二〇年過ぎたんだ」とふっと気づいて、〈間〉展を空中分解させた理由をあらためて考えようと思った。二〇年とは伊勢神宮の式年遷宮の期間だ。イセ論を一〇年程前に書いたとき、既に稲垣栄三氏が建築の問題として提起してあったこの式年遷宮システムこそが鍵になると考えて「始源のもどき」という文章にした。千三百年間にわたって二〇年という区切りが継続してきた、そのおそるべき長時間の持続に私はあらためて驚きながら、反復と永遠性の概念の関係などに想いをはせてみたのだが、何故二〇年という単位が生まれたのかについては多数ある仮説のいずれにも承伏できなかった。たしかに隣接した古殿地に新しい建物が建設されて新旧並んだ様子は、二〇年という時間の経過が木と萱でできている建物をかなり腐蝕させたことを如実に示してはいた。だが何故二〇年？　その解答はみつからない。それよりも末社をふくめて、六五棟の建物と、遷宮の儀式に使用される一五七六点の道具や衣装が当初と同型のまま再現されること、儀式そのものも秘儀として完全にその最初の遷宮の際のそれを再現すること、つまり完全な同型の繰り返しがなされることに、いや、なされようとすることに私はあらためて衝撃を受けた。準備に八年をかけて、

一瞬の移転の儀式が催される。これにかかわる膨大な人数。殆どボランティアだ。二〇年前と同型のものをつくることは伝承といっても、親から子へ引き継がれるのか、あるいは同業の他者へ引き渡されるのか、少なくともそれをつくった職人は二〇年前より年齢を重ね、手腕はうまくなるか、衰えるかしているだろう。決して同じものができるとはいえないのではないか。それにしても同型を保持するという基本的な意志は貫かれている。

二〇年過ぎたことを理由に、私はあの時の関係者に忘年会をひらく通知をだした。三〇人近くの参加者のうち、既に六人が鬼籍にはいっていた。二〇年という時間はそれぞれの風貌に彫まれていた。それよりも顕著な事実は、これら現代の創造者たちの作風は二〇年間におおきく変貌していた。あの時期は殆どが国際的には無名だった。いまでは国内で名前が忘れられるほどに国外での活躍が目立ってきた。評価もなされている。日本に持ち帰らず空中分解させた意味もあったかもしれない。つまり、二〇年という時間は何よりもまず参加者そのものを変えたのだ。だがそれぞれの固有名はその人物とともに活躍をつづけている。そして、あの〈間〉展の際に表明された芸術家としての表現と「日本」の過去もしくは現在にむかって「見えない糸」のように張られていた関係性は、より根強くみえている。私は「二〇年という加齢」そのものを展覧会にしてみたらどうか、と思った。パリにはじまった展覧会そのものが二〇年を過ぎている。参加者も歳をとっている。作風も変化した。その時間の経過をみせようというわけである。

二〇年前に空中分解させた理由は〈間―日本の時空間〉展が一世紀以上にわたって組みたてられたエキゾティックな日本というクリシェを破壊する強力なインパクトを西欧の知識人たちに与え得たとしても、ここにとりだされている諸項目は、日本の日常そのままであり、表現者たちが世界へむけた視線によって自らの作品を組みたててはいるが、やはりその日常に根ざしていたし、とりわけ「間」とは日本人の日常そのままで、それを「日本」にむかって語っても、屋上屋を架すトートロジーにしかなるまい。固有性とは外部からの視線によってしか認知できないものだから、いさぎよく外部にほうりだしてしまおう。何しろどの面々も手のつけようのない暴れ者、あたりかまわず喰い散らそうとしていた。それに、案外連中は蕩児だったのかもしれない。とすれば二〇年後の蕩児の帰還。

実はこの二〇年間で帰還すべき土地、「日本」が圧倒的に変わってしまった。日本語を用いているこの土地であっても、もはや二〇年前の土地ではなくなった。エヴァンゲリオン、ユニクロ、スーパーフラットはなかった。三〇年前にはそんなモノが到来する予感のようなものがあった。といっても、その予感はオイル・ショックとロッキード事件で消えた。すなわち、〈間〉展に登場した面々は、六〇年代のアングラと異議申立てのなかで自己形成していて、狂乱を生きてはいたが、突然に落ちこみの時期にはいった七〇年代にまずは成熟へむけて歩調を整えはじめた頃だったのだ。

日常の奥にひそむものへの下降が当然ながら意識化される。そして、外部にむけてそれを反転させることを共通に試みようとしていた。バブル経済におどる地価が崩壊を開始して、エヴァンゲリオン、ユニクロ、スーパーフラットになったとき、彷徨していた〈間〉展はほぼ完全に異邦人になってしまったと私にはみえる。彼等の世代からみれば、エイリアンに占拠されたとさえみえる東京。二〇年前、〈間〉展が西欧人にたいして異邦からの訪れ人であったと同じくらいに、いまの東京にたいしては逆転して異邦人そのものになったのではないか。ここに生まれている落差こそが帰還を正当化すると私は考える。たった二〇年間に信じ難いほどの変化が起こった。

パリにおける〈間〉展の一〇年前は、一九六八年。このときの文化革命は挫折し、世界は二〇年間宙吊りになる。そして一九八九年のベルリンの壁の崩壊が電脳革命に基づく世界資本主義へ移行させるという理解があり、この流れによって日本という土地の文化は強度と深度を失った全面的な価値の平均化のもとに一種の均衡状態に到達する。そしてバブル後遺症といわれる経済不況はちょうど二〇年前の落ちこみの反復とさえみえる。

何故か、二〇年ごとの反復が式年造替といった強制的なシステムに基づくものではなく、経済的、文化的状況にもみえてしまうというのは、いささか我田引水のそしりもまぬがれまいが、単純に物理的な腐蝕の進行する期間としてではなく、社会的あるいは世代的な役割の転換も発生する、そんな期間に相当することも明らかだろう。そこでもはや異なる土地になってしまった「日本」の異なる世代へむけて、つまりエヴァンゲリオン、ユニクロ、スーパーフラットの支配する土地へむけて、あの当時でさえアナクロとみえ、もはや異物となってしまった〈間〉展を帰還させる。シチュエーションは異なっているようで類似している。「日本」という地点にあるものが「見えない糸」を引いている。
さしあたりこれを「間」そのものとみていいだろう。
そこであらためて、二〇年前の〈間〉展の参加者にあらたな帰還展へ参加する要請を行った。

長々とご無沙汰いたしております。とはいっても、諸兄の相変わらずのご活躍ぶりは、折りにつけ拝見いたしております。

一昨年の暮、「間」展二〇年後の忘年会を催した際、お集まりいただいた方々のあいだで話のでた、「間—日本の時空間」展—二〇年後の帰還
が、関係の方々の努力によって実現される見込みとなりました。例の「間」展はパリ以来、丁度二年間、アメリカ、北欧とまわって、一九八〇年、空中分解いたしました。その後に日本に到着しておれば、今年が二〇年目になります。

「間」展そのものが二〇年年齢を重ねました。関係の方々のうち、六名の方が鬼籍に入られました。残る人々も二〇年で作風や思考法が発展し、変化しています。そこで、二〇年前、おそらく全世界に与えたひとつの衝撃を、その基本的なコンセプトを保持しながら、表現において二〇年間を経て、成熟している。その「時間」そのものを展覧会に組みたてたらどうかと考えました。
偶然のことでしたが、天皇・皇后が去る五月訪欧された際、ストックホルムの美術館から、「間展のような」展覧会を組んでほしいという依頼があり、同封の新聞記事にあるような「うつ」と題する展覧会を

構成しました。これは今回の二〇年後の「間—日本の時空間」展の予備的な試行のつもりでした。あのときに関係した人達の近作です。

東京芸術大学の美術館には4部屋あります。そのひとつ〝ま〟室は当時のドキュメントに充当し、のこり3室を〝うつ〟〝もどき〟〝みたて〟と題することにして、先回九室にしてあったコンセプトを整理しました。貴兄方にはそのどれかに所属していただけたらと考えています。

二〇年という時間の経過を如何に表現するか、相変わらず切羽詰まったような時間しかありませんが、御考え下さい。

とりあえず。

会期：二〇〇〇年十月三日（火）—十一月二六日（日）
会場：東京藝術大学大学美術館
展覧会構成内容（出品予定作品・作家）：
Ⅰうつ
三宅一生・倉俣史朗・宮脇愛子・磯崎新
Ⅱみたて
篠山紀信・山田脩二・中村外二
Ⅲもどき
二川幸夫・四谷シモン・高松次郎

木戸敏郎・木幡和枝・小杉武久・鈴木昭男・鈴木忠志・白石加代子・田中泯・天台声明

Ⅳま

杉浦康平・松岡正剛

パリ展のあとニューヨークから世界の各地に巡回する際に、会場は「現身」「道行」「数寄」「闇」「神籬」「橋」「移」「寂」「遊」の九つのサブ・テーマに整理されていた。それが今回は「うつ」「もどき」「みたて」の三展示室、そして「ま」として当時の記録を展示する室の四室になっている。この四室にあらためてかつてのサブ・テーマは吸収されている。「もどき」「みたて」はそれぞれ私のこの二〇年間の著作のタイトルに使った。この展覧会を私有するためではなく、私が〈間〉展以後それを個別に追跡・展開していったあげくに到達した概念であるので、とりまとめに便利と考えたためだ。「うつ」はまだ本になっていない。だが去る五月、ストックホルムで「『うつ』＝空洞」という展覧会を構成した。その内容がそっくり今回はひとつの室として組みたてられる。

二〇年前にやった仕事はすべて「ま」の部屋に記録として収めるので、「うつ」はすべて過去二〇年間の新しい仕事に基づいている。それぞれに「うつ」にひっかけたサブ・タイトルがついた。

うつはた（うつ＋幅、織）‥

三宅一生「A—POC」

うつくし（うつ＋奇し）：
倉俣史朗「ミス・ブランチ」
うつろひ（うつろ＋ひ（霊・気））：
宮脇愛子「うつろひ」
うつふね（うつ＋ふね（舟））：
磯崎新「なら一〇〇年会館」

これらのサブ・タイトルはすべて、日本の古語からとりだした。空洞としての「うつ」は神聖視されていた。それが日常の思考形式を規制もした。その事例がそれとは無縁の思考をしている現代の芸術家たちのどこかに「見えない糸」を介して、作用している。空洞としての「うつ」はおそらく古代インドのサンスクリットにみられ、仏典として中国語に翻訳された際に、空とされた概念にかかわるであろうし、さらには老子が宇宙全体に浸透している基体とみた虚にも通じよう。同時に日本では「宇津保《うつぼ》物語」にみられるように空洞《ヴォイド》という具体性を帯びたモノにされてもいる。勿論現代では空洞《ヴォイド》として、もっと頻繁に用いられてはいる。私は「うつ」こそが「間」の古代日本における認知形式だったろうと推理している。あらためて、この言葉をとりあげた理由は、誰かがいずれその関係を証明してくれるではあろうが、「見えない糸」を張りめぐらす芸術家たちの直感にこそ、証明の手がかりがあるに違いあるまいと信じているためだ。「ま」「みたて」「もどき」につづいて、私にとって日本文化を解読するもうひとつの鍵概念に「うつ」を置きたいと考えている。「みたて」「もどき」「うつ」それぞれ「ま」より二〇年の間に私なりに日本文化の解読の手がかりとして積み重ねてきたわけで、芸術家たちの二〇年後をみせる際に、鍵概念の二〇年後も同時にみてもらう、こんな意図をもつことになった。

パリの〈間〉展は、いわば日本文化の解読の手がかりを西欧にむけて示そうとするものだった。エキゾティックな美的物体として、外側からの視線が組みたててきた「日本」とは違ったものを、さしあたり時空概念の相違として提出してみる。それを伝達するために、古来と現代の芸術作品を併置して、その背後にある「見えない糸」を感知させる。その糸の張られる時空こそが「ま」だという仕組みにしたかった。

そこで「間」にはじまり、九つに分解したそれぞれの概念＝言葉に説明を加えるとき、それを日本の内部において慣用されているやりかたではなく、むしろ徹底して近代の西欧的な思考法に基づくロジックによって説明することをこころがけた。たとえば、

〈ひもろぎ〉＝「間」はカミの降臨する空間の指示方式である
〈うつろひ〉＝「間」は移行の瞬間を感知する呼吸である

〈さび〉＝「間」は消滅への予感に満ちている
〈うつしみ〉＝「間」はそのなかで生きられている場所である
〈やみ〉＝「間」は絶対的な暗黒によって支えられている
〈はし〉＝「間」は世界を分節する
〈すき〉＝「間」は住居空間の構成単位である
〈すさび〉＝「間」は記号の配列形式である
〈みちゆき〉＝「間」は移動の過程を組織する

という具合だ。これを連続させていくと万象がすべて「間」に支配される「間」絶対主義のような非難を受けることは覚悟していた。「間」はそれだけ融通無碍であって、どこまでも浸透する。もしこれをギャップという英語に置換すれば勿論容易に理解できるが、それではあまりに抽象化され一般化されてしまう。むしろ「間」は「日本」という特殊な場所において、固有の解釈と理解をされ、それが文化全域に浸透しているだけでなく、絶えず新しい読解と新しいアイディアを産出させていく。そのような作用をしつづけている何ものかを指示した言葉とみたらどうか。そしてその言葉は遡行不能のいずれかの時点に生まれ、それより以前にあった慣習を再整理しただけでなく、殆ど開放系のように多様な文物を産出する。現代の芸術家の仕事もその例外ではない。このようにひとつに主題をしぼりこみ、それをあらためて全域へ拡張することは、展覧会という形式を用いる際の基本的戦略に属しており、これは活用されるべきだろう。そのためには徹頭徹尾、「間」を唱えつづけることが重要だ。海外における日本文化政策とは、こんなやりかたでは数々のミス・マッチがおこる。駐仏日本大使は私をムッシュウ〈ま〉としてのみ記憶してしまう有様だった。

私が「ま」と呼ばれる？　それは面白い。その私はさしあたり展覧会の組織者であり構成の担当者であり、それが日本の文化を西欧世界にむけて紹介する役割を与えられているとすれば、むしろ媒介者である。「ま」は吸引し、連結し、配列する。それは空洞状態であり、存在というより場であり、流れており、過ぎ去っていく何ものかを仮泊させるに過ぎない。強固な意志ともよぶべき生成の契機はそこにない。空白だけだ。それをみずからの建築家としての仕事にとりこむとしても、単純に「ま」を建物に持ちこむことはあり得ない。私の内部を空白にする、あるいは主体を消去することはあり得るかもしれぬとは考えても、これは敢えてとりあげる程の問題として浮かぶこともない。

〈間〉展を編成する数年前に、群馬県立近代美術館（一九七四年）の設計をした。正方形の枠組みを並べて、これを基本構造と呼び、内部に必要に応じた補助的構造を挿入した。そして展示物が持ちこまれ、展示され、持ち去られていくことが条件づけられた近代芸術の作品を展示する制度としてのミュゼアムに対応して、この立方体の枠組みを「空洞としての美術館」と呼んだ。この際の「空洞」が

「ま」とかかわるか否かを語る余裕はなかった。むしろ空洞《ヴォイド》を近代的空間の均質性、無限定性にたいして可視的な存在物のように取りだすことが必要だと考えていた。それは空間を内包している立方体である。立方体は重力による架構上の応力解析や視線の矯正による変形を加えられない、もっと抽象化された原型で、これは古代ギリシャにおいてプリママテリアと呼ばれており、プラトンが『ティマイオス』において宇宙の構成要素を火（正四面体）、空気（正八面体）、水（正十二面体）、土（正六面体）に整理したあげくのひとつの要素であることは、はっきり了解していた。建築家としての私は「ま」と呼ばれる前に実は西欧起源の思考にこそ手がかりを得ようとしていたと言うべきで、これはさらに十数年を遡って、「孵化過程」（一九六二年）の〝未来の都市は廃墟である〟という言明のイラストに用いたギリシャ神殿の過去の廃墟と、未来として描いた空中都市がコラージュされた図にもある。偶然、今年になってはじめてシチリア島旅行をする機会があり、ギリシャの古代都市アグリジェントの丘に残る神殿群を訪れたとき、そのうちのひとつヘラの神殿の前に立って、私は奇妙な既視感に襲われた。実は出典不明のまま四〇年前のコラージュに用いた写真の現場が、ここであることがわかって、これが私のギリシャ廃墟であったことをあらためて思い知ったというわけだ。ともあれ、私は自らの建築家としての経歴を何重にも転写されたギリシャからはじめていた。そして立方体を密実な土のメタフォアではなくそのなかに空洞のひそむ輪郭線とみている。これは空洞としての「うつ」であるだろうと今になって思いつく。さらにはギリシャ神殿の廃墟の光景を提示したのは過去と未来を強引にコラージュすることによって、むしろいまそのものを移行する過程として抽出する意図をもっており、すぐれて日本的な概念である「うつろひ」または「さび」をこそ提示していたと言うべきだろう。

立方体または廃墟、としての具体的な像はいずれも古代ギリシャにその起源をもっている。私は建築や都市を日本にはなかった視覚言語だけを用いて像を描こうとしていたとしても、そこではむしろ日本起源の概念に無意識のうちに立ち戻っていたと言うべきかもしれない。ギリシャ起源の言語を用いて日本由来の語りをする。〈間〉展を組みたてたときにはこんな分裂は意識していない。ひたすら西欧的ロジックと日本的コンセプトを解体することだけをこころがけていた。そして具体的な設計や構想は、西欧の近代建築がとりだした視覚言語に依存する。これがギリシャ起源の古典主義建築そのものであることは明瞭で、そこでは意図的に日本起源の視覚言語の使用を避けていた。言いかえると「日本」を表現する建築家となることを回避しようとしていた。

この分裂は、たとえば〈間〉展の直後から設計をはじめた「つくばセンタービル」（一九八三年）において顕著になる。このとき用いた視覚言語はすべて西欧由来のもの、モダニズムが抽象する以前のものの引用で埋めてあった。そして中心を空白として残した。「空虚としての中心」こそはすぐれて「日本」の、とりわけ天皇制の構図そのままの比喩たり得るではないか、と指摘される。勿論この視点も西欧よりの「日本」解釈に基づくとしても、消去したはずの「日本」がそこに浮かびあがる。私の無意識の部分が露呈したのかもしれないが、これを私は分裂症的折衷主義と命名する。日本と西欧、いや西欧の内側にさえ、統合不能な分裂があり、この分裂を分裂のまま折衷する他に説明できないではないか。といささか強弁することもした。そして併置された数々の引用が分裂してみえるのは、超越する高次のレベル、メタ概念としての《建築》が元来欠如している「日本」からそれを観ているためであって、《建築》の側からみればいささかの分裂もない。ここにもあらためて「日本」という枠組みのなかで思考するときに無意識のレベルに作用する何ものかがある。〈間〉展で「見えない糸」と呼んでいた関係性がここでも頭をもたげてくる。この関係のもつれをほどくには《建築》というメタ概念を元来超越性をもついっさいの概念を排除して、たちまちのうちにメタフォア、つまり比喩の側へと横すべりさせる思考形式をもっている「日本」の側から、つまり西欧にとっては他者である「日本」の側から、他者の視線をもって《建築》と対峙し、それを解読するのが唯一の手段ではないか。実際に日常的に設計の仕事をするなかで必ずつき当たるのがこの問題構制だった。〈間〉展以後のこの二〇年間、私はこの一点にとらわれつづけている。《建築》と「日本」というそれぞれメタ概念となり支配的であるが故に「大文字の」を頭につけて呼ぶ、こんな枠組みといかに対峙するかというこことだった。

「きみの母を犯し、父を刺せ」と語ったのは一九六八年のさなかだった。二〇年も過ぎた頃に、ここでの母は「日本」であり、父は《建築》だったのではないか、と指摘される。私はこれに眼から鱗が落ちるようだった、と応えた。その問題構制に相変わらず引きずられていて問題の所在を明瞭につかまえられないと思っていたためでもある。そんな時期に私は「ま」が『ティマイオス』に記されている「コーラ（場）」と類縁の性格をもっていると考えるようになった。ANY会議の初期の報告は「ま＝コーラ（場）」において万物を造りつづけている職人＝造物主《デミウルゴス》が建築家のメタフォアとして使われつづけてきたことを知って、構築することを私なりの《建築》の解釈として、造物主義《デミウルゴモルフィスム》を主張することになる。はじめの頃はあてずっぽうの宣言みたいでもあったが、いまでは「ま＝コーラ（場）」を経て造物主義《デミウルゴモルフィスム》にいたる推論は、確信できると考えるようになった。

『始源のもどき』をイセ論として書いたのもこの頃で、これは反復もしくは循環する時間と、起源探索することを強いる近代の線的時間との対応として、二〇年ごとの式年造替をとりあげようとしたものであった。時《クロノス》が如何に発生するのかという長い間抱えこんでいる私なりの問いを、イセを手がかりにして再考することだった。起源を隠し、始源となるべきひとつの出来事を儀式として、無限に反復することを強要する、それを「もどき」と私は考えてみた。もどくことはしばしば日本の芸能の起源とも考えられている。模倣することとの反復である。その後、これを古代ギリシャ、とりわけプラトンの芸術模倣説である、ミメーシスに結びつけてみたいと考えるようになる。西欧の芸術論を長期にわたって呪縛しつづけたものである。私はここから、もうひとつの関連項目「もどき＝ミメーシス」

をとりだす。

そして「うつ」があらたな関連項目に浮かびあがる。概念としての「空洞」を言葉どおりに横すべりさせてみると、プラトンの『国家論』にある「洞窟」の比喩に行きつく。実像と似像、実在と幻影、像の知覚上の分裂が最初に論じられたことで知られている「洞窟の比喩」と呼ばれるここでの記述は、勿論ミメーシス論にかかわるのみならず、西欧におけるその後二千年の形而上学の問題の起源を示すともされている。アクチュアル／ヴァーチャルの像の対比さえ、すべてこの記述に送りかえすことができる。そこで手がかりにされているのは、洞窟の奥の壁にうつる影。その影は日本の古代にあっては霊《ひ》であって浮遊している。そして、石のような密実なもの、人間の身体にいたるまで、すべての聖なるものは「うつ」であり、内部はコンセプチュアルに空洞で、影はここへ浸透する。そして映（うつ）るのである。この関係から、「うつ＝空洞」が、そして「うつ」った比喩としての「みたて」が生みだされる。影向《ようごう》という移動するファンタズマ。

〈間〉展以来二〇年を経て、分裂とみえ、対置されるのみで相互に相容れない他者に支えられているとみえていた《建築》と「日本」の間に——そこにも「ま」が介在しているが——補助線というはかない仮定ではなく、強い関係線を引くことが可能だろう、といま私は考えはじめた。これもまた、二〇年という時間の経過が問題の所在を整理してくれたためであろう。勿論その関係は私が建築についての思考をはじめた〈間〉展の二〇年前から、むしろその時点により明瞭な姿をもって私の仕事を特徴づけてきたものとおなじものなのだが、過去二〇年、相容れそうにもない両極に引き裂かれて、殆ど迷走しつづけていた感じもする。その補助線のひとつが影だった。パリの〈間〉展のときに「僧形八幡神影向図」（仁和寺蔵）を参考図として展示したが、プリントの過程で描かれたかすかな影（カミの姿、霊）が消えて判別できなかった。僧形の神体に合体する寸前の影だった。プラトンは洞窟の壁に映る影絵については、それが似像に過ぎないことを合理的に説明する。その影とたわむれる詩人＝芸術家を非難し追放するのだが、影こそがこの世界において可視できる唯一の像であることを知っていた。影向図における影は不可視であるものを表示する最後の手段とされている。可視／不可視とその存在の意味は違っても、影は影だ。それが仮想現実にまで連続している。そう考えはじめたとき、「うつ」としての身体が憑依するときに、プラトンの説明が逆転されていることに気づくだろう。それが「日本」の影なのだ。だから〈間〉展にあらたに「うつ」の部屋をつくる。同時に「うつし」としての「みたて」を、さらにミメーシスとクロノスを同時に扱い得るものとして「もどき」をとりだす。

この先は私の個人的な仕事の予告になる。《建築》・「日本」の問題構制をつきとめる手がかりとしてプラトンの『ティマイオス』と折口信夫の『石に出で入るもの』を併置されたテクストとして、相互の視線を交錯させるように読解する。いまの私には、この二つのテクストは同じコトを両側から語っているもののように思えている。今回の〈間―二〇年後の帰還〉展はこの読解作業を可視化するものとなるに違いない。「ま」は二〇年間、西欧を旅してプラトンの「コーラ」以来変転してきた諸概念と接触をつづけて、いま帰還しようとする。まるでオデッセイだ。船体は傷ついているだろう。貝殻や海草が付着し、蝕まれてもいるだろう。だが新しい貌がみえてくるにちがいない。何しろ二〇年という「時間」を経てきたのだから。

〈間（MA）〉の帰還、二〇年後

トロイア戦争に一〇年、帰路に一〇年、オデッセウスがペネロペのもとに帰還するまでに二〇年が経過していた。イセの式年造替も二〇年単位である。そのときまでに掘立柱に腐蝕がはじまり、藁葺きが崩れかけたとしても、これが根拠ではない。遷宮の秘儀が反復される。最初の儀式が再現される。二〇年ごとに初源をもどくためである。ここに永遠性についての日本独自の型が生まれた。

その時間の経過のなかで、関係者は加齢する。故人ともなる。芸術家たちのなかには、世界へ遠征し、異なった作風を生むものがいるだろう。だが名前は残る。オデッセイとイセ。風貌に年月が刻まれていよう。パティーナがおおうだろう。それが二〇年という時間だ。〈間〉展が空中分解して二〇年が過ぎた。

時空《そらみつ》

パリの秋芸術祭総監督、ミシェル・ギーは一九七八年を「日本」特集にするべく、美術（荒川修作）、映画（大島渚）、音楽（武満徹）、建築（磯崎新）を指名した。予算と準備の不足から、音楽と建築だけが実現した。武満徹は「声」を、磯崎新は「間」をそれぞれ提案した。

〈間——日本の時空間〉展は、一九七八年秋、パリの装飾美術館で開催された。二ヶ月の予定が好評のため、異例にもさらに一ヶ月延長された。翌年、ニューヨークの日本協会が主催した「ジャパン・トゥデイ」に招かれる。巡回展用に再編され、ニューヨークの後に、ヒューストン、シカゴ、ストックホルム、ヘルシンキを訪れた。

帰国展の話もあった。責任者として、私はここで巡回を停止することを決めた。これは、日本に関心はあるが、さらなる理解の手がかりを持たぬ西欧の観客にむけて編成したものであった。間（MA）はひとつの言葉である。これが慣習として多様な相に浸透している有様を、西欧の言語がもつロジックで説明していた。直訳しても無意味であって、読み換えでもなく、むしろ無関係な事例をみることによって、間（MA）の背後にある何ものかを伝達する。その手がかりとして、伝統的な事例と最先端の芸術表現を併置してみせる。こんな構成であったから、それをそのまま日本に持ち帰っても屋上に屋を架すこと、トートロジーにしかなるまいと考えた。間（MA）は日本人の生活、文化、そのままである。誰もが瞬間ごとに感知している。だが西欧的思考には見られない。「日本の時空間」というサブタイトルがパリ展の際につけられたのは、間（MA）一字では理解不能とされたためであった。

「二〇年後の帰還」と変えられている。同じ間（MA）であっても、帰還する先である二〇年後の日本は大きく変質している。時間の経過が受容のされかたを違えるだろう。間（MA）をあらためて展覧会に組む意図が伝わるに違いない。

「日本の前衛」と呼ばれるものが、パリの観客の前に集団的に登場したのはこの〈間（MA）〉展が最初だっただろう。この担い手たちは、そろって六〇年代の初頭に活動を開始している。

すでに約二〇年のキャリアがあった。西欧的な前衛の方法はさらにその四〇年前から受容されていた。

だが日本独自の型が生みだされるのは、彼ら以後の世代である。領域の異なる芸術家たちに共通していたのは、ミニマリズムとエクセシズムの両極へむけて過激に突っ走ること。

パリにおいてこの展覧会が衝撃的に受けとられたのは、「日本の前衛」たちの表現の独自性が、霧のなかの神秘の国とみられていた日本において、古来より保持されていた特殊な言葉である間（MA）、と対置され併記されていたことだったと思われる。

影向《ようごう》

間（MA）は概念＝形式＝慣習＝言語である。儀式、日常生活、芸術表現、宇宙観の多領域にひろがる。固有性のある言葉、独自性をもつ現代芸術家の表現。その間に「見えない糸」が張られている。時間と空間がシャッフルされ、ミニマルとエクセスの両極へと分解していた。現代思想、現代芸術のかかえていたこの問題構制に適合しそうな例題がかいまみえた、ということだったかもしれない。この種の衝撃は消費のはじまりでもある。ポンピドゥ・センターで〈前衛芸術の日本〉展（一九八六年）がひらかれる。そして数々の「日本」にかかわるフェスティバルや展覧会が組まれる。間（MA）がプラトンのコーラと比較される。影向の影がアクチュアルとヴァーチャルに分裂した像にしのびこむ。こうして間（MA）の理解が西欧的ロジックを介して、多重化していった。

二〇年が経過すると「日本の前衛」とは日付と場所をもったひとつの運動としてくくりこまれている。歴史の一部に位置づけられることになる。時間と空間をシャッフルさせる作業はとっくに完了し、距離と関係性だけが図式的に作動する。もはや間（ＭＡ）としか呼びえない世界が到来してしまった。

憑《よりまし》

東西の二極対立が消えたとき、この世界を時間と空間で分節することが無理になっていた。前衛／後衛、オリエント／オクシデント、右翼／左翼、国境の内部／外部、中心／周縁。これらはすべて時間と空間を手がかりに、近代世界を理解し支配する道具とされたものだった。時間・空間という基体概念があったからこそ、世界を地政学的に分節できたと逆説的に語ることもできる。だが、たちまちのうちに前衛は死語となり、東西対立は崩れ、右／左は守旧／過激に読みかえられ、国境は容易に越えられはじめる。中心は無数の点になった。そして、こんな区分の不用な世界が生まれている。そこで間（ＭＡ）があらためて注目される。既に先取りするように、いや西欧の近代を、殆どイノセントであったが故にくぐり抜け、いまだに純粋培養されたままのアナクロニックな概念が保持されていた。間（ＭＡ）という逆説。あるいは間の抜けた地図。

だが、二〇年前の日本社会は相変わらず近代の進歩の流れにそっていた。時間・空間という基体概念を根底から疑うような思考はされていない。その垣を勝手に乗り越えていったのが

「日本の前衛」たちだった。無防備のままだ。帰還は阻止せねばならない。近代を解体するのに有効な場とはなっていない。一方でそんな近代の思考が自壊をはじめているのにむしろ獲得される目標＝テロスとみなされていた。

遷移《うつろひ》

持ちかえる先の日本が変わった。時間と空間の区別のつかない網目状の社会がすでに成立している。二〇年経過したオデッセウスはどのように見えるだろうか。参加した芸術家たちはさらに成熟をする。あるものは鬼籍に入る。帰還するのは冥界からだ。

誰もが霊（ひ）を抱いている。影となって立ち現われる。空洞（うつ）としての身体や自然物体へむかって、影向するだろう。浮遊しており、移（うつ）ろい、憑依する。霊（ひ）の声が復唱され、増幅する。〈もどき〉という模倣と反復。それが伝承であった。

イセの式年造替はそのような反復をシステム化した。最初にとりおこなわれた秘儀が寸分たがわず繰り返される。すなわち初源を〈もどく〉。永遠性を物質化するかわりに、永遠性という概念をひとつの記憶装置に埋めこむ。遺伝子の作動と似ていよう。繰りかえし転写がなされている。転位する際の地口、類似化が〈みたて〉の手法を案出させた。

〈うつ〉〈もどき〉〈みたて〉は帰還するにあたって導入された中間項である。これらの概念は偏在する間（ＭＡ）において、独自の（ふるまい）をする霊（ひ）を追跡することからとりだされた。霊（ひ）は宇宙を流れる気であり、呼吸である。影の姿として視覚化される。立ち現われ、移動し、消滅する。影は〈うつ〉に宿り、〈もど〉かれる。転写されながら、横すべりし多様な〈みたて〉を生みだしている。それもまた間（ＭＡ）のなかにおこった出来事であった。

一世紀あまりの間に、ジャポニズム、ジャポネズリー、ジャポニカと少しずつ姿を違えて日本は「日本」を輸出した。その度に、西欧という外部が組みたてた視線（文化的コロニアリズム）に応答しながら、彼らの求める商品を、美術品、骨董品、手工芸品として国の内側にさがしあて、特別注文し、開発して売り出した。二〇年前、この手の商品の在庫は底をついていた。残るは無関係に生産されていたキッチュばかりだった。その頃、新しい商品が登場する。「日本」とは無関係の量産化された工業製品、エコノミック・アニマルの時代がはじまろうとしていた。だが文化、芸術プロパーの商品のストックはなかった。ジャパネスクが語られた。これは輸出されなかった。

日本内部のメディアに向けた商品であったためである。

〈間（ＭＡ）〉展が催されたのはこんな時期だった。だから商品化する可能性は少なかった。消費もおくれた。とりわけ、日本の内部から、西欧という外部へ送りだした展覧会であったにもかかわらず、最初からここでは「日本」には売りモノは残っていないと決めてかかっていた。そして、時間・空間概念のシャッフルする様態をみせることで西欧近代が突き当たっていた壁を崩す手段を提示しようとした。二〇年過ぎてみると、国境が消えていた。文化的な独自性を捜しはじめると、古今東西といった時間・空間で分離されていた相互が通底していたことが明らかになりはじめている。〈ま〉とコーラ、〈うつ〉と虚、〈もどき〉とミメーシス。影向とヴァーチャリティ。そんな事例をあの〈間（MA）〉展に触発された数々の言説のなかにいくつもひろいあげることができる。確かに間（MA）は日本という限られた地域に熟成してきたはずなのに、いつのまにかその地域を区切る境界線が消えていた。外部と内部がくつがえってしまった。つまり二〇年という時間が世界の様相を変えた。それが帰還の理由である。式年造替の単位も、オデッセウスが帰還の物語として語り継がれることも同時に実感できるだろう。二〇年という時間もまたひとつの間（MA）なのだから。

第十二章　「ポスト・モダン」のはじまりの頃を想いだしてみた

一九九〇年にバブル崩壊すると同時にポスト・モダンについて語られることが少なくなった。いまではきれいさっぱりと消えている。同じことはその二五年前にもあった。モダニズムが総攻撃を受け、一九六八年の文化革命の後、誰も口にしなくなった。七〇年代の初頭の妙に静かな時期を私は記憶している。社会も思想も都市的提案も、すべてがユートピアという目標＝テロスにむかって編成されていたのに、そのベクトルが一挙に反転した。未来が過去にとって替わられた。あの静かな時代に建築を学びはじめた世代から、大量の建築史研究者があらわれたのは、あの時間の反転現象が実際におこったことの統計上の証拠と言えるだろう。

もう少し年代的に割り切れるような計算にのせると、日本においては一九九五年をとりだすべきだろう。阪神淡路大震災と地下鉄サリン事件。これは第二次大戦の敗戦の五〇年後。ポスト・モダンが語られなくなる替わりに、情報テクノロジーとグローバリゼーション。それにもう少したつとスーパーフラット。ポスト・モダンは時間を逆転しただけでなく、時間を一切合切シャッフルし、いずれ情報テクノロジーによってデータベース化することになる。つまり、時間がこまぎれにされ、順不同のまま呼びだし可能な状態に置かれる。この時期に空間もシャッフルの対象とされる。民族国家の弱体化、国境の消滅、超領域、複雑系が語られることは分節されてひとつの空間的秩序をつくっていた世界が、同じく記号化され、データベース化されてしまった。言いかえると、一九九五年という時点で近代世界を描きだした時間、空間が両者ともに分断され位置の大系が崩れ、シャッフルされ、可触的でなくなり、デジタル化した記号に変換してしまった。

つまり、二五年ごとに大転換がおこる。これを法則というべきか単純に、反復というべきか。どっちであってもかまわないが、転形というか大変換というべきか、状況が変わる。もし思想家なら、ひたすらみずからの位置の一貫性を守りつづけることを考えるだろう。だが建築や都市においては、そのクライアントが変動している社会なのだから建築家は失職の憂き目に遭いかねない。「重源という問題構制」（『批評空間』第Ⅱ期十三、十五〜十七号／太田出版）で私が言いたかったのはそのような社会的変動が生まれる予感があったときに、純粋幾何学形態を直截に表現した提案が出現し、革命が成立していく過程で、一様に圧殺され忘却される、そんな事態を十二世紀末の奈良、十五世紀初のフィレンツェ、十八世紀中期のパリ、二〇世紀初のロシアに見いだせることから、今日の状況を類推することだった。

当然のことながら、それは私個人の仕事にはねかえる。純粋幾何学形態を偏愛することを私は機会あるごとに語った。一九七〇年がポスト・モダンのはじまりとするならば、立方体と円筒はそのはじまりの時期に私がとりだしたデザインだった。最初はいかなる根拠もない。空白の中から浮かびあがったもっともプリミティヴな形態である正方形と円が立体化した、と言った。空白の中に浮かびあがる基本形態ということは、それが採用される何の必然的な根拠もない。そこで私は偏愛としか言えなかった。勿論直接的なリファレンスなどやりようもない。いったんとりだしてこれを設計に用いてみるうちに、既に同様の事件が繰り返し歴史上発生していることを知りはじめる。

零レベルという地点に白紙還元することは、一切の時間的連続性も、空間的な参照もなく、何もない地点に何かを発生させるということ。論理的にこのような状態をつくりだすことは無理であることがいずれ理解できるとしても、ひとりの建築家が自らをそんな地点へ追いこむことはあり得るだろう。それが私の七〇年の地点においての経験よりの推論だ。私はそんな崖っぷちへ立って、跳ぼうとする。それが正方形と円という基本形態、その三次元的拡張だったというわけである。革命様式に到達した先行者たちも、何らかの条件で同様の地点へと自らを追いこんだのではなかっただろうか。そのときまでに、既に建築物はつくりあげられており、流行もあり、共通の趣向や技法の系があり、これに従いさえすれば社会的に通用する仕事が可能であることを知りながら、異を説えようとする、こんな欲動に突き動かされているときに、あの単純形態が浮かびあがったのではないか。歴史上のいくつかの事例を捜すことは可能だ。だがこの建築家たちが、どんな契機で、どんな理由で、この単純形態へ跳ぶことにしたのか、そんな説明はない。すべて描かれた図面を後になって推定し再解釈しているに過ぎない。そこで確信をもって断言するのは、私が選んだという経験をもっていた、それだけが根拠になる。重源、ブルネッルスキ、ルドゥ、レオニドフと列挙し、彼らに共通性を認めたとしても、相互が参照し合ったという証拠もないし、社会的、時代的条件がまったく違うわけだから、客観性をもった説明は不可能だ。とすればドグマティックな断言しかない。そんな断定をするからには、責任をとらねばならない。その唯一の根拠がそんなデザインをやってきたという私の個人的な経験へと送り返される。レオニドフ、ルドゥ、ブルネッルスキ、重源の順に私は嗅いをかぎながら、遡行していく。そんな過程で、私はポスト・モダニズムと呼ばれる罠に陥る。陥ったというのは正確ではない。自らここに踏みこんだ。

六八年がポスト・モダンのはじまりだ、ともう何度も記してしまった。『建築の解体』は六〇年代のラディカルたちの仕事の調査報告ではあったとしても、これはポスト・モダンの方法そのものだったと考えている。その理由はたとえば「『主題の不在』という主題」として語られることになった状況認識に到達するのだが、その記法の形式に注意してもらうとこの意図がはっきりする。すなわちユートピアという単一の主題が無効になったことを、私はすべてを併列することによって表示しようとした。とりあげた建築家たちもばらばらであったが、その特徴を列挙するのに症候群《シンドローム》という枠組みを用いた。これも列挙でしかない。ひとつの原則に絞りこむわけにいかない。あげくに、白紙状態《タブラ・ラサ》に還元することも、たまたまひとつの選択肢に過ぎないことになる。すべてが相対化されている。

モダニズムのデザインという単線的で、単一な原理が失われたことが六〇年代をつうじてほぼ共通の理解になっていたあげくに、時間は反転させられて、歴史的な諸事実が折りたたまれて、順不同のまま現時点へと流れこむ。地政や文明圏の区分が崩れて、アクロポリス、ファテプールシクリ、桂離宮が等距離にみえるようになる。過去・未来、高級・低級、東西南北、こんな時空のひろがりに序列や区分をつける仕事が消えて「いま」「ここ」に一挙に流入する。私の仕事のなかに、遠距離にあったものたちが記号化されたあげくに飛来する。

「つくばセンタービル」はそこでポスト・モダニズムの範例にされてしまった。つまり、歴史的な断片が直喩されていたからである。

「時間」が未来から過去にむかって反転させられたとき、モダニズムが禁じていた歴史的な様式が新奇性を求めてあらためて引用された。ここに①様式的なリバイバル②連続性そして存在している外部条件へ接続するコンテクスチュアリズム③記号的にデータベース化した歴史的断片を任意に引用する錯乱的な用法としての分裂症的折衷《スキゾフレニック・エレクティック》など、基本的な方法のちがいを生みだしたとしても、それが歴史様式的な要素を回復させていることをメディアではひとからげにしてポスト・モダニズムにくくってしまった。「つくばセンタービル」は③の用法であって、歴史的様式の断片を錯乱的に引用し、アイロニカルに、「『主題の不在』という主題」に応えるためだったとしても、所詮この時期の流行に同調しているとみられてしまう。類似の特徴をそなえているから注目されるのだが、微細な違いは切り捨てられる。これは六〇年代に「孵化過程」や「空中都市」をデザインしたときに、表現手法や技術的新案のレベルにおいてメタボリズムとの共通性が多々あるために、これらの仕事が内包している批判性、基本的な差異が抽出されていくのは、はるかに時間が経過した頃、それも二五年後ぐらいか。何故なら、バブル崩壊の頃からポスト・モダニズムは語られなくなる。意図的に忘却されようとさえする。情報テクノロジーが別種のイメージをつくりだしはじめ、グローバリゼーションがひかえ、世界流動資本がこれを支えるという構図が描かれる。ここで用いられる論理はかつて、帝国主義的な資本の侵略と、これに付随して蔓延することになる国際様式というモダニズムと同じになってしまう。モダニズム批判として攻撃したこの趣味の普遍化と通俗化は、勿論モダニズムの表相部ではあったが、ポスト・モダンの言説が批判したモダニズムの深部にある「近代」を成立させてきた論理とは殆ど無縁であった。そして、この表相レベルの流行スタイルが、あらたに歴史的な意匠の復活を肯定するポスト・モダニズムに移行する。そしてJポップ、Jキッチュがこんな系譜上にのっていることは明らかだろう。

ポスト・モダンが語られなくなったさらに二五年前は、モダンが語られなくなっている。それをもういちど二五年前に巻き戻してみると、一九四五年の敗戦。このときは国粋主義、大東亜共栄圏が語られなくなった。語られなくなったのは実は表相的で、実はその前の時期に形成された方法が、単純にイデオロギー化した要素を消去して、むしろ深層に根強く残存しているのではないか。これまで語ってきたように、私は七〇年代初期に、私の建築的出発であった六〇年代において近代の方法を批判する視点を捜してさまよいつづけたあげく、いったん白紙還元して、方法を再構築しようとした。その過程を振り返ってみて、表相デザインのシフトは容易だが、方法を根底から再構築するのはもっと眼にみえないレベルでの強力な作業が必要であることを感じとっていたので、そんな先行的事例を調べることにした。それが『建築の一九三〇年代』としてまとめた連続インタヴューである。私が建築を学びはじめた一九五〇年代にデザイン界、学界に支配的影響を与えつづけた諸先輩に、日本が国粋主義化し、大東亜共栄圏という拡張理論がはびこるなかで、自らの方法を形成したはずで、敗戦が当初のイデオロギーを消し去ったとしても方法のレベルは根深く残存するだろう。それを聞きだしたい、と考えていた。敗戦は決定的なトラウマになっていた。かくいう私も「ヒロシマ」や敗戦の日の「青空」が原風景としてプリントされていることをいうからには、そのトラウマを遅れてきたものとして共有していたといえよう。既に戦前に自己形成を完了し、方法も獲得していたはずならば、当時誰もが口をつぐんで戦前について語らなかった、あるいは否定的にしか語らなかったとしても、あのときの経験が必ず影を落としているはずだろう。私は浜口隆一の「日本国民建築様式の問題」を日本における建築批評のもっとも重要な達成だと考える。この論文は敗戦の直前に記述された。社会情勢からすれば殆ど遺言のようなものだった。国民建築様式という無理な命名がなされてはいるが、ここに描かれた論理は当時の日本の思想家たちが総力をあげてまとめた『近代の超克』よりもはるかに柔軟な視点にたち、「日本」を「近代（西欧）」が超克するとさえ読むことができる構図を組みたてている。

私はこんな方法が敗戦を単なる表相的な転形とみて、五〇年代に独自の仕事をすることになった世代に関心をもったというわけだ。（彼らが学生時代の私の師達であった。）もっと一般化していうと、状況が転換していくさなかに、その状況こそがクライアントである職業的宿命をになう建築家が、どんな対処ができたかという問題になるかもしれない。生産力理論によって戦争中のイデオロギーの圧力から逃れようとした方法があった。同じように彼らは非政治化できる技術にたてこもると同時に、「日本」を近代（西欧）的方法で読みとる努力をつづけていた。転形期に対処する方法、転形期に生まれてくる形態、それが私の関心のひとつだった。私なりの近代批判の手がかりをインタヴューをつうじて捜していたとも言えるだろう。

そのなかで、故生田勉氏に立原道造についての話を聞いている（『都市住宅』一九七二年五月号）。「ヒアシンスハウス」という最少限住居への天才的な解答を学生の頃にだし、芸術家コロニーをユートピアとして夢想した夭折の詩人という理解が一般的であったが、親友として数多くの往復書簡が残る生田勉氏は、一九三〇年代の後期、シュペアー的なナチズムの建築を最初に理解できていたのが立原道造だったと語っている。あのインタヴューからやはり二五年が過ぎて、私は「立原道造と建築」という小論を書いた。文章としてまとめたのはこれがはじめてだった。一九三五年頃、日本にナチズムの建築が紹介されはじめた頃、「血と土」というスローガンがあり、それを今日的に読みかえれば、「民族的伝統と美しい風土」ということになり、伝統と環境をいう人は実は避けて通れないはずの関門になっていただろう。たまたま機械主義的モダニズムが一方にあり、イデオロギー的対立（純血論争でもあった）がそこにみえていたから、当時は二者択一を迫られてもいたことだろう。そのなかで、モダニズムの最良の理解者であった生田勉氏が、親友の立原道造のナチズムの建築への共感を語っているわけだから、私にとってはこのインタヴュー、実に刺激的ではあった。建築の学生になる以前、私は立原道造のノートに強くひかれていた。『長崎ノート』に彼の平安な気分が、八幡製鉄所を車窓から眺めることによってかき乱されるところが印象的だった。同時に、丹下健三にあてた手紙が他のすべての友人にたいしての親しげな語り口とちがい、妙にあらたまって、時事的で通俗的な言葉づかいになっていることに、ひっかかりをもっていた。肉体的にも精神的にも追いつめられていた立原道造が、保田与重郎たちの日本浪漫派に影響されながら詩のうえでの師であった堀辰雄と決別すると同時に、未知の強力なものにむかって跳ぼうとしていたのではないか。丹下健三あての書簡は日本浪漫派へ彼をさそいこむアジテーションではなかったか、こんな勝手な解釈を小論にまとめた。（『国文学解釈と鑑賞 別冊 立原道造』／至文堂／二〇〇一年）

六〇年昔に起こっていた日本の若い建築家たちの右往左往は今からみるとアナクロにみえる。いやそれを論じたりすること自体がアナクロだろう。だがいまから二五年前を考えてみると、同じことが起こっていた。白紙還元し、相対化がおこり、時間と空間がシャッフルされたあげくにモダニズムが禁じ手にしていた歴史的様式の断片を流入（引用）することを考える。あのとき成算があったわけではない。どっちにころぶかわからない。だが跳ぶしかない、こんなときがときたま起こっている。私にとっては、ルドゥ、ブルネッルスキ、重源を私たちの同時代人とみることだ。跳びかたの恰好よさや悪さに違いはあるだろう。

立原道造がナチズムに接近したことを非難する理由はない。おそらく今日、ルイ・ヴィトンやプラダの世界戦略に加担し、ディズニーやグッゲンハイムの仕事をすることと、別なレベルへ移行するステップを踏んでいる点において別に変わっていない。政治的イデオロギーと経済的イデオロギーの相違である。前者が「血と土」を要求したのに対して、後者はメディア受けする流行のデザインを欲しがっている。いずれもその時点においては新奇性とみられるものを、政治権力か経済権力か、いずれかの権力が利用しようとしている。応えるか落っこちるか。いずれも一〇年以内に攻撃の対象にされる。情勢の変化という奴だ。堀口捨己は落っこちて自らも隠者に擬していた。茶室の研究がその過程でなされ、圧倒的な評価をいま受けていたとしても、これは隠者の余技である。晩年、誰にも告げられずにこの世を去ることになる。戦争中にはじまった隠者のスタイルがそのまま身についてしまったと言えなくもない。立原道造は夭折した。どんな仕事ができたのか推定しようとしても、あまりに早すぎて何ひとつ手がかりがない。それに較べると立原道造のアジテーションに相違あるまいと私が推定する丹下健三の日本浪漫派への心酔は、ル・コルビュジエ経由の機能主義的モダニズムを日本的な神道空間に融合させる。そして、戦後の「日本的なもの」のモダニズム化としてのジャポニカへと道をひらくことになる。

　一九四五年の転換に際して、丹下健三をはじめとして、戦争中に国粋主義に傾斜した建築家たちは既に獲得していたモダニズムの方法を変えることなく、政治的イデオロギーを消滅させた。表象する形式は同一であるのに、その意味の読解が変わった。一九六八年の挫折の後、七〇年代では社会的なイデオロギーが文革の後に語られなくなったが、六〇年代に形成されてきたポスト・モダンの方法は形式主義《フォルマリズム》と文脈主義《コンテクスチュアリズム》として継続的に展開していく。それは文化的な自立を目標とするイデオロギーへと編成されていった。そしてバブル崩壊、二極対立解消のあげくの世界の流動資本によるグローバリゼーション化。それは新しい型の経済的イデオロギーである。建築家はここでも跳ぶ競争をしている。〈建築〉が成立するはずのない流動資本の網目のなかへと跳ぼうとする。〈建築〉を放棄したものだけの参入が可能だった事態はあの敗戦のさらに二五年前、近代建築の出発時に既に語られつくしていたものだ。こうやってみると、ポスト・モダンのはじまりは、突発的に発生したのではなく、〈建築〉という概念、形式もしくは方法、政治・経済・社会・技術・情報のいずれかが主役となる支配的イデオロギー、それらが組み合わせを変えながら二五年ごとに事件化する。そんな流れのなかのひとつの切り口とみえるではないか。

　イデオロギーが生みだす党派性、形式または方法の署名性はそれぞれ徐々にではあるが脱色されていきつつある。どっちでもいい、と言わんばかりにサンプリングの対象になってしまいつつある。

〈建築〉だけはそれを複数化できないために、肯定するか、否定するかのいずれかで、論理的に否定する手段がないために、カッコ入れか、忘却か、といった扱いになる。いつでも復活させられる用意がある。

〈建築〉、形式（方法）、イデオロギーを複数化して、その組み合わせで事態の説明をすることは、何のことはない、近代批判のなかからポスト・モダンの言説がつくりあげてきたものだった。ということは、いま私はポスト・モダンについて語るのに、そのポスト・モダンが組みたてた方法をそっくり使っている。自己言及しているに過ぎない、と言われるだろう。が、それこそが、単線的なモダニズムの言説に比較してポスト・モダンたる由縁でもあるのだ。というわけで、この「反回想」がもともと『ＧＡ　ＡＲＣＨＩＴＥＣＴ』の裏読本的性格をもっているとすれば、これは文字通りの自己言及。スタイルまでが反復している。

あとがき

「壊す人」という神話的人物が大江健三郎の小説に登場する。破壊と創造という未来の時間へとむけられているので、私の考えるデミウルゴスに近い役割が与えられている。一方で「懐かしい時代」についての小説もあり、これは反対に過ぎ去った時間へのノスタルジーに支えられている。彼のもとに読者の手紙などがくるとき、ときに扌扁と忄扁を間違ったものがあり、漢字の構成が不安定であるためおこす奇妙な錯覚が起こると彼本人から冗談のように聞いたことがある。私はこの話もまた彼の創作だろうと考えるけど、扌扁と忄扁とは同じ造りが時間的ベクトルを逆方向にむける役割をしていることを巧妙にとらえているだけでなく、それぞれの主題を適切に示すメタフォアとしても作用している。

本来、「壊す人」側に居つづける本人が、ときに「懐かしい」側に眼をむける。そんな気分になるのに二種類の条件がある。ひとつは未来を考えることを放棄して、人生経験の絶対化を試みること。すなわちリタイアした老人が「回想」をはじめることだ。そのとき回想録というフォーマットがある。大統領や黒幕政治家のそれが代表的で、このときは秘密になった文書や会合記録や相手方の記録されていない発言などが、もっぱら注目される。読ませるにはゴーストライターに依頼するのがいい。たまに日記をつけてあり、これを提供する人もある。ここで重視されているのは、事実そのものだ。隠されたり、消されたりした出来事、思わぬ政治的妥協の成立した裏側など、読む側はこんなところに関心を集中する。

もうひとつは、過去を逆に封印したいと考えているときだ。まだリタイアしたつもりはなく、この次に何かをつくりだす予定であるのに、過去の経験が邪魔をする。やっかいものを引きずっている。これを仕末するにあたって、じゃいっさい忘却すればといわれても、経歴という記述された文書があり、作品集も出版され、当時に書いた文章も本になっている。忘却も消去も不可能である。そこでとりだされるひとつの方法は、その過去を逆に暴くことによって、過去の事実と思われたものを宙吊りにしてしまうことだ。ゴーストライターは歴史を騙ろうとするから、事実しか頼れない。それにたいして事実の宙吊り作戦は、騙られてしまった事実に未来の側から介入して、これに多様な意味を生みださせることにある。簡単にいえば批評的に再読することである。それを「反回想」と私は呼ぼうとしている。たんなる回想による事実の羅列ではなく、とぎれとぎれになった記憶をもういちど、いまにひきもどして、料理してやろうという魂胆だとでもいおうか。懐を壊してしまえというわけで、「壊す人」に彼の仕事外の過去まで仕事をさせることになってしまっている。

　元来、『GA JAPAN』に「反回想」として連載したときは、『GA ARCHITECT 6』のArata Isozaki I（一九五九―一九七八）が作品集のフォーマットに基づいているので、その説明の枠からはずれた部分を補填するための「裏読本」のようなものを考えていた。だからサブタイトルを毎回「……想いだしてみた」としてあって、いま想いだすことは、記憶のなかにあるもので、それを記述するには批評的な介入が不可避的となる。歴史的事実などに固執したりはできない。勿論正確な事実になっていることがのぞましいが、これは図書館や分散した資料を誰かあたってくれるだろう。そして、私の思い違いを訂正してくれることを期待している。

　このところ六〇年代が大きい関心の的になった。その関連の展覧会などもひらかれ、本も出版され、そこに寄稿することもしばしばあった。そこで「……想いだしてみた」の間に、このときの文章を挿入してある。立体的になると思った。

　連載中は未来だか過去だかわからないが、「いま」を流れている時間に追われて走り書きする有様だった。記憶をひきだすにはゆっくり冥想なんかをしてるとでてこない。中腰の有様のほうがいい。それだけ不正確な割合も増える。だが、批評する相手は過去の私自身であるから、曖昧になってしまうところは御容赦願いたい。勿論そのとき気に入らぬ相手とか気になっている相手のことについて語れば読み物として面白くなるのはわかっているが、これは「回想」のやりかたで、「反」がつくと、それもフィクションにみられてしまうだろう。こんな具合でこの『反回想Ⅰ』は、『GA ARCHITECT 6』への批評的介入に終始することになった。

初出一覧

「私の目撃した戦後の日本美術」
Catalog of "Japanese Art After 1945" (at Guggenheim Museum Soho), edited by Alexandra Munroe, Abrams, Harry N. Inc., 1994
（『批評空間』第Ⅱ期第一号／太田出版／一九九四年）

「メタボリズムとの関係を聞かれるので、その頃を想いだしてみた」
『10＋1』no. 13 メディア都市の地政学／ＩＮＡＸ出版／一九九八年

「システムが自走した」
〈日本の夏一九六〇—六四 こうなったらやけくそだ！〉展カタログ／水戸芸術館現代美術センター／一九九七年

「一九六〇年の刻印」
〈ネオ・ダダＪＡＰＡＮ一九五八—一九九八〉展（アートプラザ開館記念展）カタログ／大分市教育委員会／一九九八年

「『アーキグラム』への手紙」（浜田邦裕氏による英文和訳）
"Archigram", edited by Peter Cook et. al., Studio Vista Publishers, 1972; reprint Birkhäuser, 1991
（『アーキグラム』／アーキグラム編・浜田邦裕訳／鹿島出版会／一九九九年）

「政治的であること」
『新建築』一九九八年五月号／新建築社

「ストロークの影」

〈吉村益信の実験〉展カタログ／大分市美術館／二〇〇〇年
「矢印作家アラカワは何故ニューヨーク~~で~~=と不遇なのか」
『現代思想』臨時増刊 第二四巻第一〇号／青土社／一九九六年

「洪水の記憶」
Andrea Branzi, "La Casa Calda", Idea Books Edizioni, Milano, 1984（日本未発表）

「岡本太郎の鬼子たちは」
〈多面体・岡本太郎 哄笑するダイナミズム〉展カタログ／川崎市岡本太郎美術館／一九九九年

「斎藤義重さんが探索してきたものは」
〈斎藤義重〉展カタログ／神奈川県立近代美術館／一九九九年

「ジュゼッペ・テラーニの私的読解」
『ジュゼッペ・テラーニ――時代《ファシズム》を駆けぬけた建築』／ＩＮＡＸ出版／一九九八年

「〈間（ＭＡ）〉の帰還、二〇年後」
〈間――二〇年後の帰還〉展カタログ／東京藝術大学大学美術館／二〇〇〇年

第二章～第十二章
『ＧＡ ＪＡＰＡＮ』32（一九九八年五・六月号）～47号（二〇〇〇年十一・十二月号）にて連載、第十二章は49号（二〇〇一年三・四月号）にて掲載

磯崎新

1931年　大分県生まれ
1961年　東京大学数物系大学院建築学博士過程修了
1963年　磯崎新アトリエ設立
1967年　日本建築学会賞作品賞（大分県立中央図書館）
1969年　芸術選奨新人賞（福岡相互銀行大分支店）
1975年　日本建築学会賞作品賞（群馬県立近代美術館）
1983年　毎日芸術賞（つくばセンタービル）
1986年　英国RIBAゴールド・メダル
1988年　朝日賞
1994年　ロイヤル・アカデミー・オブ・アーツ名誉会員
1996年　ヴェネツィア・ビエンナーレ建築展日本館コミッショナー、金獅子賞

代表作に、大分県医師会館（1960年）、大分県立中央図書館（1966年）、群馬県立近代美術館（1974年）、北九州市立美術館（1974年）、北九州市立中央図書館（1974年）、つくばセンタービル（1983年）、ロサンジェルス現代美術館（1986年）、バルセロナ・サンジョルディ・スポーツパレス（1990年）、水戸芸術館（1990年）、ティーム・ディズニー・ビルディング（1991年）、奈義町現代美術館・奈義町立図書館（1994年）、豊の国情報ライブラリー（1995年）、ビーコン・プラザ（1995年）、京都コンサートホール（1995年）、ラ・コルーニャ人間科学館（1995年）、岡山西警察署（1996年）、静岡県舞台芸術センター（1997年）、群馬県立近代美術館現代美術棟（1997年）、秋吉台国際芸術村（1998年）、静岡県コンベンション・アーツセンター〈グランシップ〉（1998年）、なら100年会館（1998年）、オハイオ21世紀科学工業センター（1999年）など。

GA Global Architecture

反回想Ⅰ
2001年5月21日発行

著者　磯崎新
企画・編集・発行　二川幸夫
印刷・製本　図書印刷株式会社
発行　A.D.A. EDITA Tokyo Co., Ltd.
東京都渋谷区千駄ヶ谷3-12-14
TEL. (03)3403-1581
FAX. (03)3497-0649
E-MAIL: info@ga-ada.co.jp

ISBN 4-87140-657-1 C1052